SELECT DOCUMENTS
OF THE PRINCIPATES OF THE
FLAVIAN EMPERORS

SELECT DOCUMENTS OF THE PRINCIPATES OF THE FLAVIAN EMPERORS

INCLUDING THE YEAR OF REVOLUTION

A.D. 68-96

COLLECTED BY

M. McCRUM

Laurence Lecturer in Classics and Fellow of Corpus Christi College, Cambridge

AND

A. G. WOODHEAD

Lecturer in Classics in the University of Cambridge and Fellow of Corpus Christi College

CAMBRIDGE

AT THE UNIVERSITY PRESS

1961

PUBLISHED BY
THE SYNDICS OF THE CAMBRIDGE UNIVERSITY PRESS

Bentley House, 200 Euston Road, London, N.W. 1
American Branch: 32 East 57th Street, New York 22, N.Y.
West African Office: P.O. Box 33, Ibadan, Nigeria

©

CAMBRIDGE UNIVERSITY PRESS

1961

Printed in Great Britain at the University Press, Cambridge
(Brooke Crutchley, University Printer)

PREFACE

In recent years the value of documentary evidence as an indispensable complement to the literary sources has been increasingly emphasised in the presentation of ancient history to students. This welcome development has led to the publication of two collections of documents dealing with the principates of Augustus and of the more important Julio-Claudian emperors, M. P. Charlesworth's *Documents Illustrating the Reigns of Claudius and Nero* (1939) and the more comprehensive *Documents Illustrating the Reigns of Augustus and Tiberius* edited by V. Ehrenberg and A. H. M. Jones (ed. 2, 1955). Our aim in editing a similar collection for the years A.D. 68–96 has been to continue the series in the hope that, by making more easily accessible documents hitherto widely scattered in journals and publications, we may stimulate renewed interest among students in the Flavian period.

Our general method has been largely modelled on that of Ehrenberg and Jones, although the points made by reviewers of their collection have been carefully weighed. Thus we have preferred, as they did, to limit the extent of *lemmata* and explanatory notes, believing that lecturers and teachers will use our material as a basis for their own discussion and that students will gain greater profit by adding for themselves the commentary appropriate to the texts than by having this provided for them. We have tried to keep as reasonable a balance as possible between the various subjects under which the documents are grouped, and have avoided multiplying references in the *lemmata* by relegating to the comparative table in an Appendix all but the principal citations. Punctuation and line-division have not been included in the shorter inscriptions, and dots have not been placed under uncertain letters.

Although we hope that we have not omitted important items, our selection has been limited by considerations of expense and size. Fuller commentary could have been added only if we had omitted a large number of texts, and in that case users of the book would have had even more occasion to lament, as in any case some will doubtless lament, the exclusion of a favourite document. For similar reasons we have decided to exclude most documents bearing on the Flavian period which are of later than Flavian date, such as the career of an official begun in Flavian times but commemorated under Trajan or Hadrian. We hope, however, that the collection will be used as a nucleus to which references and annotations may be added, and space has been left for these at the end of the book. We have also left unused numbers at the end of each chapter for further additions.

Finally we wish to thank all those who have helped and encouraged us: Professors Sir Ronald Syme, Michael Grant and A. H. M. Jones for reading through all or part of our material and giving us valuable counsel, and Mr J. A. Crook and Dr Harold Mattingly for their criticism of our *Fasti*. We should also like to thank the Faculty Board of Classics for their generous subvention of this volume from the Laurence Fund. Finally, the Cambridge University Press has shown remarkable patience with a difficult manuscript, and to its Secretary and staff we are most grateful.

M. McC.
A. G. W.

CAMBRIDGE
1 June 1960

CONTENTS

LIST OF PLATES

ABBREVIATIONS AND SYMBOLS

AJA	*American Journal of Archaeology.*
AJP	*American Journal of Philology.*
Ann. ép.	*L'Année épigraphique.*
Annuar. Scuol. Arch. Atene	*Annuario della scuola archeol. di Atene e delle missioni italiane in oriente.*
Ant. Class.	*L'Antiquité classique.*
Ant. Journ.	*Antiquaries Journal.*
Arch. Ael.	*Archaeologia Aeliana.*
Arch. Értes.	*Archaeologiai Értesitö.*
Bernand	*Les inscriptions grecques et latines du Colosse de Memnon,* ed. A. and E. Bernand.
BCH	*Bulletin de correspondance hellénique.*
BMC	*British Museum Catalogue.*
BMC, Imp.	*Coins of the Roman Empire in the British Museum,* ed. H. Mattingly.
Bruns[7]	*Fontes iuris Romani antiqui,* ed. C. G. Bruns and others, seventh edition.
BSA	*Annual of the British School at Athens.*
Bull. Arch.	*Bulletin archéologique du comité des travaux historiques.*
Bull. Comm.	*Bullettino della commissione archeologica comunale di Roma.*
CIL	*Corpus Inscriptionum Latinarum.*
Corp. Inscr. Rel. Mithr.	*Corpus Inscriptionum Religionis Mithraicae,* ed. J. Vermaseren.
CR	*Classical Review.*
CRAI	*Comptes rendus de l'académie des inscriptions et des belles-lettres.*
Eph. Ep.	*Ephemeris Epigraphica.*
FIR	*Fontes iuris Romani anteiustiniani,* ed. S. Riccobono and others, second edition.
Gordon	*Album of dated Latin inscriptions,* vol. I, ed. A. E. and J. S. Gordon.
I. Bulg.	*Inscriptiones Graecae in Bulgaria repertae,* ed. G. Mihailov.
IG	*Inscriptiones Graecae.*
IGLS	*Inscriptions grecques et latines de la Syrie,* ed. L. Jalabert and R. Mouterde.
IGRR	*Inscriptiones Graecae ad res Romanas pertinentes,* ed. R. Cagnat and others.
ILA	*Inscriptions latines de l'Algérie,* ed. S. Gsell.
ILS	*Inscriptiones Latinae Selectae,* ed. H. Dessau.

Inscr. Cret.	*Inscriptiones Creticae*, ed. M. Guarducci.
Inscr. Ital.	*Inscriptiones Italiae.*
IosPE	*Inscriptiones antiquae orae septentrionalis Ponti Euxini.*
IRT	*The Inscriptions of Roman Tripolitania*, ed. J. M. Reynolds and J. B. Ward Perkins.
JHS	*Journal of Hellenic Studies.*
J. Oest. Arch.	*Jahreshefte des Oesterreichischen Archäologischen Instituts in Wien.*
JRS	*Journal of Roman Studies.*
MAMA	*Monumenta Asiae Minoris Antiqua.*
NdS	*Notizie degli scavi di antichità.*
Newton	*The Epigraphical Evidence for the Reigns of Vespasian and Titus*, ed. H. C. Newton.
O. Bodl.	*Greek Ostraca in the Bodleian Library.*
OGIS	*Orientis Graeci Inscriptiones Selectae*, ed. W. Dittenberger.
PBSR	*Papers of the British School at Rome.*
PdP	*La Parola del Passato.*
REG	*Revue des études grecques.*
Rev. Arch.	*Revue archéologique.*
Rev. Ét. Anc.	*Revue des études anciennes.*
Röm.-Germ. Korr.	*Römisch-germanisches Korrespondenzblatt.*
Röm. Mitt.	*Mitteilungen des Deutschen Archäologischen Instituts, Römische Abteilung.*
SB	*Sammelbuch Griechischer Urkunden aus Ägypten*, ed. F. Preisigke and others.
Sb. Akad. Berlin	*Sitzungsberichte der Deutschen Akademie der Wissenschaften zu Berlin* (phil.-hist. Klasse).
SEG	*Supplementum Epigraphicum Graecum.*
SIG³	*Sylloge Inscriptionum Graecarum*, ed. W. Dittenberger (3rd edition).
TAM	*Tituli Asiae Minoris.*
TAPA	*Transactions of the American Philological Association.*

[ ]   enclose letters supposed to have been originally in the text.

Italics or ___ indicate that the letters have been erased.

( )   enclose letters added to complete a word abbreviated in the text.

⟨ ⟩   enclose letters either omitted or wrong in the text.

{ }   enclose letters which are superfluous in the text.

(*vac.*), (*vacat*)   indicate a vacant space in the original text.

| marks the beginning of a line,

|| that of every fifth line.

. . . .   represent lost or illegible letters equal in number to the number of dots.

- - -   represent an uncertain number of lost or illegible letters.

I

LEX DE IMPERIO VESPASIANI

1. Lex de imperio Vespasiani, Rome. *FIR*, 1, 15; *ILS*, 244; Bruns[7], 56.

- - - - - foedusve cum quibus volet facere liceat, ita uti licuit divo Aug. | Ti. Iulio Caesari Aug. Tiberioque Claudio Caesari Aug. Germanico |

utique ei senatum habere relationem facere remittere senatus |
5 consulta per relationem discessionemque facere liceat, ‖ ita uti licuit divo Aug. Ti. Iulio Caesari Aug. Ti. Claudio Caesari | Augusto Germanico |

utique, cum ex voluntate auctoritateve iussu mandatuve eius | praesenteve eo senatus habebitur, omnium rerum ius perinde | habeatur servetur, ac si e lege senatus edictus esset habereturque ‖

10 utique quos magistratum potestatem imperium curationemve | cuius rei petentes senatui populoque Romano commendaverit, | quibusque suffragationem suam dederit promiserit, eorum | comitis quibusque extra ordinem ratio habeatur |

utique ei fines pomerii proferre promovere, cum ex republica ‖
15 censebit esse, liceat, ita uti licuit Ti. Claudio Caesari Aug. | Germanico |

utique quaecunque ex usu reipublicae maiestate divinarum | huma⟨na⟩rum publicarum privatarumque rerum esse {e} | censebit, ei agere facere ius potestasque sit, ita uti divo Aug. ‖
20 Tiberioque Iulio Caesari Aug. Tiberioque Claudio Caesari | Aug. Germanico fuit |

utique quibus legibus plebeive scitis scriptum fuit, ne divus Aug. | Tiberiusve Iulius Caesar Aug. Tiberiusque Claudius Caesar Aug. | Germanicus tenerentur, iis legibus plebisque scitis imp. Caesar ‖
25 Vespasianus solutus sit, quaeque ex quaque lege rogatione | divum Aug. Tiberiumve Iulium Caesarem Aug. Tiberiumve | Claudium Caesarem Aug. Germanicum facere oportuit, | ea omnia imp. Caesari Vespasiano Aug. facere liceat |

30 utique quae ante hanc legem rogatam acta gesta ‖ decreta imperata ab imperatore Caesare Vespasiano Aug. | iussu mandatuve eius a

quoque sunt, ea perinde iusta rataq. | sint ac si populi plebisve iussu
acta essent | sanctio |

  si quis huiusce legis ergo adversus leges rogationes plebisve scita ‖
senatusve consulta fecit fecerit, sive quod eum ex lege rogatione | 35
plebisve scito s.ve c.[1] facere oportebit, non fecerit huius legis | ergo,
id ei ne fraudi esto neve quit ob eam rem populo dare debeto | neve
cui de ea re actio neve iudicatio esto neve quis de ea re apud | [s]e
agi sinito

<hr/>

[1] s(enatus)ve c(onsulto).

II

FASTI CONSULARES

The list of consuls is based on a conflation of the fasti given below with additional information from literary and other sources, compiled by A. Degrassi, *I fasti consolari dell'Impero Romano* (Rome, 1952). All these fasti, except the Fasti Potentini which have been edited by N. Alfieri (*Athenaeum*, n.s. XXVI (1948), pp. 110–34), were published together by Degrassi in *Inscriptiones Italiae*, vol. XIII, fasc. 1 (Rome, 1947).

The few fragments that are of wider historical interest have been included in the appropriate section, as follows:

A.D. 71   Fasti Sod. Aug. Claud. (ch. VI, no. 152).
A.D. 84   Fasti Ost. (ch. IV, no. 56).
A.D. 88   Fasti Cons. Cap. (ch. IV, no. 61).
A.D. 94–6   Fasti Ost. (ch. IV, no. 65).

The following abbreviations are used in the diagram below, which shows the years covered by the Fasti.

Cons. = fasti consulares Capitolini.
Fer. Lat. = fasti feriarum Latinarum.
Int. = fasti Interamnates.
Min. = fasti incertae originis ministrorum domus Augustae.
Ost. = fasti Ostienses.
Pot. = fasti Potentini.
Scrib. = fasti Scribarum Quaestoriorum.
Sod. = fasti Sodalium Augustalium Claudialium.

A.D.				
68			Sod.	Min.
69				
70		Int.		
71	Ost.			
72			Fer. Lat.	
73				
74				
75				
76	No fasti extant			
77				
78				
79	Scrib.			
80				
81	Ost.			
82				

A.D.			
83	No fasti extant		
84	Ost.		
85			
86			
87			Pot.
88	Cons.		
89			
90			
91	Ost.		
92			
93	Ost.(?)		
94	Ost.		
95			
96			

CIVIL WAR YEARS

68   Ti. Catius Asconius Silius Italicus
P. Galerius Trachalus

Imp. Nero Claudius Caesar v   (*solus*: cf. Suet. *Nero*, 43)

C. Bellicus Natalis
P. Cornelius Scipio Asiaticus

69   Ser. Sulpicius Galba Imp. Augustus ii
T. Vinius (Rufinus?) (to 15 Jan.)

Imp. M. Otho Caesar Augustus (*solus* after 14 Mar.?)
L. Salvius Otho Titianus ii (30 Jan.–28 Feb.)

L. Verginius Rufus ii
L. Pompeius Vopiscus (1 Mar.–14 Mar.)

T. Flavius Sabinus
Cn. Arulenus Caelius Sabinus (30 Apr.–30 June)

Arrius Antoninus
Marius Celsus (after 1 July)

Fabius Valens
A. Caecina Alienus (Sept.?–31 Oct.)

Rosius Regulus (*suff.* 31 Oct. only)

C. Quinctius Atticus
Cn. Caecilius Simplex (after 1 Nov.)

Imp. A. Vitellius (cos. perpet.)

VESPASIAN

70
(Vesp. tr.
pot. ii)[1]

Imp. Caesar Vespasianus Aug. ii
T. Caesar Vespasianus[2] (attested in May)

C. Licinius Mucianus ii
Q. Petillius Cerialis Caesius Rufus

71
(Vesp. tr.
pot. iii
Titus tr.
pot. i)

Imp. Caesar Vespasianus Aug. iii
M. Cocceius Nerva

Caesar Domitianus
Cn. Pedius Cascus (attested in Apr.)

C. Calpetanus Rantius Quirinalis Valerius Festus
                (*suff.* for Cascus: attested 25 June)
L. Flavius Fimbria?
C. Atilius Barbarus? (attested mid-July)

---

[1] Vespasian's and Titus' years of tribunician power ran from 1 July to 30 June. Vespasian's first year of *trib. pot.* was reckoned as 1 July 69–30 June 70.

[2] Cf. A. E. Gordon, *Cl. Phil.* L (1955), p. 194.

4

L. Acilius Strabo
Sex. Neranius Capito   (attested mid-September)

L. Annius Bassus
C. (Laecanius Bassus) Caecina Paetus
             (attested mid-November 71?—less probably 70)

72
(Vesp. tr.
pot. IV
Titus tr.
pot. II)

Imp. Caesar Vespasianus Aug. IV
T. Caesar Vespasianus II   (to 30 Apr.?)

C. Licinius Mucianus III
T. Flavius Sabinus II   (attested end of May)

73
(Vesp. tr.
pot. V
Titus tr.
pot. III)

Caesar Domitianus II
L. Valerius Catullus Messallinus

L. Aelius Oculatus?
Q. Gavius Atticus?   (attested 30 May)

M. Arrecinus Clemens   (attested 25 June)

74
(Vesp. tr.
pot. VI
Titus tr.
pot. IV)

Imp. Caesar Vespasianus Aug. V
T. Caesar Vespasianus III

T. Plautius Silvanus Aelianus II
Caesar Domitianus III

Q. Petillius Cerialis Caesius Rufus II
T. Clodius Eprius Marcellus II   (attested 21 May)

[M. Hirrius Fr]on[to Neratius Pansa?]   (attested 25 June)

75
(Vesp. tr.
pot. VII)
(Titus tr.
pot. V)

Imp. Caesar Vespasianus Aug. VI
T. Caesar Vespasianus IV

C. Pomponius - - -
L. Manlius Patr[ui]nus   (attested 7 Sept.)

76
(Vesp. tr.
pot. VIII)
(Titus tr.
pot. VI)

Imp. Caesar Vespasianus Aug. VII
T. Caesar Vespasianus V

Caesar Domitianus IV
L. Cassidienus - - -   (attested 12 Mar.)

Galeo Tettienus Petronianus
M. Fulvius Gillo   (attested 2 Dec.)

77
(Vesp. tr.
pot. IX)
(Titus tr.
pot. VII)

Imp. Caesar Vespasianus Aug. VIII
T. Caesar Vespasianus VI

Caesar Domitianus V   (June or July)

Cn. Iulius Agricola (or 78)

L. Pompeius Vopiscus C. Arruntius Catellius Celer
M. Arruntius Aquila   (attested 12 Oct. [77?])

5

78	D. Iunius Novius Priscus (Rufus?)
(Vesp. tr.	L. Ceionius Commodus (attested mid-Apr.)
pot. x)	Sex. Vitulasius Nepos
(Titus tr.	
pot. viii)	[Q. Articulei]us Paetus
	Q. Corellius Rufus
	L. Funisulanus Vettonianus (attested 11 Oct. [78?])

79	Imp. Caesar Vespasianus Aug. ix
	T. Caesar Vespasianus vii
	Caesar Domitianus vi
	L. Iunius Caesennius Paetus
	P. Calvisius Ruso Iulius Frontinus (Mar. to May)
	Death of Vespasian 23 June

The following appear, in literary and epigraphic sources, as of consular rank, but their position in the Fasti cannot be precisely determined; their names are shown against the nearest dates available:

69 or 70	T. Aurelius Fulvus
	M. Ulpius Traianus[1]
	M. Plancius Varus
Later than 69	Valerius Marinus? (Tac. *H.* ii, 71)
Between 69 and 81/2	Q. Vibius Crispus ii
70–4	L. Nonius Asprenas
70–5	Mettius Pompusianus (cf. Suet. *Vesp.* 14)
71–2	Q. Iulius Cordinus C. Rutilius Gallicus
Circa 73	C. Dillius Aponianus
	Cn. Pompeius Collega
72–5	L. Mestrius Florus
Before 74	Cn. Pinarius Cornelius Clemens
74–9	{L. Tampius Flavianus ii
	{M. Pompeius Silvanus ii
Circa 75	L. Luscius Ocrea
75–6	Sex. Sentius Caecilianus
77–80	- . Asprenas
Circa 76	C. Vettulenus Civica Cerialis
Before 78	Sex. Vettulenus Cerialis
78–9	L. Octavius Memor

[1] Cf. J. Morris, *JRS*, xliii (1953), pp. 79–80.

Before 79   P. Calvisius - - -bonius
(possibly   { Q. Cornelius Fa?- - -
Neronian)   { - - - -nidius Quartus

             M. Corvius Rufus (Rusticus?)

             { - - - - - Marcellus
             { - - - - - Pa- - - -

             { - - - - Proculus
             { - - - - Vatia

Before 79   { T. Cornelius? Pegasus
             { L. Cornelius Pusio Annius Messalla

             M. Atilius Postumus Bradua
             P. Glitius Gallus

TITUS   T. Rubrius Aelius Nepos
79   M. Arrius Flaccus   (attested 8 Sept.)
(Titus tr.   Sex. Marcius Priscus
pot. IX)   Cn. Pinarius Aemilius Cicatricula   (attested 30 Dec. [79?])

80   Imp. Titus Caesar Vespasianus Augustus VIII
(Titus tr.   Caesar Domitianus VII
pot. X)   A. Didius Gallus Fabricius Veiento II
             L. Aelius Plautius Lamia Aelianus (mid-Jan. to mid-Feb.)
             Q. Aurelius Pactumeius Fronto   (*suff.* for Veiento)
             C. Marius Marcellus Octavius Publius Cluvius Rufus
                                     (*suff.* for Fronto: attested mid-June)
             M. Tittius Frugi
             T. Vinicius Iulianus   (attested Dec.)

81   L. Flavius Silva Nonius Bassus
             L. (?) Asinius Pollio Verrucosus
             M. Roscius Coelius
             C. Iulius Iuvenalis   (attested 29 Mar.)
             L. Vettius Paullus
(Titus tr.   T. Iunius Montanus   (May–June)
pot. XI)   Death of Titus   13 Sept.

The following appear from the sources to have held consulships
during or close to the reign of Titus:

Before 80   T. Atilius Rufus
80 or 81   { C. Scoedius Natta Pinarianus
           { T. Tettienus Serenus   (attested 18 July)
After 80   { L. Turpilius Dexter
           { M. Maecius Rufus   (attested 1 Dec.)
81 or later? - - - Peregrinus?
Before 82   A. Caesennius Gallus

7

DOMITIAN

81 (Dom. tr. pot. I)[1]	M. Petronius Umbrinus L. Carminius Lusitanicus (Sept.–Oct.)
82 (Dom. tr. pot. II)	Imp. Domitianus VIII (to 13 Jan.?) T. Flavius Sabinus [- - - - In]noc(ens)? [- - - -]an(us) [- - - Mo]dest(- -)
83 (Dom. tr. pot. III)	Imp. Domitianus IX (to 13 Jan.?) Q. Petillius Rufus II L. Tettius Iulianus Terentius Strabo Erucius Homullus (attested 9 June)
84 (Dom. tr. pot. IV)	Imp. Domitianus X C. Oppius Sabinus (to end of Apr.?) [L. Iulius U]rsus[2] (May?–?) C. Tullius Capito Pomponianus Plotius Firmus C. Cornelius Gallicanus (attested 3 Sept.) [- - - - - G]allus
85 (Dom. tr. pot. V)	Imp. Domitianus XI [L. Vale]rius (Catullus) Mess(allinus) II[3] (to 13 Jan.) - - - -atus (from 13 Jan.) [- - - - - - Po]llio f. (from 1 May) D. Aburius Bassus Q. Iulius Balbus (attested 5 Sept.)
86 (Dom. tr. pot. VI)	Imp. Domitianus XII (to 13 Jan.) Ser. Cornelius Dolabella Petronianus C. Secius Campanus (from 13 Jan.) Q. Vibius Secundus (from 1 March?) Sex. Octavius Fronto (from 1 May) Ti. Iulius Candidus Marius Celsus A. Lappius Maximus C. Octavius Tidius Tossianus L. Iavolenus Priscus (from 1 Sept.)

[1] Domitian assumed tribunician power at his accession, and his tribunician years run from 14 Sept. to 13 Sept. (or possibly from 30 Sept. to 29 Sept. Cf. Mason Hammond, *Memoirs of Amer. Acad. in Rome*, XIX (1949), pp. 35–76).

[2] See R. Syme, *Tacitus* (1958), pp. 55 and 635–6.

[3] Domitian's colleague may have been T. Aurelius Fulvus II: Messallinus would then have been *suffectus*. See R. Syme, *op. cit.* pp. 637–40.

8

87
(Dom. tr.
pot. VII)

Imp. Domitianus XIII (to 13 Jan.)
L. Volusius Saturninus
C. Calpurnius (Crassus Frugi?) Piso Licinianus
                    (*suff.* for Domitian from 13 Jan.)
C. Bellic{i}us Natalis Tebanianus
C. Ducenius Proculus (attested May)
C. Cilnius Proculus
L. Neratius Priscus (attested Sept.)

88
(Dom. tr.
pot. VIII)

Imp. Domitianus XIV
L. Minucius Rufus[1]
D. (?L.) Plotius Grypus
                    (*suff.* for Domitian, attested 15 Apr.)
Q. Ninnius Hasta (*suff.* for Rufus or Grypus)
M. Otacilius Catulus
Sex. Iulius Sparsus (attested 7 Nov.)

89
(Dom. tr.
pot. IX)

T. Aurelius Fulvus
M. Asinius Atratinus (attested 12 Apr.)
P. Sallustius Blaesus (May–Sept.)
M. Peducaeus Saenianus
A. Vicirius Proculus
M'. Laberius Maximus

90
(Dom. tr.
pot. X)

Imp. Domitianus XV
M. Cocceius Nerva II
L. Cornelius Pusio (*suff.* for Domitian?)
L. Antistius Rusticus
Ser. Iulius Servianus
Q. Accaeus Rufus
C. Caristanius Fronto
P. Baebius Italicus
C. Aquillius Proculus
L. Albius Pullaienus Pollio
Cn. Pinarius Aemilius Cicatricula Pompeius Longinus
                    (attested 27 Oct.)
M. Tullius Cerialis[2]
Cn. Pompeius Catullinus

91
(Dom. tr.
pot. XI)

M'. Acilius Glabrio
M. Ulpius Traianus (attested 29 Apr.)
D. Minicius Faustinus
P. Valerius Marinus

[1] The stone reads MENICIVS
[2] Cf. Pliny, *Ep.* II, 11, 9; R. Hanslik, *J. Oest. Arch.* XLI (1954), Beiblatt, cols. 159–60.

Q. Valerius Vegetus
P. (or L.) Metilius (Sabinus?) Nepos   (attested 5 Nov.)

92 (Dom. tr. pot. XII)	Imp. Domitianus XVI
	Q. Volusius Saturninus
	L. Venuleius Montanus Apronianus
	                            (*suff.* for Domitian from 13 Jan.)
	L. Stertinius Avitus
	Ti. Iulius Celsus Polemaeanus
	                         (from 1 May: attested 14 June)
	C. Iulius Silanus
	Q. Iunius Arulenus Rusticus (from 1 Sept.)

92
(Dom. tr.
pot. XII)

Imp. Domitianus XVI
Q. Volusius Saturninus

L. Venuleius Montanus Apronianus
                              (*suff.* for Domitian from 13 Jan.)
L. Stertinius Avitus
Ti. Iulius Celsus Polemaeanus
                              (from 1 May: attested 14 June)
C. Iulius Silanus
Q. Iunius Arulenus Rusticus   (from 1 Sept.)

93
(Dom. tr.
pot. XIII)

Sex. Pompeius Collega
Q. Peducaeus Priscinus

T. Avidius Quietus

C. Cornelius Rarus Sextius Na[so?]?

94
(Dom. tr.
pot. XIV)

L. Nonius Calpurnius Asprenas Torquatus
T. Sextius Magius Lateranus

M. Lollius Paullinus D. Valerius Asiaticus Saturninus
C. Antius A. Iulius Quadratus   (from 1 May)

L. Silius Decianus
T. Pomponius Bassus   (from 1 Sept.)

95
(Dom. tr.
pot. XV)

Imp. Domitianus XVII
T. Flavius Clemens

L. Neratius Marcellus   (*suff.* for Domitian from 13 Jan.)

A. Lappius Maximus II
P. Ducenius Verus   (from 1 May)

Q. Pomponius Rufus
L. Baebius Tullus   (from 1 Sept.)

96
(Dom. tr.
pot. XVI)

C. Manlius Valens
C. Antistius Vetus

Q. Fabius Postuminus
T. Prifernius [Paetus]   (from 1 May)

Ti. Catius Caesius Fronto
M. Calpurnius - - -icus   (from 1 Sept., attested 10 Oct.)

Murder of Domitian 18 Sept. (five days after the beginning of his sixteenth year of tribunician power).

The following appear from the sources to have held consulships during or close to the reign of Domitian.

Early in Domitian's reign	Cn. Domitius Afer Titius Marcellus Curvius Lucanus Cn. Domitius Afer Titius Marcellus Curvius Tullus

81–3 { S[ex Carminius] Vetus
      { M. Co- - - - - - - - - (attested 24 Oct.)

      { P. Valerius Patruinus
      { L. Antonius Saturninus ? (attested 19 July)

      { M. Larcius Magnus Pompeius Silo
      { T. Aurelius Quietus (attested 20 Sept.)

83?   { A. Didius Gallus Fabricius Veiento III
      { Q. Vibius Crispus III

82–5 Cn. Pedanius Fuscus Salinator
      Q. Iulius Cordinus C. Rutilius Gallicus II

83–5 Marius Priscus

Before 85 { M. Arrecinus Clemens II
           { L. Baebius Honoratus

(Or in 85, if the end of Baebius Honoratus' name appears in the Fasti Ostienses, shown above as - - -atus. Cf. R. Syme, *Tacitus* (1958), pp. 638–9.)

Before 86
(or in 93) Sallustius Lucullus

Before 87 (Ser. Cornelius Scipio) Salvidienus Orfitus

           Helvidius Priscus

           C. Salvius Liberalis Nonius Bassus

Before 87
(or in 93) (L.) Iulius Marinus?
L. Iulius Ursus Servianus[1]

Before 92 Rufus. (Probably identifiable with one of the Rufi appearing in the Fasti above.)

93?   Ummidius Quadratus?

93 or 97 A. Egrilius Plarianus (*pater*)

93 or 100 L. Dasumius Hadrianus?

---

[1] But cf. R. Syme, *Tacitus* (1958), pp. 635–6.

III

ACTA FRATRUM ARVALIUM

Acta Fratrum Arvalium quae supersunt (Guil. Henzen, Berlin, 1874).
Acta Fratrum Arvalium quae post annum MDCCCLXXIV reperta sunt (A.
Pasoli, Bologna, 1950). Cf. Gordon, 125 (no. 2 below), 127 (no. 3 below),
129 (no. 4), 131 (no. 5), 141 (no. 8), 144 (no. 11), 146 (no. 13), 148 (no. 14),
149 (no. 15), 150 (no. 16), 151 (no. 17).

GALBA. OTHO. VITELLIUS

2. Fragments (*a*), (*b*), (*c*), (*d*), (*e*), (*f*), (*g*) of first tablet of A.D. 69.

A.D. 69   (*a*) [Ser. Galba imp]erat[ore Caesare Aug.] II, T. Vinio [Rufino
1 Jan.   cos.] | K. Ia[nuar. | magisterio Ser. Galbae imp. Caes. Aug. promag.
L.] Sa[lvius Otho Titianus | collegi fratrum Arvalium nomine
immolavit in Capitolio ob cos. Ser. Galba ‖ imp. Caes. Aug. 5
- - - - - - - - - - | - |

3 Jan.   Isdem cos. III non. Ian. magisterio Ser. Galbae | imp. Caesaris
Augusti, promag. L. Salvio Othone] Titiano, co[l|(*b*)legi fratrum
Arvalium nomina vota nuncupaverunt pro] salute ‖ (*c*) [Ser. 10
Galbae imp. Caes. Aug. pon]t. max. [tribunic. potest. victimis
i]mmolatis | [in Capitolio, quae superio]ris anni ma[gister voverat,
persolvi]t et in pro|[ximum annum n]u⟨n⟩cupavit [praeeunte L.
Salvio O]thone Titi[a|no promag. in e]a verba qu[ae infra scripta
sunt: Iovi b.]m., Iunon[i] | (*d*) vacc., [Minerv]ae vacc., Saluti
[vacc.; in te]mplo novo div[o] ‖ Aug. b.[m., diva]e Aug. vacc., 15
d[ivo Claudio b.m. In coll]egio adfuerunt | L. Salv[ius Oth]o {Titia}
Tit[ianus, M. Raecius Ta]urus, L. Maecius Postum. | Isdem
8 Jan.   [cos. VI idus Ian. in a]edem Concordiae, | asta[ntibus fr]atrib[us
Arvalibus, mag. Ser.] Galbae imp. Caesaris | [Aug., promag. L.
S]al[vio Othone] Titi[ano, c]ollegi fratrum Arval. ‖ (*e*) [nomin]e 20
s[acrificium deae Diae in]dictum, [p]raeeunte L. Maecio Postumo:
[VI K.] Iun. do[mi, IIII K. Iun.] in luco et domi, III K. Iun. domi. |
[In collegi]o adfuerunt [L. Salvius O]tho Titianus, Q. Tillius
Sassius, | [M. Ra]ecius Taurus, [L. Maecius P]ostumus. | [Isde]m
10 Jan.   cos. IIII idus I[an.] adoptio facta L. Li[ciniani(?) ‖ magister]io Ser. 25
Galbae imp. Caesaris Aug., prom[ag. L. Salvio | Othone Titia]no,
colleg. fr[atrum A]rval. nom. im[molatum in | Capitolio ob ad]op-

tione[m Ser. Sulpici Gal]bae C[aesaris Iovi b.m., | Iunoni vacc.,
Minervae vacc., Saluti publicae p.R.(?)] vacc. | (*f*) - - - - - - - - - -
30 - - - - - - - - - - Provi‖[dentiae vacc., - - - - - - - - - - - - - - - - - -
va]cc., Securi|[tati vacc., - - - - - - - - - - - - - - Genio ipsi]us
taurum | -
imp. | (*A few lines missing here. Then the text resumes roughly as*
35 *follows:*) ‖ (*g*) [XVII (?) K. Febr. mag. imp. M. Othonis Caesaris   16 Jan.?
Aug. II, promag. L. Salvius | Otho Titianus coll. fratr. Arval.
nomine immolavit in Capitolio | ob imperium imp. Othonis
Caesaris Aug. Iovi b.m. Iunoni vacc., Minervae] | vacc., Vic[t]oriae
vacc., Sa[l]uti [vacc., Felicitati vacc., Marti ultori t]aur., | Genio
40 ips. taur. In collegio adfuer. L. Salvius Otho Titian., ‖ L. Vitel[*lius*]
L.f., L. Maecius Postumus, M. Raecius Taurus. | VII K. Febr. mag.   26 Jan.
imp. Otho Caesar Aug. II, promag. L. Salvius | Otho Titianus coll.
fratr. Arval. nomine immolavit in | Capitolio ob [c]omitia consularia
imp. Othonis Caesar. Aug. | Iovi b.m., I[u]noni vacc., Miner.
45 vacc., Gen. ips. tau. In collegio ‖ adfuer. L. S[al]vius Otho
Titianus. (*vacat*) | Imp. M. Othone Caesare Aug., L. Salvio
Othone Titiano II cos. | III K. Febr. mag. imp. M. Othone Caesare   30 Jan.
Aug., promag. | L. Salvio Othone Titiano, colleg. fratrum [A]rval.
nomine im|molavit in [Cap]itolio ob vota nuncupata pro salute imp.
50 M. ‖ Othonis Caesari[s A]ug. in annum proximum in III non.
Ianuar. | Iovi b.m., Iunoni vacc., Minervae vacc., Saluti p.p.R.
vacc., divo | Aug. b.m., divae Aug. vacc., divo Claudio b.m. In
colleg. adfuerunt | L. Salvius Otho Titianus, L. Maecius Postumus,
P. Valerius M[a]|rinus, M. Raecius Taurus, *L. Vitellius*. Isdem
55 cos. IIII K. Ma[rt.] ‖ in aede divi Iuli, astantibus fratrib. Arval. co-   26 Feb.
optat. est in locum S[er. Sul]|pici Galbae L. Tampius Flavianus
mag. imp. M. Othonis Caesaris [Aug. II, pro]|mag. L. Salvio
Othone Titiano. In colleg. adfuer. Otho Titianus, P. V[aleri]|us
Marinus, L. [*Vitellius*]. Isdem cos. pr. K. Mart. mag. | imp. M.
Othonis Caesaris Aug. II, promag. L. Salvio Othone Titiano,
60 colleg. fratr. ‖ Arval. nomine immolavit in Capitolio ob comit. trib.
pot. imp. Iovi b.m., | Iunoni vacc., Minervae vacc., Saluti vacc.,
Victoriae vacc., Genio p.R. taur., | Gen. ips. taur. In colleg. adf.
Otho Titianus, Maecius Postumus, Valer. Marin., [*L. Vitellius*]. | L.
Verginio Rufo II, L. Pompeio Vopisco cos. K. Mart. mag. | imp. M.   1 Mar.
Otho[n]is Caesaris Aug. II, promag. L. Salvio Othone Titiano,
65 colleg. frat. ‖ Arval. nomine immol. in Capitolio ob laurum positam
Iovi b.m., Iunoni vacc., | Minervae vacc., Salut[i] vacc., Victoriae

vacc., Marti taur., Gen. ips. taur. In coll. adf. | Otho Titianus,
L. V[itelliu]s, L. Maecius Postumus, P. Valerius Marinus. | Isdem
5 Mar. cos. III non. Mart. mag. imp. M. Otho[n]is Caesaris Aug. II, |
promag. Othone Titiano, coll. fratr. Ar[va]l. [n]om[i]ne immolavit
in ‖ Capitolio ob comitia sacerdotior. imp. O[t]honis Aug. Iovi 70
b.m., Iunoni vacc., | Minervae vacc., Gen. ips. taur. In collegio adf.
9 Mar. Otho Titianus, P. Valer. Mari. | Isdem cos. VII idus Mart. mag. M.
Othonis Caesaris Aug., promag. | Othone T[i]tiano, colleg. fratr.
Arval. nomine immolavit in Capitolio ob | comitia pontif. max.
Othonis Aug. Iovi b.m., Iun. vacc., Minerv. vacc., deae ‖ Diae 75
vacc., Gen. ips. taur. I[n] coll. adf. Otho Titianus, Otho Aug., P.
Valerius Marin., | L. Maecius Postumus, [L. Vitellius]. | (vacat)
14 Mar. Isdem cos. pr. idus Mart. | vota nu⟨n⟩cupata pro s[al]ute et
reditu [Vitelli] Germanici imp., praeeunte L. Maecio | Postumo,
mag. [Vitelli] Germanici imp., promag. Maecio Postumo, coll. fra. |
Arval. nomine Iov. b.m., Iun. vacc., Min. vacc., Saluti p.p.R. vacc.,
divo Aug. b.m., ‖ divae Aug. vacc., divo Claudio b.m. In colleg. 80
adf. L. Maecius Postumus. | T. Flavio [Sab]ino, Cn. Aruleno
30 Apr. Caelio Sabino cos. pr. K. Maias ob comitia | trib. pot. [Vitelli] |
Germanici imp., promag. L. Maecio Postumo coll. fratr. Arval. |
nomine immolavit in Capitol. Iov. b.m., Iun. vacc., Min. vacc.,
Saluti vacc., Gen. ipsius taur. In coll. adf. Maecius Postumus.
1 May Isdem cos. K. Mai. ‖ ob diem imperi [Vitelli] German. imp., quod 85
19 Apr. XIII K. Mai. statut. est, mag. Vitelli Germ. | imp. promag. L. Maecio
Postumo, coll. frat. Arval. nomine immol. in Capitolio | Iovi b.m.,
Iun. vacc., Min. vacc., Iovi vic. b.m., Saluti vacc., Felicitat. vacc.,
Gen. p.R. taur., in | foro Aug. Marti ultori taur., Gen. ips. taur.
In coll. adfuer. L. Maecius Postumus

3. Fragments (a), (b), (c), (d), (e) of second tablet of A.D. 69.
 -d- - - - - - - - - | - - - - -
 - - - - - dicat. primu[- - - - - pro] salute et a[dventu | Vitelli
Germanici imp. mag. Vitelli] German. imp., prom[a]g. L. Maecio
Postumo, no[mine | coll. fratrum Arvalium immol. in Ca]pitol.
Iovi [b.m.], Iun. vacc., Min. [v]acc., Iov. victori,[1] Sal[uti p.p.R.
vacc., ‖ Felicitati vacc., Gen. p.R. taur., in foro August]i Marti 5
ul[tori] taur., Gen. ipsiu[s t]aur. In coll. ad. Ma[ecius Postumus].
29 May | Isd[em cos. IIII K.] Iun. [m]ag. [Vitelli] Ger[m. i]mp. III, promag.
[L. Maecio] | Postumo, coll[egi fratr. Arval. nomine im]mol. ad

     [1] N.B. no mention of the victim.

aram dea[e Diae] porcas piac[ulares II] | item vacc.; ind[e in aede in
foco sacr]ificio facto im[mol. de]ae Diae [agnam opimam, | qu]o
perfecto [sacrificio e carcerib]us riciniatus, co[ronatus] signum
10 [quadrigis] ‖ et desul[toribus misit. In coll. adf. L.] Maecius
Postumus. [Isdem c]os. III non. Iu[n. | mag. *Vitelli* Germanici 5 June
imp. III, pr]omag. L. Maecio Postumo, [coll. frat]r. Arval. nomine
[im|mol. in Capitolio ob nata]lem Galeriae Germanic[i imp. III
A]ug. Iovi b.m., Iun. [vacc., Minervae | vacc., Saluti p.p.R. vacc.,
Co]ncord. vacc., Gen. ips. taur[um. In coll. adf. L. Maeciu]s
Postum[us. Isdem cos. | - - - Iun. (Iul.?) in luco deae Diae p]iaclum
15 factum per calato[rem et publicos coll. fratr. Arval. ob ‖ - - - -
- - - -] m. faction. Venet. porcam et a[gnam opimam. Isdem cos.
- - - Iun. (Iul.?) | ob - - - - - - - - -] mag. [*Vitelli*] imp. III, promag.
C[- - - - - - - - - - - - - coll. fratr. Arval. | nomine immol. in]
Capitol. Iov. b.m., Iun. vacc., Min. vac[c., Iov. victori b.m., Saluti
p.p.R. vacc., | in foro Aug. Marti ultori] taur., Gen. ips. taur. In
coll. adf. P.(?) Va - - - -

(*There are three further fragments of this second tablet,* (*f*) *and* (*g*) *on
page xcvi of Henzen, op. cit.* (= *Pasoli, op. cit. p. 127*) *and that on p. 22 of
Pasoli, op. cit. Each is too brief to be worth noting here.*)

VESPASIAN

4. [- - - - - cos. - - - - - | magisterio - - - - - - pr]omag. Q. Tillio ?A.D. 70
Sassio c[ollegi fratrum | Arvalium nomine im]molavit in Capitolio
ob diem [quo urbem in|gressus est imperator C]aesar Vespasianus
Aug., Iovi bov[em m., | Iunoni vaccam, Mi]nervae vacc., Fortunae
5 reduci [vaccam. ‖ In collegio adfueru]nt Q. Tillius Sassius, C.
Licinius [Mucianus (?) - - - - - -]

5. Fragments (*a*), (*b*), (*c*), (*d*), (*e*), (*f*), (*g*), of A.D. 72: (*a*) may not belong to
this year.

(*a*) [in collegio adfuerunt - - - - - - - - - - - - - - - -] | Ti. A.D. 72
Iuliu[s Candidus Marius Celsus(?). | Isdem cos. - - - -idus Ianuar.] |
in aede [Concordiae magisterio - - Trebellii Maximi, promag. L.]
5 | Maec[io Postumo, adstantibus fratribus Arvalibus - - - - -] ‖ C.
Vip[stano Aproniano - - - - - - collegi fratrum Arvalium nomi]-|
(*b*)ne sa[crificium deae Diae ind]ictum [praeeunte C. Vipstano
Aproni](*c*)ano (?) [in diem VI] K. Iun. dom[i, IIII K. Iunias] | in 27, 29
May

30 May luc[o et domi, III K. I]unias do[mi]. | In collegio [adfuerunt - - - -
- - - - C.] Vipstan[us Apronianus], ‖ L. Maec[ius Postumus, 10
- - - - - - - - Q.] Tilli[us Sassius, A. Iuli]|us Qu[adratus - - - -
- - - - -] | (d, e) Imp. Cae[sa]re Ves[pasiano Aug. II]II, Tito
Caesare imp. II cos. | - - - - Maias | [piacul]um factum [in luc]o
deae Diae ob arborem, qua[e ‖ a] tempestate de[ciderat], per 15
calatorem et publicos. | C. Licinio Mucia[no II]I, T. Flavio Sabino
29 May II cos. | [III]I K. Iunias | (f) magisterio - - Trebe[l]⟨l⟩ii Maximi, pro-
magistro L. Mae|cio P[ost]umo, co[l]legi fratrum Arvaliu[m
nomine ‖ ad ara]m imm[ol]avit deae Diae p[orcas piacula|res II], 20
deind[e va]ccam, ind[e in aede in | (g) foco s]ac[rificio f]ac[t]o
[imm]olav[it deae Diae | agnam opim]am, qu[o perfecto sacrificio | e
carceribus rici]niatus, c[oronatus signum ‖ quadrigis et] desultori- 25
[bus mis]it. | [In c]ollegio a[dfuer]unt | [- - - - - C.] Vipstanu[s
Apron]ianus | [- - - - - - - - - - - A.] Iulius [Quadrat]us - - - - -

6. Fragments (a), (b), (c), (d), (e), (f), (g), (h), of A.D. 75.

A.D. 75   (a, b) imp. Caesare [Ve]spasiano Augusto VI | Tito Caesar[e
i]mp. IIII c[o]s. | III n[on. Ianuarias | (c) magister Ti. Iu[lius
Ca]ndi[d]us [Mar]ius Ce[lsus] colleg[i] ‖ fratrum Arva[lium 5
nomine] vota [nu]ncupaverunt pro salute | (d) Imp. Vespasiani
Caesari[s Augusti p.m. trib]unic[ia] pot[es]ta[te] et | [Titi Caesaris
Au]g. f. Vesp[asiani imp. Vi]ctimis inmol[atis] | [in Capitolio,
qu]ae sup[erioris anni m]agist[er voverat, persolvit. | (e) Adfueru]nt
imp. Caesa[r Vespasian. ‖ Au]g. f. Domitian. | [magistro Ti. Iulio 10
Candido Mario Celso collegi fratrum Arvalium nomine sacrum |
17, 19, indictum deae Diae, praeeunte - - - in diem XVI Kalendas Iunias] |
20 May domi, x[IIII K. Iun. in luco et domi, XIII K. Iun. domi.] | In
co[lle]gio [adfuerunt Ti. Iulius Candidus Marius] ‖ Celsu[s] 15
m[agister - - - - - - - - - - - L. Maecius] | Postumus, L[- - - - - -
L. Pompeius Vopiscus] | C. Arruntius [Catellius Celer]. | (vacat)
Is[dem cos. - - - | sa]crific[ium piaculare factum in luco deae
Diae - - -] ‖ (f, g, h) - - - - - - Ad[fuerunt] | M. Tre[bellius 20
Maximus(?)] | T. Caesa[re - - - - cos.] | magist[erio]

A.D. 77, 7. [imp. Vespasiano Augusto VIII, Tito Caesare imp. VI cos. III
3 Jan. non. Ianuar. | magisterio - - - - - - - promag. P. Sa]llustio Blaeso
collegi fra[trum | Arvalium nomine vota nuncupaverunt pro salute
im]p. Vespasiani Caesaris [Augusti | trib. pot. cos. VIII, et T.
Caesaris Aug. f. Vespasi]ani cos. VI, victimis [inmolatis ‖ in 5

Capitolio, quae superioris anni magister voverat, persolv]it, Iovi
o.m. boves [mares duos, | Iunoni reginae vaccas duas, Minervae
vaccas d]uas, Saluti public[ae vaccas duas, et | in proximum
annum nuncupavit, praeeunte P.] Sallustio Blaeso [promag. | in ea
verba quae infra scripta sunt - - -]

8. L. Ceionio Commodo, | D. Novio Prisco cos. | III non. Ian. | A.D. 78,
magisterio C. Matidi Patruini, promagistro L. Veratio Quadrato,   3 Jan.
5 col‖legi fratrum Arvalium nomine vota nuncupaverunt pro salute |
imp. Vespasiani Caesaris Aug. trib. pot. cos. VIII et T. Caesaris
Aug. f. | Vespasiani cos. VI, victimis immolatis in Capitolio, quas
superio|ris anni magister voverat, persolvit et in proximum annum
nun|cupavit, praeunte L. Veratio Quadrato, in ea verba q.i.s.s.s. :[1] ‖
10 Iovi opt. max. bovem marem, Iunoni reginae vaccam, Minervae
vacc., | Saluti vaccam; | item pro T. imp. Vespasiano Caesare Aug.
f. i⟨s⟩dem verbis q.s.s. ⟨sunt⟩: Iovi opt. maxim. | bovem marem,
Iunoni reginae vaccam, Minervae vaccam, Saluti vacc. | In collegio
15 adfuerunt L. Veratius Quadratus, C. Tadius Mefitanus, Q. Tilli‖us
Sassius, L. Maecius Postumus, A. Iulius Quadratus, C. Vipstanus
Apronia|nus. Isdem cos. VI idus Ian. in aede Concordiae adstan|ti- 8 Jan.
bus fratribus Arvalibus mag. C. Matidi Patruini, promag. L.
Veratio | Quadrato, collegi fratrum Arvalium sacrum indictum deae
Diae, | praeunte L. Maecio Postumo, in diem VI K. Iun. dom[i],
20 ‖ IIII K. Iuni. in luco et domi, III K. Iun. domi. In collegio 27, 29,
adfuerunt | L. Veratius Quadratus, C. Vipstanus Apronianus, L. 30 May
Maecius Postumus, | C. Iunius Tadius Mefitanus, A. Iulius
Quadratus. Isdem cos. K. Mart. | in aede Concordiae adstantibus 1 Mar.
fratribus Arvalibus ex tabella imp. | Caesaris Vespasiani Aug.
25 missa{s} C. Salvium Liberalem Nonium Bas‖sum in locum C.
Matidi Patruini demortui cooptamus. In collegio ad|fuerunt L.
Veratius Quadratus, C. Vipstanus Apronianus, L. Maecius |
Postumus, C. Salvius Liberalis Nonius Bassus. Isdem cos. | mag.
C. Saloni Matidi Patruini, in cu⟨iu⟩s locum successit, obiit magis-
terium | eodem anno isdem cos. K. Mart. P. Sallustius Blaesus. 1 Mar.
30 Isdem cos. v id. Mart. ‖ in aede Concordiae mag. P. Sallustius 11 Mar.
Blaesus cooptatus in locum C. Ma[tidi] | Patruini collegi⟨um⟩
fratrum Arvalium convocavit flam[inemque] nominavit | L.
Veratium Quadratum. | In collegio adfuerunt P. Sallustius
Bla⟨e⟩sus, L. Veratius Q[uadratus, L. Maecius] | Postumus, C.

---

[1] q(uae) i(nfra) s(ub)s(cripta) s(unt).

Iunius Mefitanus, A. Iulius Quadratus, [C. Salvius Liberalis] ‖
Nonius Bassus. | [- - - - - Sex.] Vi[tul]asio Nep[ote - - - - - - 35
- - - - - - cos. - - - - - -]

9. [inde ad summotum in aede sacrificio facto immolavit deae
Diae agnam] | op[imam, quo sacrificio peracto in Caesareo epulati
sunt ad magistrum, in]|de P. Sallustius Bl[aesus mag. coronatus
riciniatus de querqueribus signum] | quadrigis et desultoribus
misit q[uos coronis argenteis donavit]. | In collegio adfuerunt ⟨P.⟩
Sallustius B[laesus - - - - - C. Iunius] ‖ Mefi⟨t⟩anus, L. Veratius 5
Quadratus [- - - - C. Salvius] | Liberali{u}s Nonius Bassus. (*vacat*)
[Isdem cos. a.d. III (?) K. Iunias item] | domi ad peragendum
sacrificium [fratres epulantes ad magistrum et fruges | excipie]ntes
a sacerdotibus et ad ar[am referentes pueri ingenui patrimi et |
matrimi sena]torum fili (*vacat*) ‖ - - o Paeto [- - - cos.]   10

10. Two further fragments, not datable to a particular year.
[imp. Caesare Vespasiano Aug. - - -, T. Caesare Aug. f.
Vespasiano - - cos., III non. Ianuar., magisterio - - - - - - - - - - -
- - -, promagistro - - - - - - - - - - collegi fratrum Arvalium
nomine vota nuncupaverunt pro salute - - - | In collegio adfuerunt
imp. C]aesar Vesp[asianus Aug., | T. Caesar Aug. f. Vespasianus,
Caesar] Aug. ⟨f.⟩ Domitianu[s - - - - - | - - - - - - - - - - L.
Vera]tius Quadratus [- - - - - - - - - | - - - - - - - - - - - - ‖ Isdem 5
cos. - - - id. Ia]nuar. | [in aede Concordiae adstantibus fratrib]us
Arvalibu[s magisterio | - - - - - - - - - - - proma]gistro [- - - - - - - -
| collegi fratrum Arvalium nomine sacrum indictum deae Diae
- - -]

TITUS

A.D. 80,   11. [isdem cos. IIII K. Iun. - - - (cf. no. 12, A.D. 81) - - - - mag.
29 May   L. Venuleius Aproni]anus co|[ronatus riciniatus de carceribus sig-
num quadrigaris et desulto]ribus misit, quos | [coronis argenteis
ornavit. | In collegio adfuerunt imp. T. Caesar di]vi f. Vespasianus
Aug., Caesar divi f. Domitianus, ‖ [L. Venuleius Apronianus], C. 5
Vipstanus Apronianus, C. Iunius Tadius Mefitanus, L. Veratius |
[Quadratus, L. Po]mpeius Vopiscus Arruntius Catellius Celer, Ti.
Iulius Candidus Marius | [Celsus], Q. Tillius Sassius. | [Is]dem
30 May   cos. III K. Iun. in domo L. Venulei Aproniani mag. ad peragendum
sacrificium | per fratres Arvales epulantes et frugibus ministranti-

10 bus pueris ingenuis patr⟨i⟩mis et ‖ matrimis senatorum filis
referentibus ad aram in pateris. | M. Tittio Frugi, T. Vinicio
Iuliano cos. VII idus Decembr. in Capitolio in aedem Opis | A.D. 80,
sacerdotes convenerunt ad vota nuncupanda ad restitutionem et   7 Dec.
dedicationem Capi|toli ab imp. T. Caesare Vespasiano Aug. |
In collegio adfuerunt L. Venuleius Apronianus, C. Vipstanus
15 Apronianus, L. Veratius ‖ Quadratus, L. Pompeius Vopiscus
Arruntius Catellius Celer, C. Iunius Tadius Mefitanus, | P.
Sallustius Blaesus. | L. Flavio Silva Nonio Basso, Asinio Pollione
Verrucoso cos. XVIII K. Febr. | in luco deae Diae piaculum factum   A.D. 81,
per calatorem et publicos eius sacerdoti, quod arbor | a vetustate   15 Jan.
20 decidit, expiandum porcam et agnam opimam. ‖ L. Vet⟨t⟩io Paullo,
T. Iunio Montano cos. K. Mais in luco deae Diae piaculum | 1 May
fac⟨t⟩um per calatorem et publicos eius sacerdoti ob ferrum inlatum
in aedem scr⟨i⟩p⟨t⟩ur. | caussa porcam et agnam opimam. | Isdem
cos. III idus Maias in luco deae Diae piaculum factum per cala-   13 May
torem et publicos | eius sacerdoti ob ferrum de aede elatum porcam
25 et agnam opimam. ‖ Loca adsignata in amphit(h)eatro. | L. Aelio
Plautio Lamia, Q. Pactumeio Fr⟨o⟩ntone cos., | acceptum ab   A.D. 80
Laberio Maximo procuratore praef. annonae | L. Venuleio
Apron⟨i⟩ano mag., curatore Thyrso l.: | fratribus Arvalibus mae-
niano (primo) cun(eo) (duodecimo), gradib(us) marm(oreis) (octo):
gradu (primo) p(edes) (quinque quadrantem [$\frac{1}{4}$] semunciam [$\frac{1}{24}$]
30 scilicum [$\frac{1}{48}$]) ‖ grad(u) (octavo) p(edes) (quinque quadrantem [$\frac{1}{4}$]
semunciam [$\frac{1}{24}$] scilicum [$\frac{1}{48}$]) f(iunt) ped(es) (quadraginta duo
semis). Gradu (primo) uno ped(es) (viginti duo semis). Et m⟨a⟩eni-
ano summo | (secundo) cun(eo) (sexto) gradib(us) marm(oreis)
(quattuor) gradu (primo) uno p(edes) (viginti duo semis). Et
maeniano | summo in ligneis tab(ulatione) (quinquagesima tertia)
gradibus (undecim) gradu (primo) ped(es) (quinque trientem [$\frac{1}{3}$]
semunciam [$\frac{1}{24}$]) grad(u) | (undecimo) ped(es) (quinque deuncem [$\frac{11}{12}$]
scilicum [$\frac{1}{48}$]): f(iunt) ped(es) (sexaginta tres deunx [$\frac{11}{12}$] semuncia
[$\frac{1}{24}$]) | summa ped(es) (centum undetriginta deunx [$\frac{11}{12}$] semuncia
35 [$\frac{1}{24}$]). ‖ L. Flavio Silva Nonio Basso, | Asinio Pollione Verrucoso
cos. | III nonas Ian. | magister C. Iunius Tadius Mefitanus collegi   A.D. 81,
fratrum Arvalium nomine vota nuncupavit | pro salute imp. Titi   3 Jan
Caesaris divi f. Vespasiani Aug. pontif. max., tribunic. potest., cos.
40 VIII et Caesaris ‖ divi f. Domitiani cos. VII, et Iuliae Aug. libero-
rumque eorum, victimis immolatis in Ca|pitolio, quae superioris
anni magister voverat, persolvit Iovi o.m. boves mares II, | Iunoni

reginae vaccas duas, Minervae vaccas II, Saluti publicae vaccas II et
in | proximum annum nuncupavit, praeeunte L. Pompeio Vopisco
C. Arruntio Ca|tellio Celere, in ea verba quae infra scripta sunt: ||
Iuppiter o.m., si imp. Titus Caesar Vespasianus Aug. pontif. max. 45
trib. potest. p.p. | et Caesar divi f. Domitianus, quos nos sentimus
dicere, vivent domusque | eorum incolumis erit a.d. III non. Ian.,
quae proximae p.R.Q. rei p. p.R.Q. | [er]unt et eum diem eosque
salvos servaveris ex periculis, si qua sunt | [eruntve ante] eum diem,
eventumque bonum ita uti nos sentimus dicere || [dederis, eosque 50
in eo st]atu quo nunc sunt aut eo meliore servaveris, ast tu | [ea ita
faxsis, tunc tibi nom]ine collegi fratrum Arvalium bubus au|[ratis
II vovemus esse futuru]m. | [Iuno regina, quae in verba Iovi o.m.
bubus a]uratis II vovimus esse futu|[rum, quod hodie vovimus, ast
tu ea ita faxsis, tunc] tibi in eadem verba no||[mine collegi fratrum 55
Arvalium vaccis auratis II vovemus] esse futurum. | [Minerva - - - |
Salus publica - - - | Isdem cos. - - - idus Ian. in aede Concordiae,
adstantibus fratribus Arvalibus, mag. C. Iunii Tadii Mefitani,
promag. L. Pompeio Vopisco C. Arruntio Catellio Celere, collegi
fratrum Arvalium sacrum indictum deae Diae, praeeunte] |
(*continued in no. 12*)

TITUS. DOMITIAN

12. Continued from no. 11.

A.D. 81   L. Pompeio Vopisco C. Arruntio Catellio Celere, in diem XVI K.
27, 29,   Iun. domi, XIIII K. | Iun. in luco et domi, XIII K. Iunias domi.
30 May   In collegio adfuerunt C. Iunius | Tadius Mefitanus, Ti. Iulius
Candidus Marius Celsus, L. Pompeius Vopiscus C. | Arruntius
Catellius Celer, L. Veratius Quadratus, P. Sallustius Blaesus. ||
29 Mar.   M. Roscio Coelio, C. Iulio Iuvenale cos. IIII K. Apr. in luco deae 5
Diae piaculum factum | per kalatorem et publicos eius sacerdoti ob
arbores quae a tempestate nivis | deciderant exp[i]andas, porcam et
17 May   agnam opimam. | T. Iunio Montano, L. Vettio Paullo cos. XVI K.
Iun. magisterio C. Iuni Mefitani | collegi fratrum Arvalium sacri-
ficium, quod conceptum est, in domo Iuni || Mefitani per magi- 10
strum et ceteros sacerdotes; item iterum epulantes ad | magistrum
pueris ingenuis senatorum filis patrimis matrimis minis|trantibus
19 May   ture et vino, referentibus ad aram in pataris. | Isdem cos. XIIII K.
Iun. item in luco deae Diae et domi, magistro C. Iunio Mefi|tano
collegi fratrum Arvalium nomine a[d ara]m immolavit deae Diae ||
porcas piaculares II, deinde vaccam deae Diae; inde cum in 15

aedem Caesarei | consedissent, et ex sacrificio gustarunt; inde ad
summotum in aede sacrificio | facto immolavit deae Diae agnam
opimam, quo sacrificio peracto in Caesa|reo epulati sunt ad
magistrum; inde magister C. Iunius Mefitanus corona|tus riciniatus
de querceribus si[g]num quadrigaris et desultoribus misit, ‖
20 quos coronis argente[is or]navit. | In collegio adfuerunt imp.
Tit[us Ca]esar divi Vespasiani f. Vespasianus Aug., C. Fufiu[s] |
Iunius Tadius Mefitanus, L. Po[m]peius Vopiscus Arruntius
Catellius Celer, Q. | Tillius Sassius, Ti. Iulius Candidus Mar[ius
Ce]lsus, L. Veratius Quadratus. | Isdem cos. XIII K. Iun. item domi   20 May
25 ad per[agend.] sa⟨crif⟩icium f.¹ epulantes ad mag. ‖ et fruges
excipientes a sacerdotib[us ad a]ram refer[e]ntes pueri ingenui |
patrimi matrimi senatorum fili. | M. Petronio Umbrino, L.
Carminio Lusitanico cos. XV[III K. Octobr.] collegiu⟨m⟩ fratrum | 14 Sept.
Arvalium immolavit in Capitolio ob imperium Caes[ari]s divi f.
Domitiani | Aug. magisterio C. Iuni Mefitani, promag. L. Pompeio
30 Vopisco C. Arruntio ‖ Catellio Celere, Iovi o.m.b.m., Iunoni
reginae vaccam, Minervae vaccam, Salut[i] | vaccam, Felicitati
vaccam, Marti taurum. In collegio adfuerunt L. Pompeiu[s] |
Vopiscus C. Arruntius Catellius [C]eler. | [I]s[dem] cos. pr. K.
Oct. in Capitoli[o ob co]mitia tribunicia Caesaris divi f. Dom|[itia]-   30 Sept.
ni Aug. collegiu⟨m⟩ fratrum Arvalium per promagistrum L.
35 Pompeium ‖ [Vop]iscum C. Arruntium Catellium Celerem C.
Iuni Mefitani victumis immo|[l]at[i]s Iovi o.m. [b]ovem m[a]rem,
Iunoni reginae vaccam, Minervae vaccam. | In collegio ad[fu]erunt
L. Pompeius Vopiscus C. Arruntius Catellius Celer, Q. Tilliu[s] |
Sassius, C. Salviu[s] Liberalis Nonius Bassus. | Isdem cos. K.
Octobr. [i]n Capitolio collegiu⟨m⟩ fratrum Arvalium immolavit ob   1 Oct.
40 votorum ‖ [co]mmendandorum causa pro salute et incolumitate
Caesaris divi f. Domitian. | Aug. per L. Pompeium Vopiscum C.
Arruntium Catellium Celerem promag. C. Iuni Me|fitani—Iovi
o.m. bovem marem, Iunoni reginae vaccam, Minervae vaccam,
Salut. | vaccam, Genio ipsius taurum—item in annum proximum
nuncupavit in | Capitolio pro salute imp. Caesaris divi f. Domitiani
45 Aug. in ea verba q.s.s.s.:² ‖ Iovi o.m. bovem marem, Iunoni
reginae vaccam, Minervae vaccam, Saluti vaccam; | item pro
salute Domitiae Aug. coniugis eius in ea verba quae supra scripta
sunt: | Iovi o.m. bovem marem, Iunoni reginae vaccam, Minervae
vaccam, Saluti vaccam; | item pro salute Iuliae T. imp. f. Aug. in

---

¹ f(ratres).   ² q(uae) s(upra) s(cripta) s(unt).

ea verba quae supra scripta sunt: Iovi o.m. bovem | marem,
Iunoni reginae vaccam, Minervae vaccam, Saluti vaccam. In
collegio adfuerunt ‖ L. Pompeius Vopiscus C. Arruntius Catellius 50
Celer, Q. Tillius Sassius, L. Veratius Quadratus, C. Salvius |
Liberalis Nonius Bassus. | Isdem cos. III K. N[ov. in aede]
Concordiae, ad|[stan]tibus fratribus Arvalibus o - - -

There are a few other fragments which can be ascribed to the principates of Vespasian or Titus, but these fragments are too small to be signifi-
cant. For details see A. Pasoli, *op. cit.* p. 26, no. 43.

DOMITIAN

A.D. 86,   13. [imp. Caesare Domitiano Aug. XII, Ser. Cornelio Dolabella |
3 Jan.   cos. III nonas Ianuarias magisterio imp. Caes. | Domitiani Aug.
Germanici L. Veratius Quadratus promag. col|legi fratrum Arval.
nomine vota nuncupavit pro salute imp. | Caes. divi Vespasiani f.
Domitiani Aug. Germ. pon|t. max. trib. pot., cens. perp., et
Domitiae | Aug. coniugis eius, et Iuliae Aug., victimis immol. in |
Capitolio, quae] | superioris anni [magist]er vovera[t, pe]rsolvit
Iovi o.[m. bovem] | auratum, Iunoni reginae bovem [au]ratam,
Minerv[ae bovem] | auratam, Saluti publicae bovem a[urat]am, et
in proxim[um annum] | nuncupaverunt in eadem verba [quae]
infra scripta su[nt:] ‖ Iuppiter o.m., te precor quaesoque, si im[p. 5
Caesar Domitianus Aug.] | Germanicus et Domitia Aug. coni[ux
eius et Iulia Aug., quos nos] | sentim[us] dicere, v[ive]nt domus-
[que eorum incolumis erit a.d.] | III nonas I[anuarias, quae proxi-
mae populo Romano Quirit. rei]|publicae [p.R.Q. erunt, fuerint et
eum diem eos(que) salvos servaveris ex periculis] ‖ si qua sun[t 10
eruntve ante eum diem, eventumq. bonum ita uti nos sentimus] |
dicere, ded[eris, eosq. in eo statu quo nunc sunt aut eo meliore ser-
vaveris], | ast tu ea i[ta faxis, tum tibi nomine collegi fratr. Arval.
bove mari] | alb. aurat[o voveo esse futurum]. | Iuno regina, [quae
in verba Iovi o.m. bovi mari albo aurato vovi] esse futurum, quod ‖
[hodie vovi, ast t]u ea ita faxis, tum tibi in eadem verba nomine 15
collegi | [fratrum Arval]ium bove femina alba aurat. voveo esse
futurum. | [Minerva, quae in] verba Iunoni reginae bove femina
aurata vovi esse futu|[rum, quod hod]ie vovi, ast tu ea ita faxis, tum
tibi in eadem verba nomin. | [collegi fratr. Arva]lium bove femina
alba aurata voveo esse futurum. ‖ [Salus pub]lica populi Romani 20
Quiritium, quae in verba Iunoni regin. | [bove femina au]rata vovi

esse futurum, quod hodie vovi, ast tu ea ita fax., | [tum tibi in
eadem ver]ba nomine collegi fratrum Arvalium bove femin. |
[alba aurata voveo esse f]uturum. In collegio adfuerunt L.
Veratius | [Quadratus promag., Q. Till]ius S[a]ssius, C. Salvius
25 Liberalis, Nonius Bassus, ‖ [- - - - - - - - L. V]enuleius Aproni-
anus, P. Sallustius Blaesus, C. Vipsta|[nus Apronianus. | Isdem
cos. - - - id]us Ianuar. in aedem Concordiae astantibus fratribus
Arva|[libus] magisterio | [imp.] Caesaris Domitiani Aug. Germa-
30 nici, promag. L. Veratio Quadra[to, collegi] ‖ fratrum Arvalium
sacrum indictum deae Diae per L. Veratium Q[uadratum] | promag.,
praeeunte Q. Tillio Sassio, in diem vi K. Iunias domi, iiii K.   27, 29,
[Iun.] | in luco et domi, iii K. Iun. domi. In collegio adfuerunt L.   30 May
Veratius | Quadratus promag., L. Venuleius Apronianus, A.
Iulius Quadratus, C. Salviu[s] | Liberalis Nonius Bassus, Q. Tillius
35 Sassius, P. Sallustius Blaesus. ‖ Ser. Cornelio Dolabella, C. Secio
Campano cos. xi K. Febr. magisterio imp. Caesari[s] | Domitiani   22 Jan.
Aug. Germanici, promag. L. Veratio Quadrato, collegi fratrum |
Arvalium vota nuncupaverunt pro salute imp. Caesaris Domitiani
Aug. Ger.: | Iuppiter o.m. Capitoline, si imp. Caesar divi Vespasiani
f. Domitianus Aug. Germanic. | pontifex maximus, trib. pot.,
40 censor perpetuus, pater patriae, ex cuius incolumi‖tate omnium
salus constat, quem no[s] sentimus dicere, vivet domusque eius |
incolumis erit a.d. xi K. Februar., quae proximae populo Romano
Quiritibus, | rei publicae populi Romani Quiritium erunt, et eum
diem eumque salvum | servaveris ex periculis, si qua sunt eruntve
ante eum diem, eventumque | bonum ita, uti nos sentimus dicere,
45 dederis, eumque in eo statu quo nunc [est] ‖ aut eo meliore serva-
veris, custodierisque aeternitate⟨m⟩ imperi, quod [susci]|piendo
ampliavit, ut voti compotem rem publicam saepe facias, ast tu ea
ita | faxis, tum tibi bove aurato vovemus esse futurum. | Isdem cos.
iiii K. Martias in aedem Concordiae ad cooptan[d]um C. Iulium
Sila|num in locum C. Vipstani Aproniani. In collegio adfuerunt L.
50 Veratius ‖ Quadratus promag., Q. Tillius Sassius, L. Venuleius
Apronianus, L. Maecius | Postumus, A. Iulius Quadratus, C.
Salvius Liberalis Nonius Bassus, P. Sallusti[us] | Blaesus

14. imp. [Ca]esare Domitiano Aug. Germ[anico xiii], | L.
[V]ol[usio] Saturnino [cos.] | iii [non. Ianuar.] | in Capitolio in   Col. i
pro[nao Iovis optimi maxi]mi C. Salvius Liberalis | frater Arval[is,   A.D. 87,
qui vice C. Iuli Silani] magistri fungebatur, | ad collegium [fr]at-   3 Jan.

rum Arvalium rettulit: cum di immortales ‖ propitiato numine suo 5
vota orbis terra[rum], qua[e pr]o salute | imp. Caesaris divi
Vespasiani f. Domi[tiani Aug. Germani]ci | pontif. maximi et
Domitiae Aug. c[oniugis eius et Iulia]e | Aug. totique domui
eorum cupide suscepta e[rant, exaudieru]nt, | convenire collegio
priora solvere et nova n[uncupare]. ‖ Collegium decrevit: | [qu]od 10
bonum faustum felix salutarequ[e sit: cu]m v[ota] | contingeret ut
priora solverentu[r e]t nova [voverentur] | pro salute et incolumi-
tate imp. Ca[es]aris divi [Vespasiani f.] | Domitiani Aug. Germa-
nici pontif. max. et Domi[tiae Aug.] coniug. ‖ eius et Iuliae Aug. 15
totique domui eorum, Iov[i o.]m.b.m., Iunoni | reginae b.f.,
Minervae b.f., Saluti publica[e popu]li Romani Quiri|tium b.f. |
Eodem die ibidem in area C. Salvius [Li]beralis, q[ui v]ice magistri
| fungebatur, ture et vino in igne in foculo fecit immolavitq. ‖ vino, 20
mola cultroque Iovi o.m.b.m., Iunoni reginae b.f., Minervae | b.f.,
Saluti publicae p.R.Q.b.f.; exta aulicocta reddidit. | Eodem die
ibidem in pronao Iovis o.m. C. Salvius Liberalis frater | Arvalis,
qui vice Iuli Silani magistri fungeba[t]ur, adstante collegio |
[fratrum] Arvalium vota pro salute et incolumitate imp. Caesaris ‖
[divi Vespasian]i f. Domitiani Aug. Germanici pontif. max. trib. 25
pot. | [censoris per]petui p.p. et Domitiae Aug. coniugis eius et
Iuliae Aug. | [totique d]omui eorum nomine collegi fratrum
Arvalium in haec | [verba] suscepit: | [Iuppi]ter o.m., si imp.
Caesar divi Vespasiani f. Domitia[nus Au]g. Germanicus ‖ pontif. 30
maximus trib. pot. censor perpetuus p.[p. et Domit]ia Aug. | con-
iunx eius et Iulia Aug., quos me sentio [dicere, viv]ent domusq. |
eorum incolumis erit a.d. III nonas Ianu[ar., quae pro]ximae
p.R.Q., | rei publicae p.R.Q. erunt, et eum diem eos[que salvos
s]ervaveris ex | periclis, si qua sunt eruntve ante eum [diem,
eventu]mque bonum ‖ ita, uti me sentio dicere, dederis, eos[que 35
in eo statu] quo nunc sunt, | aut eo meliore servaveris, ast tu [ea ita
faxis, tu]m tibi nomine | collegi fratrum Arvalium bo[ve aurato
voveo e]sse futurum. | Iuno regina, qu[ae in verba Iovi o.m. bove
aurato voveo e]sse futurum, | quod hodie v[ovi, ast tu ea ita faxis,
tum tibi in eadem verba nomin]e collegi ‖ fratrum A[rvalium bove 40
aurata voveo esse futurum]. | Minerva, quae [in verba Iunoni
reginae bove aurata vovi esse futur]um, quod | hodie vov[i, ast tu
ea ita faxis, tum tibi in eadem verba] nomine | collegi fr[atrum
Arvalium bove aurata voveo esse futurum]. | Salus publica populi
Romani Quiri[tium, quae in verba Iunoni reginae] bove ‖ aurata 45

vovi esse futurum, quod h[odie vovi, ast tu ea ita f]axis, | tum tibi
in eadem verba nomine col[legi fratrum Arv]alium | bove aurata
voveo esse futurum. | [In colle]gio adfuerunt C. Salvius Liberalis
Nonius B[assus, A. I]ulius Quadratus, | [L. Maec]ius Postumus, L.
50 Veratius Quadratus, P. Sallustius Blaesus, ‖ [L. Venul]eius
Apronianus. | [Isdem cos. - -] I idus Ian. in pronao aedis Concordiae,
quae e[st prope | templu]m divi Vespasiani, | [C. Salvius] Liberalis
Nonius Bassus frater Arvalis, qui v[ice Iuli | Sila]ni magistri funge-
55 batur, adstantibus fratrib[us Arvali‖bus sac]rificium deae Diae in
hunc annum sic indixit: | [quod bo]num faustum felix fortunatum
salutar[e sit] imp. | [Cae]sari Domitiano A[ug.] Germ[an]ico pontif.
max. et Dom[itiae A]ug. | co[n]iugi eius et Iul[iae] Aug. to[*tiq*]ue
domui eorum po[puloque Romano] | Quiritibus frat[ribus]que
60 Arvalib[us] mihique. Sacr[ificium deae] ‖ Diae erit XVI K. Iun.   17, 19,
domi, XI[III K. Iu]n. in luco et [domi, XIII K. Iun.] | domi. In   20 May
collegio adfuerunt [C. Salviu]s Libera[lis Nonius Bas]sus, | L.
Veratius Quadratus, L. Mae[cius Postumus, A. I]uliu[s Quadratus,
P.] | Sallustius Blaesus. | L. Volusio Satur[nin]o, C. Calpu[rnio
65 - - - - - cos. - - - - - - vota nuncupata] ‖ in Capit[olio pr]o salute e[t
incolumitate imp. Caesaris Domitiani Aug.] | Germanici, magister[io
C. Iuli Silani, promag. C. Salvio Liberale, Iovi o.m.]|b.m.
Iunoni regin[ae b.f., Minervae b.f. In collegio] | adfuerunt imp.
Caesar Domitian[us Aug. Germanicus, C. Salvius Liberalis] |
Nonius Bassus, L. Maecius Postumus, L. [Veratius Quadratus]. ‖
70 Isdem cos. XI K. Febr. in Capitolio ad vota redd[enda et nun-   22 Jan.
cupanda pro] | salute et incolumitate imp. Caesaris Domit[iani
Aug. Germanici] | magisterio C. Iuli Silani, promag. C. Salvio
[Liberale Nonio Basso. In collegio] | adfuerunt C. Salvius
Liberalis Nonius [Bassus - - -] |

Iuppiter o.m. Capitoline, s[i imp. Caesar divi Vespasiani f. Domiti-   Col. 2
anus] | Aug. Germanicus pontif[ex maximus tribunic. potest.
censor perpetuus p.p.] | ex cuius incolumitate u[niversorum salus
constat, quem nos] | sentimus dicere, vivet [domusque eius incolu-
5 mis erit a.d. XI K. Februarias], ‖ quae proximae p.R.Q., re[i
p. p.R.Q. erunt, et eum diem eumque] | salvom servaveris ex [peri-
culis si qua sunt eruntve ante eum] | diem eventumq. bonu[m ita
uti nos sentimus dicere, dederis] | eumq. in eo statu, quo n[unc est,
aut eo meliore servaveris, custodie]|risque aeternitatem i[mperi,
10 quod suscipiendo ampliavit, ut] ‖ voti compotem rem p. saep[e

facias, ast tu ea ita faxis, tum tibi] | nom[in]e collegi fratrum Ar[va-
1 Feb.　lium bove aurato vove]o esse | futur[um]. | Isdem cos. [K.] Febr.
allectus Narcissus Annianus publicus loco | Nymphi Numisiani ad
fratres Arvales. ‖ C. Bellico Natale Tebaniano, C. Ducenio 15
19 May　Proculo cos. XIIII K. Iun. | in luco deae Diae magisterio C. Iuli
Silani, curam agente C. | Nonio Basso Salvio Liberale, fratres
Arvales deae Diae sacri|ficium fecerunt. C. Salvius Liberalis, qui
vice magistri | fungeba[t]ur C. Iuli Silani, ante lucum in aram
porcas piacu‖lares duas luco coinquendi et operis faciendi im- 20
molavit; | deinde vaccam deae Diae honorar⟨i⟩am immolavit. C.
Salvius | Liberalis Nonius Bassus, L. Maecius Postumus, A.
Iulius Quadratus, | P. Sallustius Blaesus, Q. Tillius Sassius in
tetrastylo consederun[t] | et ex sacr[i]ficio epulati sunt, sumptisq.
praetextis et coronis ‖ spiceis vittatis lucum deae Diae ad summo- 25
tum escenderunt | et per Salvium Liberalem Nonium Bassum, qui
vice magistr[i] | fungebatur, et Q. Tillium Sassium, qui vice
flaminis funge|batur, deae Diae agnam opimam immolarunt,
perfectoque | sacrificio omnes ture et vino fecerunt. Deinde
coronis in‖latis signisq. unctis Q. Tillium Sassium ex Saturnalibus 30
| primis ad Saturnalia secunda annuum magistrum fecer., | item Ti.
Iulium Celsum Marium Candidum flaminem; deinde | in t[etr]a-
stylum desciderunt, ibiq. in triclinio discumbentes | epulati sunt
ad magistrum C. Iulium Silanum; post epulas ‖ ric[i]niatus 35
soleatus cum corona pactili rosacia summoto | sup[r]a carcares
escidit et signum quadrigis et desultoribus | mi[s]it, praesi-
dente L. Maecio Postumo; victores palmis et | coronis argenteis
honoravit. | Ead[e]m die Romae domo apud mag. C. Iul[i]um
20 May　Silanum idem qui ‖ in luco cenarunt. | XIII K. Iun. domo apud 40
mag. C. Iulium Silanum fratres Arvales | ad consummandum
sacrificium deae Diae cenarunt, et in|ter cenam C. Salvius Liberalis
Nonius Bassus, L. Maecius Pos|tumus, A. Iulius Quadratus, P.
Sallustius Blaesus, Q. Tillius ‖ Sassius, L. Venuleius Apronian[u]s 45
ture et vino fecerunt, | ministrantibus pueris patrimis et matrimis
isdem qui | XVI K. Iun., et fruges libatas ad aram rettulerunt;
lampadib. | incensis tuscanicas contigerunt, quas per calatores |
domibus suis miserun[t]. ‖ Pu[eri patrimi et matrimi], qui ad sacri- 50
ficium deae Diae praest[o | erant, - - - -]ilius Marcianus, Rusonis
P. Calvisius | - - - - - - -, Umbrini M. Petronius Cremutius, |
10 Sept.　- - - - - - - - - - | - - - - - - - - - - - - Prisco cos. IIII idus Sept. mag.
C. Iuli ‖ [Sila]ni in luco deae Diae, quod ramus ex arbore ilicina 55

ob | [v]etustatem deciderit, piaculum factum est per calatorem et | [p]ublicos. | Isdem cos. idi[b]us Sept. in Capitolio arae dedicatione 13 Sept. pro mag. C. | Iuli Silani immolavit vaccam L. Maecius Post[umus].

60 Adfuerun[t] ‖ in collegio L. Maecius Postumus, A. Iulius Quad- r[a]tus, Q. Tillius | Sassius. (*vacat*) | Isdem cos. x K. Oct. in 22 Sept. Ca[p]itolio ob detecta scelera nefariorum, mag. | [C.] Iuli Silani, immolavit in Capitolio b.m. {immolavit} C. Venu|[leius

65 Ap]ronianus. (*vacat*) ‖ L. M[inucio Rufo, D.(?)] Plotio Grypo cos. XVII K. Mai. piaculu[m fa]c[tum in luco | deae Diae per calatore]m A.D. 88, et publicos ob ferrum in[latum scripturae et scalpturae | ut acta 15 Apr. insculperentur magis]teri C. Iul[i S]ilani. | [- - - - - - cos. - - - - - - piaculum factum a]d de[ae Diae per calatorem | et publicos ob] ferr[um elatum - - -]

15. [pro] | salute imp. Caesa[ris Domiti]ani Aug. Germanici | A. A.D. 89 Iul⟨i⟩us Quadratus [frate]r Arvalis, qui vice | Ti. Iuli Candidi magi[stri fu]ngebatur, vota nuncuparunt. | In collegio adfuerunt ‖

5 A. Iulius Quadratus, P. Sallustius Blaesus, L. Maecius Postumus, | L. Venuleius Montanus Apronianus, L. Veratius Quadratus. | Isdem cos. VI idus Ianuar. | in prona{v}o aedis Concordiae fratres 8 Jan. Arvales sa[crificium] | d⟨e⟩ae Diae indixerunt XVI K. Iun. domi

10 aput [magistros], ‖ XIIII K. Iun. in luco et domi ad magistros, XIII 17, 19, K. Iu[nias domi]. | In collegio interfuerunt A. Iulius Quadra[tus 20 May - - - - - - - -] | P. Sallustius Blaesus, Q. Tillius Sas⟨s⟩ius - - - - - - - - - - - | Isdem cos. pr. idu[s Ianuar.] | in Capitolio ex s.c. pro 12 Jan.

15 salut⟨e⟩ et vict[oria et reditu] ‖ imp. Domitiani Caesaris Augusti Ger[manici fratres Arvales vota] | nuncuparunt. In colleg[io inter- fuerunt] | L. Veratius Quadratus, P. Sallustius Bl[aesus, L. Maecius Postumus, A. Iulius] | Quadratus, L. Venuleius Montanus

20 Ap[ronianus]. | Isdem cos. XVI K. [F]ebr. ‖ in Capitolio ob vota 17 Jan. adsuscipienda e[x edicto cos. et ex s.c.] | pro salute et redit[u e]t victoria | imp. Caesaris Domitiani Aug. Germ[anici] collegium fratrum | Arvalium convenit. In [colleg. inter]fuerunt | A. Iulius

25 Quadratus, L. Maecius Postum[us, L. Vera]tius Quadratus, ‖ [L.] Venuleius Montanus Apronianus, P. [Sallustius B]laesus, Q. Tillius Sass. | Isdem cos. x[I K. Febr.] | in Capitolio ob vota reddita 22 Jan. et nuncupata ex s.c. [pro salute] | imp. Caesaris Domitiani Aug. Germanici. Inter[fuerunt A. Iulius] | Quadratus, L. Maecius

30 Postumus, Q. Tillius Sassi[us, P. Sallustius Blaesus], ‖ L. Veratius Quadratus, L. Venuleius Montanu[s Apronianus]. | Isdem cos.

24 Jan.   VIIII [K. Febr.] | in Capitolio s{a}enatus tur{a}e et vino
          sup[plicavit. Interfuerunt] | A. Iulius Quadratus, L. Maecius
          Postumus, P. [Sallustius Blaesus, L. Venuleius] | Montanus
          Apronianus, Q. Tillius S[assius, L. Veratius Quadratus]. ‖ Isdem 35
25 Jan.   cos. VIII [K. Febr.] | in Capitolio ob laetitiam publicam in tem[plo
          Iovis o.m. (?) fratres Arvales] | Iov[i] o.m. bovem marem immola-
          runt. [Interfuerunt] | A. Iulius Quadratus, L. Maecius Postumus,
          P. Sallusti[us Blaesus, L. Venuleius] | Montanus Apronianus, Q.
29 Jan.   Tillius Sassius. ‖ Isdem cos. IIII K. Febr. | in Capitolio ad vota 40
          solvenda et nuncupanda pro salute et re[ditu] | imp. Caesaris
          Domitiani Aug. Germanici fratres Arvales conven[erunt]. | Iovi,
          Iunoni, Minervae, Marti, Saluti, Fortunae, Victoriae reduci, |
          [Genio po]puli Romani voverunt. In collegio adfuerunt [A.
          Iulius ‖ Quadra]tus, L. M[aeci]us Postumus, Q. Tillius Sassius, P. 45
12 April Sallustius | [Blaesus]. | [Isdem c]os. pr. idus April. | [in luco
          piaculum] factum ob a[rbor]em expiata⟨m⟩, cui prae | - - - - - - -
          per publicos [et ca]latorem. ‖ [P. Sallustio Blaeso, - - -] Peduca[eo] 50
19 May   Saeniano [cos. | XIIII K. I]unias | [in luco deae Diae magisterio] Ti.
          Iuli Candidi Mari Celsi, | [curam agente A. Iulio Quadrato,
          fra]tres Arvales deae Diae sa[cri|ficiu]m feceru[nt. A. Iulius
          Quadratus, qui] vice magis[tri] fungeba[tur ‖ Ti. Iuli] Candidi 55
          M[ari Celsi, ante lucum in] aram por[cas pia]cul[ares | duas] luco
          coin[quendi et operis fa]ciendi [immolavit, deinde | vaccam]
          hon[orariam deae Diae] A. Iulius [Quadratus, qui vice ma|gistri
          fungebatur, inmolavit ante luc]u[m in foculo. A. Iulius Qu]adra-
          [tus, qui | vice magistri fungebatur, - - - - - - L. Veratius Qu]adra-
          [tus - - - ‖ - - -] in t[etrastylo consederunt et ex sacrificio epulati 60
          sunt, | su]mptisque p[raetextis et coronis spiceis vittatis lucum
          deae] | Diae ad summ[otum escenderunt et per A. Iulium Quadra-
          tum], | qu[i] vice ma[gis]t[ri fun]geba[tur, et - - - - - - - qui vice] |
          flaminis fun[gebatur, de]ae Diae ag[nam opimam inmolarunt,
          perfectoq.] ‖ sacrificio om[nes ture] et vino fecer[unt; deinde 65
          coronis] | inlatis signis[que] unctis P. Sall[ustium Blaesum cos. ex
          Saturnalibus] | primis ad S[aturnalia s]ecu[nda magistrum annuum
          fecerunt], | item L. Ve[ratium Quadratum flaminem. Deinde in
          tetrastylum] | descinderun[t ibiqu]e i[n triclinio discumbentes
          epulati sunt] ‖ ad magistrum Ti. Iuli[um Candidum Marium 70
          Celsum; post epulas] | riciniatus soleatus c[um corona pactili
          rosacia summoto supra] | carcares escendit et sign[um quadrigis et
          desultoribus misit].

16. [imp. Caesare Domitia]no Aug. Germanico xv | [pontifice A.D. 90
maximo tribunic. po]test. viiii censore perpetuo p.p. | [M.
5 Cocceio] Nerva ii cos. | [magisterio P. Sal]lusti Blaesi ii∥[iii non.]
Ianuar. | [in Capitolio in pronao Iovis o.m. - - - - - - - - - - -]rus 3 Jan.
frater Arvalis ad collegium fratrum Arvalium rettulit: cum di
inmortales | [propitiato numine suo vota orbis terrarum, quae pro
salute] imp. Caesaris divi Vespasiani f. Domitiani Aug. Germanici
pontificis maximi, et | [Domitiae Aug. coniugis eius totique domui
eorum cupi]de suscepta erant, exaudierunt, convenire collegio
priora solvere et nova in | [proximum annum suscipere. Collegium
10 decrevit: ∥ quod bonum faustum felix salutareque sit, cum vota]
contingeret ut priora solverentur et nova voverentur pro salute ⟨e⟩t
incolu|[mitate imp. Caesaris divi Vespasiani f. Domitiani Aug.
Germa]nici pontificis maximi et Domitiae Augustae coniugis eius
totiusque domu⟨s⟩ eorum, | [Iovi o.m. b.m., Iunoni reginae b.f.,
Minervae b.f., Saluti p.] p.R.Q. b.f. | [Eodem die ibidem in area
- - - - - - - - frater Arvalis ture et vino in ig]ne in foculo fecit vino,
mola cultroque Iovi o.m. b.m., Iunoni reginae b.f., Minervae b.f., |
15 [Saluti publicae p.R.Q. b.f. Exta aulicocta reddidit. ∥ Eodem die
ibidem in pronao Iovis o.m. - - - - - - - - - - frater] Arvalis,
adstante collegio fratrum Arvalium, vota pro salute et incolumitate
| [imp. Caesaris divi Vespasiani f. Domitiani Aug. Germanici
pontif]icis maximi trib. pot. censoris perpetui p.p. et Domitiae
Aug. coniugis eius | [totiusque domui eorum nomine collegi
fratrum Arvalium] in haec verba suscepit: | [Iuppiter o.m., si imp.
Caesar divi Vespasiani f. Domitianus Aug. Ge]rmanicus tribunic.
potestate censor perpetuus p.p. et Domitia Aug. coniunxs eius, |
[quos me sentio dicere, vivent domusque eorum incolumis erit
a.d.] iii nonas Ianuar., quae proximae p.R.Q. r.p.p.R.Q. erunt, et
20 eum diem eosque salvos ∥ [servaveris ex periculis, si qua sunt
eruntve ante eum diem, ev]entumque bonum ita, uti me sentio
dicere, dederis, eosque in eo statu quo nunc sunt, | [aut eo meliore
servaveris, ast tu ea ita faxis, tum tibi nomine col]legi fratrum
Arvalium bovem auratum voveo esse futurum. | [Iuno regina,
quae in verba Iovi o.m. bove aurato vovi esse futurum, qu]od
hodie vovi, ast tu ea ita faxis, tum tibi nomine collegi fratrum
bovem aurat⟨u⟩m | [voveo esse futurum. | Minerva, quae in
verba Iunoni reginae bove aurata vovi esse futurum quod hodie]
vovi, ast tu ea ita faxis, tum tibi in eadem verba nomine colleg.
25 fratr. Arval. bove aurata voveo ∥ [esse futurum. | Salus publica

p.R.Q., quae in verba Iunoni reginae bo]ve aurato vovi esse futurum, quod hodie vovi, ast tu ea ita faxis, tum tibi in eadem | [verba nomine collegi fratrum Arvalium bove aurata] voveo esse futurum. | [In collegio adfuerunt - - - - - - - - - - L.] Venuleius Apronianus, L. Maecius Postumus, Q. Tillius Sassius. | [Isdem cos. - - - idus Ianuar. magi]sterio P. Sallusti Blaesi II ‖ [in pronao 30 aedis Concordiae P. Sallustius Blaesus magister fratrum] Arvalium manibus lautis velato capite sub divo, culmine contra orientem, deae | [Diae cum collegis sacrificium indixerunt: | quod bonum faustum felix fortunatum salutareque sit imp. Caesa]ri Domitiano Aug. Germanico pontifici maximo et Domitiae Aug. coniugi eius | [totique domui eorum populoque Romano Quiritibus fratribusque] Arvalibus mihique, sacrificium deae Diae hoc anno erit a.d. VIII K. Iun. domi, | [a.d. VI K. Iun. in luco et domi, a.d. V K. Iun. domi]. In collegio adfuerunt P. Sallustius Blaesus, L. Maecius Postumus, Q. Tillius Sassius. ‖ [M. Cocceio Nerva II, - - - - - - - cos. XI K. 35

22 Jan. F]ebr. in Capitolio vota reddita et nuncupata pro salute | [imp. Caesaris Domitiani Aug. Germanici pontif. max. magisterio P. Sallus]ti Blaesi II: | [Iuppiter o.m. Capitoline, si imp. Caesar divi Vespasiani f. Domitian]us Aug. Germanicus pontifex maximus tribunicia potestate censor perpetuus p.p. | [ex cuius incolumitate omnium salus constat, quem me se]ntio dicere, vivet domusque eius incolumis erit a.d. XI K. Febr., quae proximae | [populo Romano Quiritibus, r.p.p.R.Q. erunt, et eum diem eum]que salvom servaveris ex periculis, si qua sunt eruntve ante eum diem, eventumq. ‖ [bonum ita, uti me sentio dicere, dederis, eumque in 40 eo statu, quo nu]nc est, aut eo meliore servaveris, custodierisque aeternitatem imperi, quod susci|[piendo ampliavit, ut voti compotem rem publicam saepe facias], ast tu ea ita faxis, tum tibi nomine collegi fratrum Arvalium bove aurato voveo | [esse futurum. In collegio adfuerunt P. Sallustius Blaesus, L. Ma]ecius Postumus, Q. Tillius Sassius, L. Veratius Quadratus, L. Venuleius Apronianus. |

23 April [Isdem cos.] VIIII K. Maias magisterio P. Sallusti Blaesi II | [in luco deae Diae piaculum factum per kalatorem et publicos porc]am et agnam expiatam arborem ob vetustatem quod decidit. ‖ [- - - - - - 45 - - - - - - cos. ma]gisterio P. Sallusti Blaesi II VIII K. Iunias | [in domo P. Sallusti Blaesi mag. II fratres Arvales discumbe]ntes sacrificium fecerunt deae Diae ture et vino; pueri senatorum fili patrimi | [matrimi praetextati cum publicis ad aram rettulerunt. |

27 May Isdem cos.] VI K. Iun. magisterio P. Sallusti Blaesi II | [in luco

deae Diae fratres Arvales deae Diae sacrificium fecerunt: ad aram]
porcas piaculares duas luco coinquendi et operi faciundo immo-
50 lavit P. Sallustius ‖ [Blaesus mag. II; deinde vaccam deae Diae
honorariam immolavit] ante lucum in foculo P. Sallustius Blaesus
mag. II. | [P. Sallustius Blaesus mag. II, ------- L. Po]mpeius
Catellius Celer, Q. Tillius Sassius, L. Venuleius Apronianus, L.
Maecius Postumus | [in tetrastylo consederunt et ex sacrificio
epulati sunt, sumptis]que praetextis et coronis spiceis vittatis lucum
deae Diae ad summotum escenderun[t | et per P. Sallustium
Blaesum mag. II deae Diae agnam opimam immolaru]nt, perfec-
toque sacrificio omnes ture et vino fecerunt; deinde coronis inlatis
signis|[que unctis L. Veratium Quadratum ex Saturnalibus primis
ad Sat]urnalia secunda annuum magistrum fecerunt, item fecerunt
55 L. Venuleium ‖ [Apronianum flaminem. Deinde in tetrastylum
desci]derunt, ibique in triclinio discumbentes epulati sunt ad
magistrum P. | [Sallustium Blaesum; post epulas riciniatus soleatus
cum co]rona pactili rosacea summoto supra carcares escendit et
signum quadrigis | [et desultoribus misit, praesidente -------
victores pa]lmis et coronis argenteis honoravit. | [Eodem die Romae
domo apud mag. P. Sallustium Blaesum idem] qui in luco cenarunt.
| [v K. Iun. domo apud mag. P. Sallustium Blaesum fratres 28 May
Arvales] ad consummandum sacrificium deae Diae cenarunt et
60 inter cenam P. ‖ [Sallustius Blaesus, --------] L. Maecius
Postumus, L. Arruntius Catellius Celer, L. Veratius Quadratus ture
et vino fecerunt, | [ministrantibus pueris patrimis et matrimis
isdem qui VIII K.] Iunias, et fruges libatas, ministrantibus calatori-
bus et publicis, pueri riciniati | [praetextati ad aram rettulerunt.
Lampadibus incensis tusca]nicas contigerunt, quas per calatores
domibus suis miserunt. | [M'. Acilio Glabrione, M. Ul]pio Traiano A.D. 91,
cos. III K. Maias | [piaculum factum in luco deae Diae per calatorem 29 April
et publicos ob ferrum in]latum ut acta insculperentur magisteri P.
65 Sallusti Blaesi II. ‖ [Isdem cos. (?) ----- piaculum factum in luco
deae Diae per ca]latorem et publicos ob ferrum elatum.

17. [Iuppiter o.m., si imperator Caesar divi Vespasiani f. | Col. I
Domitianus Aug. Germanicus p]ontif. max. trib. p. | [censor A.D. 91,
perpetuus p.p., et Domitia Aug. co]niunx eius, quos me sen|[tio 3 Jan.
dicere, vivent domusque eo]rum incolumis erit a.d. III | [non.
Ianuar., quae pr]oximae populo Romano Q., rei[publicae]
5 popu|[li Romani Q. erunt, et eu]m diem eosque salvos servaveris

ex pericu|[lis si qua sunt erunt]ve ante ⟨e⟩um diem, eventumque
bonum ita | [uti me sentio dice]re, dederis, eosque in eo statu, qui
nunc est, aut eo | [meliore serva]veris, astu ea ita faxsis, tunc tibi
nomine collegi | [fratrum Ar]valium bovem aurat⟨um⟩ vovemus esse
futurum. ‖ [Iuno regin]a, quae in verba I.o.m. bovem aurat⟨u⟩m   10
vovimus esse | [futuru]m, quo⟨d⟩ hodie vovimus, astu ea ita
faxsis, tunc tibi in | [eade]m verba nomine collegi fratrum Arvalium
bovem au|[r]atam vovemus esse futuram. | [Mi]nerva, quae in
verba I.o.m. bovem aurat⟨u⟩m vovimus esse futur⟨u⟩m, ‖ quod   15
hodie vovimus, astu ea ita faxsis, tunc tibi in eadem verba | nomine
collegi fratrum Arvalium bovem auratam vovemus | esse futuram.
Salus Augusta p.p.R.Q., quae in verba I.o.m. | bovem aurat⟨u⟩m
vovimus esse futurum, quod hodie vovi|mus, astu ea ita faxsis,
tunc tibi in eadem verba nomine col‖legi fratrum Arvalium   20
bovem auratam vovemus esse futur⟨a⟩m. | Adfuerunt in collegio L.
Veratius Quadratus, L. Maecius Postumus, | P. Sallustius Blaesus,
Q. Tillius Sassius, L. Pompeius Vopiscus Ar|runtius Catellius

7 Jan.   Celer. | Isdem cos. VII idus Ianuar. ‖ in pronao aedis Concordiae   25
fratres Arvales | sacrificium deae Diae indixerunt | magisterio
II L. Verati Quadrati. In pronao aedis Concor|diae L. Vera-
tius Quadratus magister fratrum Arvalium | manibus lautis
velato capite sub divo, columine contra ori‖entem, deae Diae cum   30
collegis sacrificium indixerunt: | quod bonum faustum felix fortu-
natum salutareque sit | imp. Caesari Domitiano Aug. Germanico
pontif. maxsimo et Domitiae | Augustae coniugi eius totique domui
eorum, populo Romano | Quiritibus fratribusque Arvalibus mihi-
que, ‖ sacrificium deae Diae hoc anno erit a.d. XVI K. Iun. domo,   35
a.d. | XIIII K. Iunias in luco et domo, a.d. XIII K. Iun. domo. |
Adfuerunt in collegio L. Veratius Quadratus L. Maecius Pos|tumus,
Q. Tillius Sassius.

Col. 2   [- - - - - - - - - - in tetrastylo consederunt et ex sacrificio epulati
sunt, sumptisque praetextis et coronis] | spic[eis vittatis lucum
deae Diae ad summotum escenderunt] | ⟨e⟩t p⟨e⟩r [L. Veratium
Quadratum mag. deae Diae agnam opimam immola]‖runt,
per[fectoque sacrificio omnes ture et vino fecerunt. Dein]‖de
coronis [inlatis signisque unctis - - - - - - - - - - - - -] ‖ ex Satur-   5
nalibu[s primis in Saturnalia secunda annuum magis]‖trum
fecerunt; ite[m fecerunt - - - - - - - - - flaminem], | ibique in
tetrastyl[um desciderunt, ibique in triclinio discumbentes] | cum

I GALBA

2 OTHO

sintes.[1] epulati sunt [ad magistrum L. Veratium Quadratum]. | Post
10 epulas riciniatus so[leatus cum corona pactili rosacea sum]‖moto
supra carcares esc[endit et signum quadrigis et desul]|toribus misit.
Praesidente L. [Maecio Postumo (?) victores palmis] | et coronis
argenteis honora[vit. Eodem die Romae domo aput magis]|trum
L. Veratium Quadratum i[dem qui in luco cenarunt]. | XIII K.
Iunias in domo aput magis[trum L. Veratium Quadratum] ‖ 20 May
15 fratres Arvales ad consumm[andum sacrificium deae Diae cenarunt]
| et inter cenam L. Veratius Qu[adratus mag. - - - - - - - - -] | P.
Sallustius Blaesus, L. Pompeius [Vopiscus Arruntius Catel]‖lius
Celer, L. Iulius Marinus C[aecilius Simplex ture et vino] | fecerunt,
20 ministrantibus pue[ris patrimis et matrimis is]‖dem qui XVI K.
Iunias, et fruges li[batas ministrantibus kala]|toribus et publicis
pueri ricin⟨i⟩at[i praetextati ad aram rettu]|lerunt. Lampadibus
incensis tu[scanicas contigerunt, quas] | per kalatores domibus suis
25 mis[erunt]. | Q. Valerio Vegeto, P. Met[ilio Sabino (?) cos.] ‖ non.
Nov. | magisterio II L. Verati Quadrati [piaculum factum per kala]|- 5 Nov.
torem et publicos et aedituom in [luco deae Diae porcam et ag]|-
nam. Expiata arbor, quod vetust⟨a⟩[te decidit]. | Isdem cos. - - -
30 - - - - ‖ magisterio L. Verati Quadrati II x[- - - - - - - - - - in
pronao ae]‖dis Concordiae collegium fr[atrum Arvalium con-
venerunt ibi]|que cooptarunt fratrem Ar[valem - - - - - - - - - -] |
in locum Q. Tilli Sassi. Adfuerun[t mag. L. Veratius] | Quadratus,
35 L. Venuleius Monta[nus Apronianus, L. Iulius] ‖ Marinus
Caecilius Simplex, P - - - - - - - - - - - - - - - | Q. Volusio Satur-
nino, L. Venu[leio Aproniano cos.] | VII K. Maias piaculum fa[ctum A.D. 92,
in luco deae Diae per ka]|latorem ob ferrum inlatum [scalpturae et 25 April
scripturae magisteri]. | Piaculum factum per calatorem [et publicos
40 ob ferrum - - -] ‖ tum et elatum scalpturae et [scripturae magisteri
consum|mati fratrum Ar]valium - - - - - - - -

[1] = synthes(ibus).

FRAGMENTS OF UNCERTAIN DATE

18. [quo sacrificio | perac]to in Ca[esareo epulati sunt ad magis- A.D. 82,
trum. Inde magister - - - | - - - - - - - coron]atus riciniatu[s de 83, 84 or
querceribus signum quadrigaris et desultoribus | misit et vic]tores 85
5 coronis ar[genteis honoravit. | In collegio a]dfuerunt ‖ [imperator]
Caesar divi V[espasiani f. Domitianus Aug. - - - - - | L. Venuleius
(?) Ap]ronian[us - - - - - - -]

A.D. 92, **19.** [quod bonum faustum felix fortunatum salutareque sit imp.
93, 94, Caesari | Domitiano Aug. Germanico] pontifici ma[ximo et
95 or 96 Domitiae Augustae | coniugi eius totique dom]u⟨i⟩ eorum, isdem
[populo Romano Quiritibus | fratribusque Arval]ibus mihique
------

20. [Iuno regina, quae in verba Iovi o.m. bove aurato vov]imus
[esse futurum, | quod hodie vovimus, ast tu ea ita facxis, tunc t]ibi
in eade[m] ver[ba| nomine collegi fratr. Arval. bove aur]ata vove-
mus esse futurum. | [Minerva, quae in verba I.o.m. bove aurato]
vovimus esse futurum, quod ‖ [hodie vovimus, ast tu ea ita facxis, 5
tunc t]ibi in eadem verba nomine | [collegi fratr. Arval. bove aurata]
vovemus esse futurum. | [Salus publica, quae in verba Iovi o.[m.]
bove aurato vovimus esse futu|[rum, quod hodie vovimus, ast tu ea
ita f]acxis, tunc tibi in eadem verba | [nomine collegi fratr. Arval.
bov]e aurata vovimus esse futurum. ‖ [In collegio adfuerunt mag. 10
(?) L. Venuleius Mo]ntanus Apronianus, L. Pompe[ius | Vopiscus
C. Arruntius Catellius Celer, - - - - - - - - - - - L.] Maeciu[s |
Postumus - - - -]

Col. 1 **21.** [- - - - - - - - - - - - - cos. magisterio Ti. Tu|tini Severi VI K.
27 May Iun. in domo Ti. Tutini Severi mag. fratres | Arvales discumbentes
sacrificium fecerunt deae Diae ture et vino. Pueri | senatorum fili
patrimi matrimi praetextati cum calatoribus et publicis ad] aram
29 May retulerunt. | [IIII K. Iun. sacrum deae Diae in l]uco eius magisterio
Ti. Tutini | [Severi ad aram immolavit po]rcas piaculares duas
luco ⟨co⟩in|[quiendi et operis faciundi Ti. Tuti]nius Severus;
deinde{m} vaccam ‖ [deae Diae honorariam albam i]mmolavit ad 5
foculum; | [deinde in tetrastylo consederunt et ex sac]rificio
epulati sunt; sump|[tisque praetextis et coronis spic]eis vittatis
lucum deae | [Diae ad summotum escenderunt et] per Ti. Tuti-
nium Se|[verum mag. deae Diae agnam opimam im]molarunt,
perfectoq. ‖ [sacrificio omnes ture et vino fecer]unt. Deinde coronis 10
| [inlatis signisque unctis L. Pompeiu]m Vopiscum Arrun|[tium
Catellium Celerem ex Saturnali]bus primis ad Sa|[turnalia secunda
mag. et - - - - - - - - flam.] fecerunt. | Ibique [in tetrastylum
desciderunt, ibique in tricli]nio discumben‖[tes epulati sunt ad 15
magistrum Ti. Tutiniu]m Severum; | [post epulas riciniatus
Col. 2 soleatus cum corona pact]ile rosacea{m} | summoto supra car[cares
escendit et] | signum quadrigis e[t desultoribus misit], | praesi-

34

dente L. Pompei[o Vopisco Arruntio] | Catellio Celere; vict[ores
5 palmis et coro]‖nis argenteis hon[oravit]. | Adfuerunt in collegio
fr[atrum Arvalium mag. Ti.] | Tutinius Severus, Ti. I[ulius
Candidus Ma]|rius Celsus, A. Iulius [Quadratus, L. Vera]|tius
10 Quadratus, L. Po[mpeius Vopiscus] ‖ Arruntius Catellius [Celer,
- - - - - - - -]|nus, P. Sallustius Blaes[us, L. Venuleius] | Montanus
Apronianu[s, C. Salvius Libe]|ralis Nonius Bassus. (*vacat*) | Eodem
15 die Romae aput magis[trum Ti. Tutini]‖um Severum idem qu⟨i⟩
in [luco, cenarunt]. | III K. Iun. in domo aput mag. Ti. T[utinium   30 May
Severum] | fratres Arvales ad consumma[ndum sacrificium] | deae
Diae et inter cenam | Ti. Tutinius Severus mag., Ti. Iulius
20 [Candidus Marius] ‖ Celsus, A. Iulius Quadratus, L. V[eratius
Quadratus | - - - - - - - - - - ture et vino fecerunt - - -]

22. [Iuppiter o.m., si imp. Caesar divi Vespasiani f. | Domitianus
Aug. Germanicus p]ontif. max. ⟨t⟩ri⟨b.⟩ p[ot. censor perpetuus
p.p. et | Domitia Aug. c]oniunx eius, quos me sen[tio dicere,
vivent do|musque e]o⟨r⟩um incolumis erit a.d. ⟨III⟩ [non. Ianuar.
quae | pr]oximae populo Romano Q., rei ⟨p. p⟩o⟨p⟩u[li Romani
Quiritium erunt - - - -]

There is one further Domitianic fragment, of small significance. See
Henzen, *op. cit.* p. cxxxviii and Pasoli, *op. cit.* no. 54, p. 143.

IV

HISTORICAL EVENTS

See also Nos. 1, 153, 299–300, 307, 314, 322, 356, 358, 366, 371, 372, 374, 386, 393.

23. A.D. 68, near Milan. *ILS*, 982; cf. Pliny, *Ep.* 2, 1.

Iovi o.m. pro salute et victoria L. Vergini Rufi Pylades saltuar. v.s.[1]

[1] v(otum) s(olvit).

24. Denarius, A.D. 68, Africa. *BMC*, *Imp.* I, p. 287, no. 5.

Obv. Bust of Carthage, draped, towered, with cornucopiae behind. L. CLODI MACRI CARTHAGO S.C.

Rev. Triskelis, with Medusa head as centre. ꙄICILIA

25. Denarius, A.D. 68, Spain. *BMC*, *Imp.* I, p. 292, no. 12.

Obv. Bust of Libertas. LIBERTAS RESTITVTA

Rev. Round shield surrounded by oak-wreath, with globe and two stars above. S.P.Q.R.

26. Denarius, A.D. 68, Spain. *BMC*, *Imp.* I, p. 293, †.

Obv. Busts of Hispania and Gallia facing one another, with small figure of Victory between. CONCORDIA HISPANIARVM ET GALLIARVM

Rev. Victory standing in biga, holding bow and reins. VICTORIA P.R.

27. Denarius, A.D. 68, Gaul. *BMC*, *Imp.* I, p. 297, no. 31.

Obv. Victory, standing on globe, holding wreath and palm. SALVS GENERIS HVMANI

Rev. S.P.Q.R. in oak-wreath.

28. Sestertius, A.D. 68–9. *BMC*, *Imp.* I, p. 318, no. 63.

Obv. Head of Galba, laureate. SER. GALBA IMP. CAESAR AVG. TR. P.

Rev. Oak-wreath surrounding EX S.C. OB CIVES SERVATOS

29. As, A.D. 68–9, Spain. *BMC*, *Imp.* I, p. 345, no. 205.

Obv. Head of Galba, laureate; globe under neck. [SER.] GALBA IMP. CAESAR AVG. P.M. [TR. P.]

Rev. Arch surmounted by two equestrian statues; three prisoners advancing, marshalled by officer. QVADRAG[ENS. REMISSAE] S.C.

30. 15 Oct., A.D. 68, Rome. *ILS*, 238.

imaginum domus Aug. cultorib. signum Libertatis restitutae Ser. Galbae imperatoris Aug. curatores anni secundi: C. Turranius Polybius L. Calpurnius Zena C. Murdius Lalus C. Turranius Florus C. Murdius Demosthenes s.p.d.d. (*On left side*) dedic. idib. Octobr. C. Bellico Natale P. Cornelio Scipione Asiatico cos.

31. A.D. 95, Lepcis Magna. *IRT*, 537; *Africa Italiana*, VII (1940), pp. 99–100.

Q. Pomponius Rufus cos. pont. sodal. Fla. cur. oper. publicor. leg. Aug. pro pr. provinc. [M]oesiae Dalmat. Hisp. leg. leg. v prae. orae marit. Hispan. Citer. Gallia[e] N[a]rbon. bello qu[od] imp. G[a]lba pro [re p.] gessit procos. provinc. Africae per L. Asinium Ru[fum] [leg. p]ro [pr. - - - -]

32. Aureus, A.D. 69, Rome. *BMC, Imp.* I, p. 364, no. 1.

Obv. Head of Otho, bare. IMP. M. OTHO CAESAR AVG. TR. P.
Rev. Pax, holding branch and caduceus. PAX ORBIS TERRARVM

33. Bronze coin, A.D. 68, Tripolis. *BMC, Phoenicia*, p. 209, no. 42.

Obv. Head of Nero, laureate, countermarked IMP. OTHO
Rev. Busts, draped, of Dioscuri. [ΤΡΙΠΟΛΕΙ]ΤѠΝ

34. Brixellum. Plut. *Otho*, 18, 1; Tac. *H.* II, 49; Suet. *Vit.* 10, 3. See A. Stein, *Röm. Inschr. in d. ant. Lit.* (1931), p. 54.

dis manibus[1] Marci Othonis

[1] δαίμοσι coniecit Lobeck. *MSS.* δηλώσει.

35. Tax receipt, 16 June, A.D. 69, Thebes (Egypt). *O. Bodl. unedited*, no. 1738; *Mélanges G. Smets*, p. 573.

τοῦ α' (ἔτους) Ὠλοῦ Οὐιτελλίου Καίσαρος Σεβαστοῦ Γερμανικοῦ αὐτοκράτορος Παῦνι κβ'

36. As, A.D. 69, Spain. *BMC, Imp.* I, p. 388, no. 99.

Obv. Head of Vitellius, laureate. A. VITELLIVS IMP. GERMAN.
Rev. Mars, helmeted, holding spear and aquila with vexillum. CONSENSVS EXERCITVVM S.C.

37. Sestertius, A.D. 69, Rome. *BMC, Imp.* I, p. 375, no. 47.

Obv. Bust of Vitellius, laureate. A. VITELLIVS GERM. IMP. AVG. P.M. [TR. P.]

Rev. Vitellius, bare-headed, in military dress, holding spear and parazonium; facing him, Ceres holding patera and torch; between them a lighted altar; behind Ceres a prow. ANNONA AVG. S.C.

38. Denarius, A.D. 68–9, Upper Germany. *BMC, Imp.* I, p. 306, no. 65.

Obv. Clasped hands. FIDES EXERCITVVM
Rev. Clasped hands. FIDES PRAETORIANORVM

39. Denarius, A.D. 69–70, Lower Germany. *BMC, Imp.* I, p. 308 (*d*).

Obv. Young male head, helmeted. ADSERTOR LIBERTATIS
Rev. Victory, placing helmet on a trophy. LEGION. XV PRIMIG.

40. A.D. 70, Rome. *ILS*, 983; cf. Tac. *Hist.* IV, 24–59.

C. Dillio A.f. Ser. Voculae trib. milit. leg. I IIIIviro viarum curandar. q. provinc. Ponti et Bith[y]niae trib. pl. pr. leg. in Germania leg. XXII Primigeniae. Helvia T.f. Procula uxor fecit

41. A.D. 69, Alexandria. *Pap. Fouad 1*, 8; P. Jouguet, *Mélanges Ernout* (1940), pp. 201–10. The first seven lines contain the name of Tiberius Alexander but are otherwise too mutilated to be restored.

- - ὡς δ' εὐθ]ὺς ὁ αὐτοκράτωρ [παρεγένετο - -
- - εἰς] τὴν πόλιν τῶν ὄχλ[ων ἀθροισθέντων - - -
ἐπλήσ]α[ν]τ' ὅλον τὸν ἱππόδρομον [- - Τιβέριος 'Αλέ-   10
ξανδρος εἶπεν] ὅτι ὑγιαίνων κύριε Καῖσαρ [ἔλθοις - - ἀνα-
κληθήτω θεὸς Καῖσαρ Οὐεσπ]α[σ]ιανὸς εἷς σωτὴρ καὶ ε[ὐεργέτης.
] ὁ [δῆμ]ός σ' ἀνατέλλων ε[ἰς θεοὺς - - - - - - - - - - - - -
- - αὐτοκράτορ]α. Φύλαξον ἡμεῖν αὐτ[οκράτορα ἀεὶ ἐπιεικῆ - -
- - κύρι]ε Σεβαστέ, εὐεργέτα, σαρ[15
].. 'Άμμωνος υἱός, καὶ ἀπλ[
- εὐ]χαριστοῦμεν Τιβερίῳ [
] . Τιβέριος η π . . τις ε[
] θεὸς Καῖσαρ ε . . ὅτι ὑγια[ιν- - -
] . θεὸς Καῖσαρ Οὐ[ε]σπασια[νὸς - - -   20
]ις κύριε Σεβαστὲ Ο[ὐεσπασιανὲ (?) - - -

42. Aureus, A.D. 69–70. *BMC, Imp.* II, p. 87, no. 425.

Obv. Head of Vespasian, laureate. IMP. CAESAR VESPASIANVS AVG.
Rev. Vespasian, togate, stands extending right hand to raise up Roma, who kneels before him. ROMA RESVRGENS

43. Sestertius, A.D. 71. *BMC, Imp.* II, p. 120, no. 559.

Obv. Head of Vespasian, laureate. IMP. CAES. VESPASIAN. AVG. P.M. TR.P. P.P. COS. III

Rev. Pax, draped, holding branch and cornucopiae. PAX P. ROMANI S.C.

44. As, A.D. 71. *BMC, Imp.* II, p. 131, no. 604.

Obv. Head of Vespasian, laureate. IMP. CAES. VESPASIAN. AVG. COS. III.

Rev. Jewess seated among arms at foot of palmtree, in attitude of dejection. IVDAEA CAPTA S.C.

45. Aureus. *BMC, Imp.* II, p. 81, no. 397.

Obv. Head of Vespasian, laureate. IMP. CAESAR VESPASIANVS AVG. TR. P.

Rev. Vespasian in triumphal quadriga with Victory crowning him. In front of the horses a captive, escorted by a soldier. TRIVMP. AVG.

46. Sestertius, A.D. 71. *BMC, Imp.* II, p. 118, no. 549.

Obv. Head of Vespasian, laureate. IMP. CAESAR VESPASIANVS AVG. P.M. T.P. P.P. COS III.

Rev. Vespasian, togate, extends right hand to raise up Libertas, who kneels before him and holds out her right hand to his: in the background stands Roma in military dress. LIBERTAS RESTITVTA S.C.

47. Dupondius, A.D. 71. *BMC, Imp.* II, p. 129, no. 597.

Obv. Head of Vespasian, radiate. IMP. CAES. VESPASIAN. AVG. COS. III

Rev. Victory, draped, standing on prow and holding wreath and palm. VICTORIA NAVALIS S.C.

48. Sestertius, A.D. 72. *BMC, Imp.* II, p. 139, no. 629.

Obv. Head of Titus, laureate, bearded. T. CAES. VESPASIAN. IMP. PON. TR. POT. COS. II

Rev. Titus distributing largesse. CONGIAR. PRIMVM P.R. DAT. S.C.

49. Heliopolis (Baalbek). *ILS*, 9198.

[- - - - - bello] Co[m]magenico[1] donis donato a[b i]mperatoribus corona aurea tor[quibus a]rmillis phaleris honorat. albat. dec[u]r-

---

[1] *Caesennius Paetus' expedition of A.D. 72 (Joseph.* Bell. Jud. 7, 7, *1–3).*

[sione]² ab imp. primopilo leg. *III* [*G*]*a*[*l*]*l*. honorato II viralib. ornament. decret. decur. M. Antonius Hoplonis l. Hennunes ob merita

² *Cf. Suet.* Nero, 7, 2.

50. Hispellum (Umbria). *ILS*, 997.

Cn. Pinarius L.f. Pap. Cor[nelius Clemens - - - - - - - -] legat.¹ pro pr. exercitus qu[i est in Germania sup. cur. aedium] sacrarum locorumq. publ[icorum - - - - - - - - - - - - -] triumphalibus ornament[is - - - - - - - - - - ob res] in Germa[nia prospere gestas]

¹ *A.D. 74.*

51. A.D. 75, Rome. *NdS* (1933), p. 241; cf. *Mélanges d'Arch. et d'Hist. de l'Éc. Franç. de Rome*, LIV (1937), pp. 165–99; Gordon, 135.

[i]mp. Cae[sar] Ve⟨s⟩pasianu[s] Aug. pont. ma[x.] trib. pot. VI imp. XI[v] p.p. censor cos. VI desig. VII T. Caesar Aug. f. Vespasianus imp. V[I] pont. trib. pot. IV censor cos. IV desig. V auctis p.R. finibus pomerium ampliaverunt terminaveruntque

(*On the left side*)　CLVIII

52. As, A.D. 76. *BMC, Imp.* II, p. 169, ‡ note.

Obv. Head of Vespasian, laureate. IMP. CAES. VESPASIAN. AVG. COS. VII

Rev. Securitas, seated, holding sceptre. SECVRITAS AVGVSTI S.C.

53. A.D. 80, Rome. *ILS*, 264.

senatus populusq. Romanus imp. Tito Caesari divi Vespasiani f. Vespasian[o] Augusto pontif. max. trib. pot. X imp. XVII [c]os. VIII p.p. principi suo quod praeceptis patr[is] consiliisq. et auspiciis gentem Iudaeorum domuit et urbem Hierusolymam omnibus ante se ducibus regibus gentibus aut frustra petitam aut omnino intemptatam delevit

54. A.D. 80–1, Naples. *CIL*, X, 1481; *IG*, XIV, 729; *IGRR*, I, 435.

[αὐτοκράτωρ] Τίτος Καῖσα[ρ θεοῦ Οὐεσπασιανοῦ υἱὸς Ο]ὐεσπασιανὸς Σεβαστὸς [ἀρχιερεὺς μέγιστος δημαρχ]ικῆς ἐξουσίας τὸ ι΄ [αὐτοκράτωρ τὸ ιε΄ πατὴρ πατρίδ]ος ὕπατος τὸ η΄ τειμητής [ἐν Νέαι πόλει δημαρχήσας ἀγων]οθετήσας τὸ γ΄ γυμνασιαρχήσας [- - - - - - ὑπὸ σεισμῶν σ]υμπεσόντα ἀποκατέστησεν

[imp. Titus Caesar divi Vespasia]ni f. Vespasianus Aug. [pontifex max. trib. potest. X imp. XV] cos. VIII censor p.p. [- - - - - terrae mo]tibus conlapsa restituit

55. A.D. 78–81, Ardea. *SEG*, XVI, 592; other restorations (by P. Mingazzini and M. Guarducci) in *SEG*, XIV, 611.

[χρησμὸς δοθεὶς αὐτοκράτορι | Οὐεσπα]σιανῷ [Καίσαρι Σεβαστῷ |
5 ἀμφὶ] Βελήδαν. | [βου]λεύῃ τί σε δεῖ ποιεῖν, [Σεβαστέ, || τῆς] μακρῆς
περὶ παρθένο[ιο τῆσδε], | ἣν οἱ 'Ρηνοπόται σέβουσι[ν αἰνὰ] | φρίσ-
σοντες χρυσέης κέρα[τα μήνης; | τὴ]ν ἀργὴν ἵνα μὴ τρέφ[ῃς, πονείτω |
κ]αὶ χαλκοῦν ἀπομυσσέτω [λυχνίσκον]

56. A.D. 84, fragment of Fasti Ostienses. *Inscr. Ital.* XIII, 1, pp. 192–3.

[K. Mai. - U]rsus | [K. Sept. C. Tullius Capito C. Cornelius Ga]llican(us) | [- G]allus | [- - - imp. Domitianus congiarium divisit] (denarios) LXXV | [IIvir(i) -] Celsus | - - - - - - - - - - - - - - - - - - -vos II

57. Sestertius, A.D. 85. *BMC, Imp.* II, p. 362, no. 294.

Obv. Bust of Domitian, laureate, bearded, with aegis. IMP. CAES. DOMITIAN. AVG. GERM. COS. XI

Rev. German standing in front of trophy, hands tied behind back; German woman seated, mourning. GERMANIA CAPTA S.C.

58. Carthage. *ILS*, 2127.

dis manibus sacr. Q. Vilanius Q.f. Vol. Nepos Philippis 7 coh. XIII urb. donis donatus a Domitiano ob bellum Dacicum item ab eodem ob bellum Germanicum item torquib. armillis ob bellum Dacicum vixit ann. L militavit an. XXXII M. Silius Quintianus optio bene merenti posuit

59. Sestertius, A.D. 86. *BMC, Imp.* II, p. 380, *; cf. Tac. *H.* III, 74; Suet. *Dom.* 5.

Obv. Bust of Domitian, laureate, bearded, with aegis. IMP. CAES. DOMIT. AVG. GERM. COS. XII CENS. PER. P.P.

Rev. Jupiter, seated, holding thunderbolt and sceptre. IVPPITER CVSTOS S.C.

60. Rome. *ILS*, 1006.

. . . .eliae [L]appi Maximi bis cos. confectoris belli Germanici[1]
   [1] *Revolt of Antonius Saturninus, A.D. 88. Cf. Dio 67, 11.*

61. A.D. 88, fragment of Fasti Consulares Capitolini. *Inscr. Ital.* XIII, 1, pp. 62–3.

a.p.R.c.[1] DCCCXLI [*3 lines missing*] ex s.c. ludi saeculares facti
   [1] a(nno) p(ost) R(omam) c(onditam).

62. Sestertius, A.D. 88. *BMC, Imp.* II, p. 393, no. 424.

Obv. Head of Domitian, laureate, bearded. IMP. CAES. DOMIT. AVG. GERM. P.M. TR. P. VIII CENS. PER. P.P.

Rev. Domitian, bare-headed, togate, dictating prayer to three matrons kneeling: in background, temple. COS. XIIII LVD. SAEC. FEC. S.C.

63. Aureus, A.D. 90–1. *BMC, Imp.* II, p. 335, no. 175.

Obv. Head of Domitian, laureate, bearded. DOMITIANVS AVGVSTVS

Rev. Domitian standing in triumphal quadriga, with branch and sceptre. GERMANICVS COS. XV

64. Rome. *ILS,* 5177; *IGRR,* I, 350–2; Gordon, 153; *IG,* XIV, 2012.

deis manibus sacrum | Q. Sulpicio Q.f. Cla. Maximo domo Roma, vix. ann. XI m. V d. XII. | Hic tertio certaminis lustro[1] inter Graecos poetas duos et L | professus favorem, quem ob teneram aetatem excitaverat, ‖ in admirationem ingenio suo perduxit et 5 cum honore discessit. Versus | extemporales eo subiecti sunt, ne parent.[2] adfectib. suis indulsisse videant.[3] | Q. Sulpicius Eugramus et Licinia Ianuaria parent.[2] infelicissim. f. piissim. fec. et sib. p.s.[4]

[1] *The third* lustrum *of the* certamen Capitolinum *was held in A.D. 94.*
[2] parent(es).   [3] videant(ur).   [4] p(osterisque) s(uis).

Above, picture of boy dressed in toga, holding in his left hand a book-roll; at the top a wreath of bay-leaves. On each side of the picture, a Greek poem, preceded by

Κ. Σουλπικίου | Μαξίμου καίριον· | τίσιν ἂν λόγοις | χρήσαιτο Ζεὺς ‖ ἐπιτιμῶν Ἡλίῳ | ὅτι τὸ ἅρμα ἔδωκε Φαέθοντι   5

Below the Latin inscription there are two Greek epigrams about Sulpicius Maximus.

65. A.D. 94–6, fragment of Fasti Ostienses. *Inscr. Ital.* XIII, 1, pp. 194–5; *Epigraphica,* I (1939), p. 152.

A.D. 94 [L. Nonius Aspre]nas, T. Sextius Ma[gius Lateranus]; | K. Mai. D. Valerius Asiaticus, A. Iu[lius Quadratus]; | K. Sept. L. Silius Decianus, T. Pomp[onius Bassus]; | Ostis crypta Terent[iana?] ‖ A.D. 95 restituta est; | IIvir. A. Caesilius Honoria[nus - - - - -]. | Domitianus 5 XVII, T. Flavius [Clemens]; | idib. Ian. L. Neratius Mar[cellus]; | K. Mai. A. Lappius Maxim. II, P. Duce[nius Verus]; ‖ K. Sept. Q. 10 Pomponius Rufus, L. Baebiu[s Tullus]; | [II]vir. P. Lucretius A.D. 96 Cin[na], | L. Naevius Proc[ulus]. | C. Manlius Valens, C. Antistius

Ve[tus]; | K. Mai. Q. Fabius Postumin., T. Priferniu[s Paetus?]; ‖
15 K. Sep. Ti. Caesius Fronto, M. Calpurniu[s - - -icus]; | XIIII K.
Oct. Domitianus o[ccisus]; | eodem die M. Cocceius N[erva] |
imperator appellatu[s est]; | XIII K. Oct. s.c. fact[um - - -]

66. 18 Sept. A.D. 96, Rome. *ILS*, 274; cf. Pliny, *Ep.* 9, 13, 4 and Tac.
Agr. 3.

Libertati ab imp. Nerva Ca⟨es⟩ar⟨e⟩ Aug. anno ab urbe condita
DCCCXXXXIIX XIIII [K.] Oc[t.] restitu[tae] s.p.q.R.

V

THE IMPERIAL FAMILY

Other examples of the imperial titulature are nos. 29, 32, 35, 36, 37, 42–8, 51–4, 57, 59, 62–3, 130, 135, 138, 140–1, 151, 153, 157, 169, 190–2, 199, 233, 237, 253, 317, 337, 390, 396–403, 408–15, 417–28, 430–8, 443, 446–7, 450, 461–3, 465, 474, 477–8, 482–5, 505. Members of the imperial family are also recorded in Chapters VI and VIII, and in nos. 5–8, 10, 11, 13, 14, 16, 17, 19, 22, 168, 376, 503–4.

73. A.D. 68–9, Salonae. *ILS*, 237.

Sergio Sulpicio Galbae imp. Caesar.

74. 17 Nov. A.D. 68, Coptos (Egypt). *IGRR*, I, 1174.

(ἔτους) β΄ Σερουίου Γάλβα αὐτοκράτορος Καίσαρος Σεβαστοῦ μηνὸς Νέου Σεβαστοῦ κα΄

75. As, A.D. 68–9. *BMC*, *Imp.* I, p. 344, no. 201.

Obv. Head of Galba, laureate; globe under neck. SER. GALBA IMP. CAESAR AVG. P.M. TR. P. P.P.

Rev. Livia, draped, holding patera and sceptre. DIVA AVGVSTA[1] S.C.   [1] *Cf. Suet.* Galba, 5, 2.

76. A.D. 69 (?), Rome. *ILS*, 240; Gordon, 126.

dis manibus *L.* Calpurni *Piso*nis Frugi Liciniani *xv*vir. s.f. et *V*eraniae Q. Verani cos. aug. f. Geminae Pisonis Frugi

77. Bronze coin, A.D. 69, Antioch. *BMC*, *Syria*, p. 177, no. 214.

Obv. Head of Otho, laureate. ΑΥΤΟΚΡΑΤωΡ ΜΑΡΚΟC ΟΘωΝ ΚΑΙCΑΡ CΕΒΑCΤΟC

Rev. Eagle on laurel-branch with wreath; in front, palm-branch. ΕΤΟΥC Α

78. Ferentium (Etruria). *CIL*, XI, 7417; cf. Tac. *H.* II, 50; Suet. *Otho*, I, 1.

M. Sal[vio Othoni Aug.] tribu[nic. potest.] municipe[s - - -]

79. Billon, A.D. 69, Alexandria. *BMC*, *Alexandria*, p. 27, no. 218; cf. Tac. *H.* II, 62, 7; Suet. *Vit.* 8, 2; Plut. *Galba*, 22, 7.

Obv. Head of Vitellius, laureate. ΟΛΟΥ ΟΥΙΤ. ΚΑΙΣ. ΣΕΒ. ΓΕΡΜ. ΑΥΤ.

Rev. Nike advancing, wears chiton with diploïs, and holds wreath and palm.

80. Aureus, A.D. 69, Rome. *BMC, Imp.* I, p. 372, no. 27.

Obv. Head of Vitellius, laureate. A. VITELLIVS GERM. IMP. AVG. TR. P.

Rev. Busts of Vitellius' two children, son left, daughter right. LIBERI IMP. GERM. AVG.

81. A.D. 69, Rome. *ILS*, 242.

A. Vitellius L.f. imperator cos. perp.

82. Aureus, A.D. 69, Rome. *BMC, Imp.* I, p. 369, no. 10.

Obv. Head of Vitellius, laureate. A. VITELLIVS GERMAN. IMP. TR. P.

Rev. Bust of L. Vitellius, draped, laureate; in front, eagle-tipped sceptre. L. VITELLIVS COS. III CENSOR

83. As, A.D. 69-70. *BMC, Imp.* II, p. 180, no. 748 B.

Obv. Head of Vespasian, laureate. IMP. CAESAR VESPASIANVS AVG.

Rev. Busts of Titus and Domitian, l. and r., facing one another.

> CAESAR AVG. F. COS.
> CAESAR AVG. F. PR.[1]
> S.C. (*below busts*)

[1] Pr(aetor).

84. A.D. 72, Rome. *ILS*, 246.

T. Caesari	imp. Caesari	Caesari Aug. f.
Vespasiano imp. III	Vespasiano Aug.	[*Domitiano*]
ontif. tr. pot. II cos. II	pontif. max. tr. pot. IIII	cos. destinato II
	imp. VIIII p.p. cos. IIII	principi iuventutis

C. Papiri⟨u⟩s Aequos 7 leg. III Aug. testamento poni iussit
ex auri p. X

85. Denarius, A.D. 69-70. *BMC, Imp.* II, p. 7, ‖.

Obv. Head of Vespasian, laureate. IMP. CAESAR VESPASIANVS AVG.

Rev. Titus and Domitian, wearing military cloaks, on galloping horses, each holding a spear. TITVS ET DOMITIAN. CAES. PRIN. IV.

45

86. Milestone, A.D. 76, Melik Scherif (Armenia Minor). *ILS*, 8904.

imp. Vespasiano Caesare Aug. p.m. trib. pot. VII imp. XIIII cos. VII p.p.; imp. Tito Caesare Aug. f. cos. V; [Domitian]o [Caes]are [Au]g. f. cos. II[II] Cn. Pompeius Collega leg. Aug. pro pr. (*On another part of the stone*) III. Γ¹

¹ = tria milia passuum.

87. A.D. 79, Aquae Flaviae (Gallaecia). *ILS*, 254.

imp. Caes. Vesp. Aug. pont. max. trib. pot. X imp. XX p.p. cos. IX imp. T. Vesp. Caes. Aug. f. pont. trib. pot. VIII imp. XIIII cos. VI[I] [*Domitian's name erased*] C. Calpetano Rantio Quirinali Val. Festo leg. Aug. pr. pr. D. Cornelio Maeciano leg. Aug. L. Arruntio Maximo proc. Aug. leg. VII Gem. fel. civitates X Aquiflavienses Aobrigens. Bibali Coelerni Equaesi Interamici Limici Aebisoc. Quarquerni Tamagani

88. A.D. 79. Sivri-Hisar (Galatia). *IGRR*, III, 223.

[ὑπὲρ σωτηρίας καὶ αἰωνίας διαμονῆς | αὐτοκράτορος Καίσαρος Οὐεσπασι]ανοῦ Σεβαστοῦ, | [ἀρχιερέως μεγίστου, δημαρχικ]ῆς ἐξουσίας τὸ | [δέκατον, τειμητοῦ, ὑπάτου] τὸ ἔνατον, ἀποδε‖[δειγμένου τὸ 5 δέκατον, πατρὸς π]ατρίδος, καὶ | [αὐτοκράτορος Τίτου Οὐεσπασιαν]οῦ Καίσαρος, Σεβασ‖[τοῦ υἱοῦ, ὑπάτου τὸ ἕβδομον, ἀποδε]δειγμένου τὸ ὄγδο‖[ον, καὶ Δομιτιανοῦ Καίσαρος, Σεβα]στοῦ υἱοῦ, ὑπάτου τὸ | [πέμπτον, ἀποδεδειγμένου τὸ ἕκ]τον, ἐπὶ Μ. Ἰρρί[ου ‖ Φρόντωνος 10 Νερατίου Πάνσα πρεσβευτοῦ καὶ ἀντιστρατήγου]

89. Nicaea. *IGRR*, III, 37.

τῷ σεβαστῷ τῶν [α]ὐτοκρ[α]τόρων¹ ο[ἵ]κωι καὶ [τῇ π]ρώ[τῃ τῆς ἐπαρχείας πόλε]ι Νεικαίᾳ Μ. Πλά[γκ]ιο[ς Οὐᾶρ]ος ἀν[θύπατος κ]αθιέρωσεν π[ροστατ]ή[σα]ντος τῆς κατασκευῆς Γ. Κασσίου Χρήσ[τ]ου

¹ *Vespasian and Titus; Titus was made* consors imperii *A.D. 70.*

90. Sestertius, A.D. 70. *BMC, Imp.* II, p. 194, ¶.

Obv. Head of Vespasian, laureate. IMP. CAESAR VESPASIANVS AVG. P.M. T.P. P.P. COS. II DES. III

Rev. Victory advancing, presenting palladium to Vespasian. AETERNITAS P.R. S.C.

91. Dupondius, A.D. 71. *BMC, Imp.* II, p. 129, no. 596.

Obv. Head of Vespasian, radiate. IMP. CAES. VESPASIAN. AVG. COS. III

Rev. Woman seated with two children. TVTELA AVGVSTI S.C.

92. Aureus. *BMC, Imp.* ii, p. 75, *.

Obv. Head of Vespasian, laureate. IMP. CAESAR VESPASIANVS AVG.

Rev. Justitia seated, holding corn-ears and sceptre. IVSTITIA AVG.

93. A.D. 72–3, by R. Euphrates, between Samosata and Rum-Kaleh, near Aïni. *IGLS*, 1, 66; *ILS*, 8903.

[imp. Cae]sar Vespasianus Aug. [pont.] max. trib. potest. iii[i i]mp. x [cos. i]iii [cos.] designat. v [p.p. et T.] Caesar Vespasianu[s i]mp. [i]ii trib. potest. ii co[s.] ii design. iii [c]ensores designati su[b P.] Mario Celso leg. Aug. pro pr. . e...... et leg. ... opus cochli[ae d]e communi ...¹ fecerunt. (*On the right, beneath a picture of the river Euphrates*) leg.ˌ [iii] Gal.

¹ *Perhaps* de communi [imp(ensa)], *sc.* accolarum.

94. A.D. 73, Chaeronea. *IG*, vii, 3418.

αὐτοκράτορι Οὐεσπασιανῷ Καίσαρι Σεβαστῷ ἀρχιερεῖ μεγίστῳ δημαρχικῆς ἐξουσίας τὸ [δ'] αὐτοκράτορι τὸ ι' πατρὶ πατρίδος ὑπάτῳ τὸ δ' ἀποδεδειγμένῳ τὸ ε' τειμητῇ Καικιλία Λαμπρὶς ὑπὲρ τῆς πόλε[ω]ς

95. Xanthus (Lycia). *TAM*, ii, 275; *IGRR*, iii, 609.

[αὐ]τοκράτορα Καίσ[α]ρα Οὐεσπασιανὸν Σεβαστὸν τὸν σωτῆρα καὶ εὐεργέτην τοῦ κόσμου Ξανθίων ἡ βουλὴ καὶ ὁ δῆμος διὰ Σέξτου Μαρκίου Πρείσκου πρεσβευτοῦ αὐτοῦ ἀντιστρατήγου

96. Phaselis (Lycia). *TAM*, ii, 1188.

[αὐτοκράτορα Καίσαρ]α Οὐεσπασιανὸν Σεβαστὸν τὸν σωτῆρα τῆς [οἰκου]μένης Φασηλειτῶν ἡ βουλὴ [καὶ ὁ δ]ῆμος διὰ Γναίου Αὐιδίου Κέλερος [Φισκιλλί]νου Φίρμ[ο]υ πρεσβευτοῦ ἰδίου [καὶ ἀν]τιστρατήγου

97. Rome. *ILS*, 984.

[- - - leg. divi Clau]di pro pr. provin[c. Moesiae¹ cur. census] Gallici praef. urb[i iterum.² Huic] senatus auctor[e imp. Caes. Vesp]asiano fratre [clupeum po]suit vadimon[is honoris cau]sa dilatis [funus censorium³] censuit sta[tuam in for]o Augusti [ponendam decrevit]

¹ *Cf. Tac.* H. iii, 75.
² *Cf. Tac.* H. i, 46; ii, 63; iii, 75; *Plut.* Otho, 5, 2.
³ *Tac.* H. iv, 47.

98. Herculaneum. *ILS*, 257.

Flaviae Domitillae [imp.] Vespasian[i C]aesar[is] Aug. - - - -

99. Denarius, ?A.D. 80–1. *BMC, Imp.* II, p. 246, no. 138.

Obv. Bust of Domitilla, draped. DIVA DOMITILLA AVGVSTA

Rev. Pietas, draped and veiled, with cornucopiae (?), laying right hand on head of small figure (Spes?). PIETAS AVGVS[T].

100. Rome. *ILS*, 8306.

Ser. Cornelio Iuliano frat. piissimo et Calvis[i]ae eius P. Calvisius Philotas et sibi ex indulgentia Flaviae Domitill. In fr. p.[1] xxxv in agr. p.[2] xxxx

> [1] fr(onte) p(edes).   [2] agr(o) p(edes).

101. Rome. *CIL*, VI, 948*a*; Newton, 230.

- - - filia Flaviae Domitillae [divi Vespasi]ani neptis fecit Glycerae l. et - - -

102. A.D. 71, Rome. *ILS*, 258.

T. Caesari Au[g. f.] Vespasiano im[p.] trib. potest. co[s.] censori desi[g.] collegioru[m] omnium sacerd[oti]

103. Valentia. *ILS*, 259.

[Caesari] T. imp. [V]espasiano Aug. [V]espasiani f. conser[va]-tori Pacis Aug.

104. A.D. 77–8, Emerita (Lusitania). *ILS*, 261.

T. Caesari Aug. f. Vespasiano pontif. imp. XII trib. pote. VII cos. VI provincia Lusitania C. Arruntio Catellio Celere leg. Aug. pro pr. L. Iunio Latrone Conimbricese flamine provinciae Lusitaniae ex auri p. V

105. Milestone, A.D. 80, between Ancyra and Dorylaeum. *ILS*, 263.

[i]mp. [T.] Ca[es]a[r] divi Vespasiani f. Aug. pont. max. trib. potest. X imp. XV cos. VI[II] censor p.p. [et] Caes. [*divi f. Domiti-anus*] cos. VII [p]rinc. iuventutis [per] A. Caesennium Gal[l]um leg. pro pr. vias provinciaru[m] G[ala]tiae Cappad[o]ciae Ponti Pisidiae Paphlagoniae Lycaoniae Armeniae minoris straverunt. LXXI

3 VITELLIUS

4 VESPASIAN

106. Aureus, A.D. 79–80. *BMC, Imp.* II, p. 242, no. 107.

Obv. Head of Titus, laureate, bearded. IMP. TITVS CAES. VESPASIAN. AVG. P.M.

Rev. Divus Vespasian, radiate, togate, holding sceptre and Victory. DIVVS VESPASIAN.

107. Blaundus (Phrygia). *IGRR*, IV, 715.

ὁ δῆμος [αὐτοκράτορι Τί]τωι Καίσαρι Σεβαστῶι καὶ πατρὶ θεῶι

108. Arch of Titus, Rome. *ILS*, 265.

senatus populusque Romanus divo Tito divi Vespasiani f. Vespasiano Augusto

109. Rome. *CIL*, VI, 12355; Newton, 234; cf. Suet. *Tit.* 4.

dis manibus M. Arrecini Melioris Arrecina Tertulla delicio suo fecit. V. a. VIIII d. X

110. Denarius, ?A.D. 80–1. *BMC, Imp.* II, p. 247, no. 141.

Obv. Bust of Julia, draped, diademed. IVLIA AVGVSTA TITI AVGVSTI F.

Rev. Venus, naked to the hips, with helmet and spear. VENVS AVGVST.

111. Pinara (Lycia). *TAM*, II, 506; *IGRR*, III, 573.

’Ιουλίαν Σεβαστὴν θυγατέρα θεοῦ Τίτου Πιναρέων ἡ βουλὴ καὶ ὁ δῆμος

Δομετίαν Σεβαστὴν Πιναρέων ἡ βουλὴ καὶ ὁ δῆμος

112. Between A.D. 90 and A.D. 96, Celeia (Noricum). *ILS*, 8906.

divae I[ul]iae	Domitia[e Aug.]
L. Cassiu[s .. f.]	L. Cassi[us .. f.]
Cla. Maximus	Cla. Max[imus]
7 leg. VI Ferr.	7 l[eg.] VI [Ferr.]
t.f.i.[1]	t.f.[i.][1]
	L. Cassius Eu[odus?]
	faciendas [cur.]

[1] t(estamento) f(ieri) i(ussit).

113. Herculaneum. *ILS*, 271; cf. Suet. *Dom.* 1 and 3 and *Tit.* 10.

Domitiae Cn. f. Domitiani Caesaris d.d.

114. Aureus, A.D. 81–4. *BMC, Imp.* II, p. 311, no. 62.

Obv. Bust of Domitia, draped. DOMITIA AVGVSTA IMP. DOMIT.

Rev. Naked infant boy (Divus Caesar as a baby Jupiter) seated on a globe, stretching out hands. Around, seven stars. DIVVS CAESAR IMP. DOMITIANI F.

115. A.D. 73–6, Cures (Sabini). *ILS*, 267.

Domitiano cos. I[I][1] sacerdoti [c]onlegiorum omniu[m p]rincipi iuventuti[s]

         [1] *Possibly* I[II] *or* I[III].

116. Near Barium (Apulia). Newton, 211; *Eph. Ep.* VIII, p. 15, no. 73.

[d]ivo Vespasiano [patri] Domitiani Aug.

117. A.D. 80, on a bridge on the road from Derbe to Lystra. *CIL*, III, 12218.

[imp.] T. Caesar divi Vespasiani f. Aug. pont. max. trib. potest. x imp. xv p.p. cos. VIII desig. VIIII censor [et Domitia]nus [Cae]sar divi [Vespas]iani f. cos. VII desig. VIII sacerdos omnium collegiorum princeps iuventutis per A. Caesennium Gallum cos. xvvir s.f.[1] leg. Aug. pro pr. straverunt

         [1] (quindecem)vir s(acris) f(aciundis).

118. Aureus, A.D. 81. *BMC, Imp.* II, p. 301, no. 12.

Obv. Head of Domitian, laureate, bearded. IMP. CAES. DOMI-TIANVS AVG. P.M.

Rev. Minerva, helmeted, draped, holding Victory in r. hand and sceptre in l. TR. P. COS. VII DES. VIII P.P.

119. Sestertius, A.D. 81–2. *BMC, Imp.* II, p. 358, no. 284.

Obv. IMP. CAES. DIVI VESP. F. DOMIT. AVG. P.M. TR. P. P.P. round S.C.

Rev. Titus, radiate, togate, on throne, holding branch and sceptre: garlanded and lighted altar. T. DIVO AVG. DIVI VESP. F. VESPASIANO

120. As, A.D. 84, Rome. *BMC, Imp.* II, p. 361, no. 293.

Obv. Bust of Domitian, laureate, bearded. IMP. CAES. DOMITIAN. AVG. GERM. COS. X

Rev. Rectangular altar. SALVTI AVGVSTI S.C.

121. Ephebic list, Athens. *IG*, ii², 1996.

ἀγαθῇ τύχῃ. ἐπ[ὶ] αὐτοκράτορος Καίσ[α]ρος θεοῦ Οὐεσπα[σ]ι-
ανοῦ υἱοῦ Δομετιανο[ῦ Σ]εβαστοῦ Γερμανι[κο]ῦ Διὸς 'Ελευθερίου
[ἄρχο]ντος ὁ κοσμη[τὴ]ς Στ[ράτω]ν ⊃¹ 'Ε[πικηφεί]σιος τοὺς ὑφ'
ἑαυτ[ῷ παιδ]ευ[τὰς καὶ τοὺς ὑφ' ἑ]αυτῷ ἐφήβους ἀ[νέγρ]αψ[εν].
Θησείων ἀχθέντω[ν ἠγωνοθέτουν Σ]τράτων ⊃ 'Επικηφείσιος ν.² [καὶ
Μένανδρος] Στράτωνος 'Επικηφείσιος καὶ τὴν ἐν Σ[αλαμῖνι ναυμαχίαν
ἐνί]κων. (*List of names follows.*)

¹ *I.e.* Στράτωνος.   ² ν(εώτερος).

122. Milestone, A.D. 90, Corduba (Baetica). *ILS*, 269.

imperator Caesar divi Vespasiani f. Domitianus Aug. Germanicus pontifex maxsumus tribuniciae potestatis VIIII imp. XXI cos. XV
censor perpetuus p.p. ab arcu unde incipit Baetica viam Aug.
[restituit - - -]

123. A.D. 93–4, Phaselis. *TAM*, II, 1186; *ILS*, 8798; *IGRR*, III, 755.

αὐτοκράτωρ Καῖσαρ θεοῦ Οὐεσπασιανοῦ υἱὸς [Δομετιανὸς
Σεβαστὸς] ἀρχιερεὺς μέγιστος δημαρχικῆς ἐξουσίας τὸ ιγ' αὐτοκράτωρ τὸ κβ' ὕπατος τὸ ις' τειμητὴς διηνεκὴς πατὴρ πατρίδος

VI

IMPERIAL CULT

See also nos. 76, 292, 297, 310, 317, 341, 344, 393, 475, 482, 492, 495.

128. Lex de flamonio provinciae, Narbo. *FIR*, 1, 22; *ILS*, 6964; Bruns[7], 29.

[de honoribus flaminis - - - Na]rbone [- - - - flamen | cum rem
divinam faciet sacrificab]itque lictores [qui magistratibus apparent
ei apparento. | - - - - - - secundum lege]m iusque eius provinciae
- - - - - | - - - - - - - - - ei in decurionibus senatuve [sententiae
dicendae signandique ius esto; item ‖ - - - - - - inter decuriones 5
s]enatoresve subsellio primo spectan[di ludos publicos eius pro-
vinciae esto. | - - - - - - - uxor fla]minis veste alba aut purpurea
vestita f[estis diebus - - - - - | - - - - - -] neve invita iurato neve
corpus hominis mor[tui attingito neve - - - - - - - - | - - nisi
necessa]rii hominis erit eique spectaculis publicis eius p[rovinciae
loco - - - interesse liceto] |

de honoribus eius qui flamen f[uerit. ‖ Si qui flamen fue]rit 10
adversus hanc legem nihil fecerit, tum is qui flamen erit c[urato
- - - - - - - ut - - - | - - per tabell]as iurati decernant placeatve ei qui
flamonio abierit permitti sta[tuam sibi ponere. Cui ita decreverint |
ius esse sta]tuae ponendae nomenque suum patrisque et unde sit et
quo anno fla[men fuerit inscribendi ei | Narbo]ne intra fines eius
templi statuae ponendae ius esto, nisi cui imperator [Caesar
Vespas. Aug.(?) concesserit. Eique | i]n curia sua et concilio pro-
vinciae Narbonesis inter sui ordinis secundum le[gem - - - - -] ‖
sententiae dicendae signandique ius esto, item spectaculo publico 15
in provincia [edendo inter decuriones interesse prae]|textato eisque
diebus quibus, cum flamen esset, sacrificium fecerit, ea veste
pu[blice uti qua in eo faciendo usus est] |

si flamen in civitate esse des[ierit. | Si flamen in civitate esse
desierit neque ei subrogatus erit, tum uti quis[que flamen (?) - - - -
Narbone erit] | in triduo quo certior erit et poterit, Narbone sacra
facito [eaque omnia secundum hanc legem per reliquam] ‖ partem 20
eius anni eo ordine habeto, quo annuorum flamin[um sacra haben-
tur, eique si ea habuerit per dies non minus] | xxx, siremps lex ius
causaque esto quae flamini Augus[tali ex hac lege facto erit] |

quo loco conciliu[m provinciae habendum sit]. | Qui in concilium

provinciae convenerint N[arbonem ibi id habento. Si quid extra
Narbonem finesve Narbone]|sium concilio habito actum erit, id ius
ra[tumque ne esto] ‖
25 de pecu[nia sacris destinata]. | Qui flamonio abierit, is ex ea
pecunia [quae sacris destinata erit, quod eius superfuerit, statu]|as
imaginesve imperatoris Caes[aris Vespas. Aug. (?) arbitratu eius qui
eo anno pro]|vinciae praeerit intra idem t[emplum dedicato - - - -
seque omnia sicut hac lege cautum est de] | ea re, fecisse apud eum
30 qui ra[tiones provinciae putabit - - - - probato ‖ - - -] templ- - -

Date of inscription disputed: cf. L. R. Taylor, *The Divinity of the Roman
Emperor*, pp. 280–2; A. L. Abaecherli, *TAPA*, LXIII (1932), pp. 256–68;
J. A. O. Larsen, *Class. Phil.* XXXIX (1944), p. 198; A. Aymard, *Rev. Ét.
Lat.* XXXIV (1946), p. 36; J. Gagé, *Rev. Ét. Anc.* LIV (1952), pp. 314–15.

129. A.D. 85–95, Athens. *Hesperia*, X (1941), pp. 72–7, no. 32; XI (1942),
p. 80.

Above on moulding: [ἡ ἐξ Ἀρείου Πάγο]υ βου[λ]ὴ καὶ ἡ β[ουλὴ
τῶν χ']‖

Below moulding: [Κόιντον Τρεβέλλ]ιον Ῥοῦφον Κόιντου υ[ἱ]ὸν
[Λαμπτρέα ἀρχιερέα πρῶτον ἐπ]αρχείας τῆς ἐκ] Ναρβῶνος καὶ
ὕπατον Καινείνησιν [ἱερῶν δήμου Ῥωμαίων καὶ | πάσαις τειμαῖς ἐ]ν
5 τ[ῇ πα]τρίδι Τολώσῃ τετειμημένον καὶ ἄ[ρχοντ]α ἐ[πώνυμον ‖ ἐν
Ἀθήναις καὶ ἱ]ερέα Δ[ρ]ούσου ὑπάτου καὶ ἱερέα Εὐκλείας κα[ὶ
Εὐνο]μία[ς διὰ βίου | καὶ χρυσ]οφο[ρίᾳ δ]ιὰ β[ίο]υ τετειμημένον καὶ
ψηφίσματι ἀ[ναθέσε]ως ἀ[νδριάντων | καὶ εἰκό]νω[ν ἐν παντὶ ναῷ καὶ
ἐπισήμῳ τῆ]ς [πόλεως τόπῳ, καὶ - -|-] Τρε[βελλίου Ῥο]ύφου
[γυναῖκα ἱ]έρειαν [ἐν Τ]ολώσῃ θεᾶς [Ἀθηνᾶς -|- - - Τρε]βέλλ[ι]ον
Ῥοῦ[φ]ον Μάξιμ[ον] υἱὸν [τοῦ Τρ]εβελλίου Ῥ[ούφου, φιλίας τῆς ‖
10 (*vacat*) εἰς [τοὺς Ἀθηνα]ί[ους] (*vacat*)

To the left below the dedication: [τὸ κοι]ν[ὸν Να]ρβωνητῶν
ἐπαρχείας [τῇ ἐξ Ἀρείου Πά|γου β]ου[λῇ καὶ τ]ῇ βουλῇ τῶν
[ἐξ]ακοσίων (*vacat*) | χαίρειν. | ...ν[...... ἀρ]χιερέα πρῶτο[ν
15 ἡμ]έτερο[ν -‖- -]ον εἶναι τῆς α.....νμαι- -ιλα... | *Lines 16–28
are too fragmentary for restoration.*

To the right below the dedication: [οἱ ἄρχον[τες καὶ] ἡ [β]ουλὴ
Τολωσί[ων τῇ ἐξ Ἀ]ρείου Π[άγου βουλῇ κ]αὶ τῇ βουλῇ τῶν ἑ[ξακοσ-
30 ίων καὶ τῷ δή]‖[μ]ῳ τῷ [Ἀθηνα]ίων (*vacat*) [χαίρειν]. (*vacat*) |
Πλεῖστ[ην ὑμεῖν χ]άριν ο[ἴ]δαμεν α... ασικ[..*c.12 letters*..Τ]ρεβελ-
λίου Ῥο[ύφου ..*c.11 letters*..] | τὰς γ[ινομένας τε]ιμὰ[ς] εἰς δι[άκοσ-
μ]ον τῆς ἡμ[ετέρα]ς δόξης ἐ[γγ]εινώσκομε[ν ..*c. 14 letters*..] |

αὐτο .. *c. 13 letters* ..νκ. ...αβ ..ι οἴους ἀνασ[τέφ]οντες ἐπα[νίε]σαν
καὶ χρυσ[οφορία .. *c. 10 letters* ..|- - -]θασεν· [ε]ἰς κοινὴν τοίνυν
εὔκλειαν ὁ ἡμ[έ]τερος 'Ροῦφος -||- -δε καὶ 'Ρ[ού]φῳ ὅτι εἰς ἅμιλλαν 35
πόλεων φιλεῖτα[ι]· εἰς γὰρ ταύτας τ[ὰς -|- - - διεκ]όσμησεν, οὐ
παρ' ἡμῖν δὲ μόνον ἐπιφανὴς ἀλλὰ καὶ ἐν ὅλ[ῃ τῇ ἐπαρχείᾳ |
- - -]ινωμένης σεμνότητος ἴσος ὑπηρέτης [κα]ὶ τῶν Σεβα[στῶν -|- -
δι]ηνεκῆ ἱεροσύνην τειμᾶται τὸ λοιπὸν α[ὐ]τῷ τῆς εὐδοξ[ίας -|- -]
ροτη[- - - κ]εράσαντες ἔσχη[νται] καὶ συνκλητ- - - || .... 'Ρωμαίω[ν
- - -]οθα[- - - ἐ]πε[θ]ύμησεν ἡσυχίαν ι- - -| .....υς ἡμῶ[ν - - -] 40
σα[.]ου- - - ἐπορίσατο ἀσπ- - -| ...... μα.... νταστερου- - -κης
εἰς τὴν κοι[νὴν -|- -]ς δεχομ- - - κα[ὶ] 'Αθηναιο-|- -ελεξαν- - -||- ου 45
[.]π- - -

130. Tetradrachm, A.D. 70. *BMC, Imp.* II, p. 94, no. 449.

Obv. Head of Vespasian, laureate. IMP. VESP. CAES. AVG. PONT.
MAX. TRIB. POT. COS. II P.P.

Rev. Temple of Roma and Augustus: between the columns
stands Vespasian with spear and cloak, while a female figure with
cornucopiae extends wreath over his head. ROM. ET AVG. COM. ASI.

131. Norroy-sous-Prény (Belgica). *ILS*, 3453.

Herculi Saxsano et imp. V⟨e⟩spasiano Aug. et Tito imp. et
Domitiano Caesari M. Vibius Martialis 7 l⟨e⟩g. x Gem. et commili-
tones vexilli leg. eiusd. qui sunt sub cura eius v.s.l.m.

132. Antiochia Pisidiae. *JRS*, 11 (1912), p. 102.

- - - - - Paullino mil. legionis XII Ful. sacerdo[ti] imp. Caesar[is]
Vespasiani Aug. IIvir. II [q.][1] IIII T. Flavius Calpurnianus Hierocles
h.c.[2]

> [1] q(uinquennali).   [2] h(onoris) c(ausa).

133. Apamea. *MAMA*, VI, no. 177.

αὐτοκράτορα Καίσ[αρα Σε]βαστὸν Οὐεσπα[σι]ανὸν καθιέρωσεν ἡ
βουλὴ καὶ ὁ δῆμ[ος] καὶ οἱ κατοικοῦν[τες] 'Ρωμαῖοι ἔτους ρ' καὶ ν'
κα[ὶ .]

134. Heliopolis (Baalbek). *Bulletin du Musée de Beyrouth*, I (1937), p. 78.

divo Vespasian. Aug. Antonia Ti. f. Pacata et Priscilla ex testamento Antoni Tauri pp.p.a.[1]

> [1] pp(osuerunt) p(io) a(nimo).

135. Denarius, A.D. 79–80. *BMC, Imp.* II, p. 241, no. 106.

Obv. Head of Titus, laureate, bearded. IMP. TITVS CAES. VESPASIAN. AVG. P.M.

Rev. Bonus Eventus, a naked youth, holding patera, corn-ears, and poppy. BONVS EVENTVS AVGVSTI

136. Near Ilium (Mysia). *IGRR*, IV, 211; Newton, 215.

(*a*) αὐτοκράτ[ορα Τί]τον Καίσαρα θ[εὸν] θεοῦ Οὐεσπασ[ια]νοῦ
υἱὸν Σεβαστ[όν]

(*b*) [Οὐεσπασιαν]ὸν θεόν

(*c*) [Τί]τον αὐτοκράτορα θεὸν θεοῦ Οὐεσπασιανοῦ υἱὸν Σεβαστόν

137. Karnak. *Annales du Service des Antiquités de l'Égypte,* XXXIX (1939), p. 605.

θεοῦ Οὐεσπασιανοῦ [υ]ἱὸν θεὸν Τίτον

138. A.D. 79–81, Odessus (Moesia). *I. Bulg.* I, 58; cf. *IGRR*, I, 594.

(*a*) *Left-hand side:* αὐτοκράτορι Τίτωι Καίσαρι Σεβαστῶι αὐτοκράτορος Οὐεσπασιανοῦ υἱῶι ἀρχιερεῖ μεγίστωι δημαρχικῆς ἐξουσίας
Ἡρακλέων [Δ]ιονυσίου ἀρχιερεὺς ἐκ τῶν ἰδίων τὸν ἀνδριά[ντ]α
πρῶτον ἀνέστησεν δοὺς καὶ νομὴν πολείταις κ[αὶ] Ῥωμαίοις καὶ
ξένοις

(*b*) *Right-hand side:* αὐτοκράτορι Τίτωι Φλαο[υίωι Οὐεσπασιανῶι]
θεῶι Αὐγούστωι Ἡρακλέ[ων Διονυσίου ἀρχιερεὺς] ἐκ τῶν ἰδίων τὸν
ἀνδριά[ντα πρῶτον ἀνέστησεν] δοὺς καὶ νομὴν πολείτα[ις καὶ
Ῥωμαίοις καὶ ξένοις]

139. A.D. 83–4, Ephesus. *Forschungen in Ephesos,* II, p. 166, no. 48.

[αὐ]τοκράτ[ορι] θεῶι[1] Καίσαρι Σεβαστῶι Οὐεσπασιανῶι[2] ἐπὶ
ἀνθυπάτου Λουκίου Μεστρίου Φλώρου ὁ δῆμος ὁ Συναειτῶν ναῶι τῶι
[ἐν Ἐφ]έσωι τῶν Σεβαστῶν [κοινῶι τῆς Ἀσίας διὰ] Φι[λίππου ? - -]

[1] *In rasura. Originally* Δομετιανῶι.   [2] *In rasura. Originally* Γερμανικῶι.

140. A.D. 86, Puteoli. *Bull. Comm.* LXVII (1939), Appendix (Bull. Mus. Imp. Rom.), pp. 45–56.

*imp. Caesari divi Vespasiani f. Domitiano Aug. German. pont.
max. trib. potest.* [VI] *imp.* XIII *cos.* XII *cens. perpet. p.p. Colonia
Flavia Aug. Puteolana indulgentia maximi divinique principis vict.
Dac.*[1] *ad..o.a*   [1] vict(oria) Dac(ica).

The whole inscription was erased, but is legible except for the trib. pot. number and the last word.

141. Bronze coin, Laodicea. *BMC, Phrygia*, p. 307, no. 185.

Obv. Busts of Domitian, laureate, and of Domitia. ΔΟΜΙΤΙΑΝΟС
ΚΑΙСΑΡ СΕΒΑСΤΟС ΓΕΡΜΑΝΙΚΟС ΔΟΜΙΤΙΑ СΕΒΑСΤΗ

Rev. Temple front, frieze inscribed ΕΠΙΝΕΙΚΙΟС; within, two
figures (the emperor and empress?) stand, holding trophy between
them. ΔΙΑ ΚΟΡ. ΔΙΟСΚΟΥΡΙΔΟΥ ΛΑΟΔΙΚΕѠΝ

142. Ephesus. *Forschungen in Ephesos*, III, pp. 99–101, no. 8.

['Α]ρτ[έμ]ιδι 'Εφεσία (*sic*) καὶ [αὐ]τοκράτορι [Δομετιανῶι
Κ]αίσαρι Σεβαστῶι [Γερμανικῶι ἡ] νεωκόρος ['Ε]φεσίων πόλις
κατεσκεύασεν ἐκ τῶν ἰδίων τὴν στρῶσιν τοῦ 'Ενβόλου [κα]θι[ερώ-
σα]ντος Μάρ[κου 'Ατ]ειλ[ίου Πο]στο[ύμου] Βραδο[ύα] ἀνθυπάτου,
πολιτευσαμένου καὶ τελειώσαντος Μάρκου Τιγελλίου Λούπου
Φιλοκαίσαρος τοῦ [γ]ραμ[ματέως τοῦ] δήμου

143. Lindos. C. Blinkenberg, *Lindos*, II, no. 454; cf. *Annuar. Scuol. Arch.
Atene*, XXVII–XXIX (1949–51), p. 283.

[Λίνδιοι καὶ οἱ μαστροὶ - - - - ἱερατεύσαντα 'Αθάνας Λ]ινδίας καὶ
[Διὸς Πολιέως τειμα]θέντα ὑπ[ὸ τοῦ δάμου τοῦ 'Ροδί]ων ε' πάσαις ταῖς
τ[ειμαῖς καὶ τει]μαθέντα ὑπὸ Λινδί[ων - - - - -] καὶ 'Ιαλυσίων τῶν
['Ερεθειμιαζόντων] καὶ Καμειρέων καὶ ὑπ[ὸ τᾶν ἐν Λίνδω] συννομᾶν
καὶ διαγ[ονιᾶν (*lines 10–15 omitted*) καὶ ἱερατε[ύσαντα - - τοῦ]
αὐτοκράτο[ρο]ς [Καίσαρος Δομετια]νοῦ καὶ ἱερατ[εύσαντα Διὸς
Σωτῆ]ρος - - -

144. Lyrboton Come (Pamphylia). *SEG*, VI, 672; XIII, 547.

αὐτοκράτορι Καίσαρι [Δομετιανῷ] | Σεβαστῷ [Γερμανικῷ] καὶ
'Αρτέμιδι Περγαίᾳ | 'Ασύλῳ τὸν πύργον δίστεγον ἱέρεια Δήμ[η]|τρος
'Αρέτη Δημητρίου ἐπανγειλαμένη ‖ τῇ κώμῃ ἐποίησεν ἐκ τῶν 5
ἰδίων καινὸν ἐκ | θεμελίων καὶ στεγάσασα καθιέρωσεν· | καὶ
νῦν διαφ[ορη]θέντα πάλιν Τειμόθε[ος Μεννέου ὁ ἔγγονος αὐτῆς
δι' ἐπι|τρόπου αὐτοῦ Κίλλ[η]s Μόου, [τ]ῆς μητρὸ[s] ‖ αὐτοῦ, 10
ἀναλαβ[ὼ]ν καὶ στεγάσας ἐκ και|νῆς καὶ κεραμώσας ἐ[κ τῶν] ἰδ[ίων]
ἀνέθηκεν

145. A.D. 83, Rome. *ILS*, 3617.

Laribus Aug. et Genis Caesarum [imp. Caes. Domitiano Aug.
cos. IX] desig. x p.p. permissu A. Anni Camartis tr[ib. pleb. aediculam reg. I vici Honoris] et Virtutis magistri anni LXXXXII a s[olo
impensa sua restituerunt]: C. Iulius C.l. Zosimus M'. Birrius
M'.l. Hierus M'. B[irrius M'.l. - - - - -]

146. Patavium. *ILS*, 6692.

C. Asconio C.f. Fab. Sardo iiiivir. i.d. praef. fabr. fratri Cusiniae
M.f. Sardi matri et sibi Asconia C.f. Augurini sacerdos divae
Domitillae

147. Aeclanum. *ILS*, 6487.

Cantriae P. fil. Longinae sacerd. flam. div[ae] Iuliae Piae [A]u[g.
e]t Matr. deum m. [I]d.[1] et Isidis regin. Haec ob honorem sacerd.
HS L n. r.p.d.[2] P.d.d.[3]

> [1] *Uncertain reading.*
> [2] r(ei) p(ublicae) d(edit).
> [3] P(ublice) d(ecreto) d(ecurionum).

148. Termessus. *TAM*, iii, i, 84; *IGRR*, iii, 444.

ἀρχιερέα καὶ ἱερέα Διὸς Σολ[υμέως] γενόμενον Λαέρτην Ναν-
[ιτόου(?)] Λαέρτου ἱέρεια θεᾶς Σεβα[στῆς] Δομετίας ῎Αρτεμεις
Ναν[ναμόου(?)] Λαέρτου τὸν ἄνδρα αὐτῆ[ς εὐχαρισ]τίας ἕνεκα καὶ
μνήμη[ς]

149. Termessus. *TAM*, iii, i, 83; *IGRR*, iii, 445.

ὁ δῆμος ἐτείμησεν τὸ ἕκτον [ἀρ]χιερέα αὐτοκράτορος Καίσαρος
Σεβαστοῦ[1] [καὶ ἱερ]έα Διὸς Σολυμέως διὰ βίου Λαέρτην [Νανιτό]ου
φιλόπατριν καὶ πατέρα πόλεως
ὁ δῆμος ἐτείμησεν τὸ τ[ρίτον] ἀρχιέρειαν Σεβαστῆς ῎Αρτε[μειν
Ναvναμόου (?) γυναῖκα - - -]

> [1] *Domitian.*

150. A.D. 88, Rome. *ILS*, 7357.

numini domus Aug. sacrum decuriones in hac curia qui
co⟨n⟩veniunt aram et ar⟨e⟩am silic. s.p.[1] straverunt. Dedicatum
nonis Ianuaris imperat. Caesare [*Augusto*[2]] Germanico [*x*]*iiii* Q.
Minicio Ru⟨f⟩o cos. curam agentib. Ti. Claudio Ianuario et Ti.
Claudio Excellente inmunibus [p]er[pe]tuis a magisterio

> [1] s(ua) p(ecunia).   [2] *Domitian.*

151. A.D. 78, Rome. *ILS*, 252.

[imp. Caesari] Vespasiano Augusto pontifici maxim[o] tribunic.
potestat[e viiii] imp. xvii p.p. cos. viii desig. viiii censori con-
servatori caerimoniarum publicarum et restitutori aedium sacrarum
sodales Titi

152. From fasti of Sodales Augustales Claudiales, A.D. 71, Rome. *ILS*, 5025.

dec.[1] XXVIII. Adlectus ad numerum ex s.c. T. Caesar Aug. f. imperator imp. Caesare Vespasiano Aug. III M. Cocceio Nerva cos. p.R.c. an.[2] DCCCXXIIII

　　[1] dec(uria).　　　　[2] p(ost) R(omam) c(onditam) an(no).

153. 1 Oct. A.D. 81, Lanuvium. *Revue de Philologie* (IIIe Sér.), XXV (1951), pp. 195–201.

[imp. Caes.] divi Augus[ti Vespasiani f. Domitiano Aug. pontifici ma]ximo cos. VII [desig. VIII tribuniciae potestatis imp. II] ex [decreto decurionum - - - - - -] VIviri [et Augustales - - - - - - lib. Er]os P. Tettiu[s - - lib. - - - - lib. H]ymeneus L. Siciniu[s - - lib. - - - - - mulsum et crustul]um populo dederunt K. [Oct. ob comitia tribunicia Caesaris divi f. Domitiani Aug.]

154. Tuder. *ILS*, 3001; *Bull. Comm.* LXIII (1935), p. 171.

pro salute | coloniae et ordinis | decurionum et populi | Tudertis, Iovi opt. max. ‖ custodi conservatori, | quod is sceleratissimi servi | 5 publici infando latrocinio | defixa monumentis ordinis | decurionum nomina ‖ numine suo eruit ac vindi|cavit et metu pericu- 10 lorum | coloniam civesque liberavit, | L. Cancrius Clementis lib. | Primigenius ‖ sexvir et Augustalis et Flavialis, | primus omnium 15 his honoribus | ab ordine donatus, | votum solvit

155. Mogontiacum. *ILS*, 1010.

A. Didius Gallus [F]abricius Veiento cos. III XVvir sacris faciend. sodalis Augustal. sod. Flavial. sod. ⟨T⟩i⟨t⟩ialis et Attica eius Nemeton. v.s.l.m.

156. Near Aquinum. *ILS*, 2926.

C[ere]ri sacrum [D. Iu]nius Iuvenalis [trib.] coh. [I] Delmatarum II[vir] quinq. flamen divi Vespasiani vovit dedicav[itq]ue sua pec.

157. A.D. 92, Lepcis Magna. Bilingual (Latin and Neopunic). *IRT*, 347.

imp. Caesare divi Vespasiani f. *Domitiano Augusto Germanico pontif. max. trib. potest. XI imp. XXI cos. XVI censore pe[rpetu]o patre patriae*

Ti. Claudius Quir. Sestius Ti. Claudi Sesti f. praefectus sacrorum flamen divi Vespasiani sufes flamen perpetuus amator patriae amator civium ornator patriae amator concordiae cui primo ordo et populus ob merita maiorum eius et ipsius lato clavo semper uti conce[ssit] podi. et aram d.s.p.f.c.[1]

[1] d(e) s(ua) p(ecunia) f(acienda) c(uravit).

158. A.D. 85, Samos. *IGRR*, IV, 1732.

ἔτους οα′ τῆς ἀποθεώσεως[1] νεοποίης[2] εὐσεβὴς Ὀνήσιμος Ὀνησι-φόρου Φιληραϊστὴς[3] Φιλοσέβαστος[4]

[1] *71 years from Augustus' deification.*
[2] = curator templi.
[3] *Friend of the Collegium* Ἡραϊστῶν *which worshipped Hera.*
[4] *Because Onesimus was curator of the temple of Livia Augusta.*

VII

OTHER CULTS

See also nos. 2–22, 131, 144, 147–9, 154, 156, 158, 229–30, 235, 278, 297, 345, 362, 376, 444, 481, 493, 497.

163. Rome. *ILS*, 2995.

(*On the front*) Iovi (*On the back*) imp. Caesar Vespasianus Aug. per collegium pontificum fecit

164. A.D. 88–90, Heraclea-Perinthus. *IGRR*, I, 781.

Διὶ Ζβελσούρδῳ. Αὐτοκράτορι Καίσαρι Δομιτιανῷ Σεβαστῷ Γερμανικῷ τὸ ιδ΄ ὑπάτῳ, ἐπιτροπεύοντος Θρᾴκης Κ. Οὐεττιδίου Βάσσου, Τι. Κλαύδιος Σεβαστοῦ ἀπελεύθερος Ζηνᾶ, τριήραρχος κλάσσης Περινθίας, σὺν Κλαυδίοις Τι. υἱοῖς Κυρείνᾳ Μαξίμῳ, Σαβίνῳ, Λούπῳ, Φουτούρῳ τέκνοις ἰδίοις, πρῶτος καθιέρωσεν

165. 3 July, A.D. 88, near Tibur. *ILS*, 3512.

Bonae deae sanctissimae caelesti L. Paquedius Festus redemptor operum Caesar. et puplicorum aedem diritam refecit quod adiutorio eius rivom aquae Claudiae August. sub monte Aeflano consummavit imp. Domit. Caesar. Aug. Germ. XIIII cos. V non. Iul.

166. A.D. 91, Duin (near Annecy), in the territory of the Allobroges. *ILS*, 9245.

Castori Aug. C. Caprilius Sparus ex stipe [a]nni Mani Aci[li Gl]abrionis M. Ulpi Traiani cos. [q]uo sacerdos fuit

167. A.D. 85, Antium. *ILS*, 3338.

Claudia Attica Attici Au⟨g.⟩ lib. a rationib. in sacrario Cereris Antiatinae deos sua impensa posuit sacerdote Iulia Procula imp. Caesar. Domitiano Aug. Germanic. XI cos.

168. Rome. *ILS*, 5172.

> qui colitis Cybelen et qui Phryga plangitis Attin, |
> dum vacat et tacita Dindyma nocte silent, |
> flete meos cineres: non est alienus in illis |
> Hector et hoc tumulo Mygdonis umbra tegor. ||
5   Ille ego qui magni parvus cognominis heres |
> corpore in exiguo res numerosa fui, |

flectere doctus equos, nitida certare palaestra, |
ferre iocos, astu fallere, nosse fidem. |
At tibi dent superi, quantum, Domitilla, mereris ||
10   quae facis exigua ne iaceamus humo

Date of inscription disputed: cf. *Ant. Class.* XXII (1953), pp. 79–88; *Rev. Arch.* 1954 (1), pp. 80–2.

169. A.D. 80 and 83, Smyrna. *IGRR*, IV, 1393; *CR*, XXIX (1915), pp. 1–3.

(*a*) [Τίτῳ Καίσαρι Σεβαστῷ ἀρχιερεῖ] μεγίστῳ δημαρ|χικῆς
ἐξουσίας τὸ θ', αὐ|τοκράτορι τὸ ιε', πατρὶ πατρί|δος, ὑπάτῳ τὸ η', καὶ
5 Καίσαρι || [Δομετιανῷ], θεοῦ Οὐεσπα|σιανοῦ Σεβαστοῦ υἱῷ ὑπά|τῳ
τὸ ζ', ἱερατεύοντος διὰ | γένους Γ. Ἰουλίου Φαβίᾳ Μί|θρεος, τοῦ
10 δήμου υἱοῦ, || Φιλοσεβάστου, | ἐπὶ στεφανηφόρου Τι. Κλαυδίου
Βίωνος | Νωνιανοῦ, ἀγωνοθετοῦντος Λ. Λικινίου | Πρόκλου,
ξυσταρχοῦντος - - - - - | διοικοῦντος Λ. Σουλπικίου Φίρμου, οἱ
15 πε||πληρωκότες τὰ ἰσηλύσια¹ | Σουλπίκιος Φίρμος, | Ἀρτεμίδωρος
Ἀρτεμᾶς πατρομύστης,² | Ἀπολλώνιος Εὔδημος πατρομύστης,² |
20 Τρόφιμος Ἀσκληπιάδου, || Τύραννος Παπίου τοῦ Μενάνδρου

(*b*) αὐτοκράτορι Καίσαρι [Δομετι|ανῷ] Σεβαστῷ τὸ θ', Κοΐντῳ |
Πεττιλίῳ Ῥούφῳ τὸ β' ὑπάτοις, | ἐπὶ στεφανηφόρου Κοσκωνίας ||
5 Μύρ[τ]ου, ἀγωνοθέτης Λο(ύκιος) Και|κίλιος Φρόντων νε(ώτερος),
ξυστάρχης | Διονύσιος Κικῖνος νε(ώτερος)

¹ (ε)ἰσηλύσιον = entrance-fee.   ² = hereditary member of guild.

170. 29 June, A.D. 81, Rome. *ILS*, 3434; Gordon, 145.

Herculi victori pollenti potenti invicto d.d.l.m. C. [Vibi(?)]us
Fronto viator q.¹ Dedic. III K. Iul. L. Vettio Paullo T. Iunio
Montano cos.   ¹ q(uaestorius).

171. Colonia Agrippina. *ILS*, 3191.

[Merc]urio August[o - - - - - pro salute imper]atoris Titi
Caesaris [Vespasiani Aug. - - - - - -] templum a fundament[is
- - - - - mace]riem in circumitu et aedificis - - -

172. A.D. 92, Rome. *CIL*, VI, 525.

Minervae T. Flavius Narcissus imp. Caesare [Au]g. XVI cos. Q.
Volusio Saturnino

173. Urbs Salvia (Picenum). *ILS*, 1012.

Vitelliae C.f. Rufillae C. Salvi Liberalis cos. flamini Salutis Aug.
matri optumae C. Salvius Vitellianus vivos

174. 1 March, A.D. 79, Rome. *ILS*, 3534.

imperio domini Silvani C. Cossutius C. lib. Epaphroditus aram
Silvano marmoravit item simulacrum Herculis restituit item
aediculam et aram eiusdem corrupta ref. Dedicavit K. Martis P.
Calvisio Rusone L. Caesennio Paeto cos.

175. Caposele (Lucania). *FIR*, III, 42; *ILS*, 3546; Bruns⁷, 180.

Silvano sacrum voto | suscepto pro salute Domitian[i] |
Aug(usti) n(ostri)

L. Domitius Phaon ad cultum | tutelamque et sacr⟨i⟩ficia in
omne ‖ tempus posteru⟨m⟩ iis, qui in collegio | Silvani hodie essent 5
quique postea | subissent, fundum Iunianum et | Lollianum et
Percennianum et | Statuleianum suos cum suis villis ‖ finibusque 10
attribuit, sanxitque uti | ex reditu eorum fundoru⟨m⟩, q(ui)
s(upra) s(cripti) s(unt), K. Ianu(ariis), | III idus Febr(uarias)
Domitiae Aug(ustae) n(ostrae) natal⟨i⟩ et | v K(alendas) Iulias
dedicatione Silvani et XII K(alendas) | Iulias rosalibus et IX
K(alendas) Novembr(es) nata(li) ‖ Domitiani Aug(usti) n(ostri) 15
sacrum in re praesenti | fieret, convenirentque ii qui in | collegio
essent ad epulandum, cura|ntibus sui cuiusque anni magistris. Huic
| rei dolum malum afuturum, quominus ‖ ea quae supr(a) scripta 20
sunt fiant, | manifestum est, cum pro salute optum[i] | principis et
domini i(nfra) s(cripti) fundi consecrat[i] | sint diesque sacrificiorum
conpre|hensi. Praet[e]rea locus, sive ea pars ‖ ag⟨r⟩i silvaequ[e] 25
est, in vivario, quae cippis | positis circa Silvanum determinata |
est, Silvano cedet, et via aditus ad Silvanu⟨m⟩ | per fundum Q⟨u⟩ae-
sicianum omnibus patebit. | Lignis quoque et ex fundo Galliciano ‖
et aqua sacrifici causa et de vivario | promiscue licebit uti 30
haec sic dari | fieri praestari sine dolo malo iussit | permisitque
[L.] Domitius Phaon, | cuius om⟨nis⟩ locus fuit

176. A.D. 90, Rome. *ILS*, 3532.

imp. [*Domitiano*] Aug. Germanico xv M. Cocceio Nerva II cos.
Thallus¹ agitator L. Avilli Plantae ser. dominum Silvanum de suo
posuit item dedicavit

¹ *Cf. Mart. IV, 67, 5.*

177. A.D. 79–80, Palaepaphus (Cyprus). *BSA*, XLII (1947), pp. 208–12;
IGRR, III, 944.

Ἀφρ[ο]δείτηι Παφίᾳ. [Αὐτοκράτορα Καί]σαρα θεοῦ Σεβαστοῦ
υἱὸν [Τίτον Οὐεσπασιανὸ]ν Σεβαστὸν ἀρχιερέα μέγιστον - - -ρκιου

Κοΐντου υἱοῦ Κοΐντου Ὁρτηνσίου - - -τησεινου ἀνθυπάτου [Φλαουία
Κλαυδία(?) Σεβα]στή{ι} Πάφος

178. 26 Feb., A.D. 88, Ombos (Egypt). *IGRR*, I, 1287; *OGIS*, II, 675;
SB, 8905.

ὑπὲρ αὐτοκράτορος Καίσαρος Δωμιτιανοῦ [Σ]εβαστοῦ Γερμανι-
κοῦ καὶ τοῦ παντὸς α[ὐτοῦ οἴκου] Ἀφροδείτηι θεᾶι μεγίστηι
Πετρωνία Μάγνα καὶ τὰ ταύτης τέκνα τὸ ἱερὸν οἰκοδόμησαν ἐπὶ
Γαΐου Σεπτιμίου [Οὐ]εγέτου ἡγεμόνος στρατηγοῦντος Ἀρ[τε]μιδώρου
ἔτους ἑβδόμου αὐτοκράτορος Καίσαρος Δω[μ]ιτιανοῦ Σεβαστοῦ
Γερμανικοῦ μηνὶ Φαμενὼθ νουμ[ηνίαι]

179. A.D. 75, Rome. *ILS*, 3663; Gordon, 138.

pro salute dominorum Genio horreorum Saturninus et Successus
horreari donum dederunt Caesare Vespasiano VI Tito Caesare imp.
IIII cos.

180. A.D. 86, Rome. *ILS*, 3673; Gordon, 147.

I.o.m. et Soli divino et Genio venalici Q. Iulius Maximi lib.
Felix cum Iulia Q.f. Romana coniuge libens anim. vot. solvit imp.
[*Domitian.*] Caesar. Aug. Ger. XII Ser. Cornelio Dolabella cos.

181. A.D. 76, near Philippopolis (Thrace). *ILS*, 4075; *IGRR*, I, 704.

deo Μηδυζει mensam C. Minu⟨c⟩ius Laetus vetran. leg. VII
C.p.f.[1] pro se et suis v.s.l.m. imp. Vespasiano VII cos. Ἀντιοχε⟨ὺ⟩ς
τῆς πρὸς Δάφνην τόδε δῶρον

[1] C(laudia) p(ia) f(idelis).

182. A.D. 77–8, Savçilar (Asia). *Corp. Inscr. Rel. Mithr.* 23.

Ἡλίῳ Μίθρᾳ Μίδων Σώλονος ἀνέθηκεν εὐχὴν ἔτους ρξβ′[1] μη.
Π[α].[2]

[1] = *162nd year of the Sullan era, which began in the autumn of 85 B.C. when the
province of Asia was created.*
[2] μη(νὸς) Π[α(νήμου)].

183. ?A.D. 79, Sarepta (or Tyre). *Berytus*, IX (1948–9), p. 46; *REG*, LXII
(1949), p. 148, no. 196.

θεῷ ἁγίῳ Σαραπτηνῷ Συνέγδημος εὐξάμενος ἀνέθηκεν

184. 29 May, A.D. 79, Puteoli, but not erected until A.D. 81 or later.
Berytus, IX, *loc. cit.* p. 47; *REG*, LXII, *loc. cit.*; *IGRR*, I, 420; *OGIS*, II, 594.

ἐπὶ ὑπάτων Λουκίου Καισε[ννίου καὶ Π. Καλουισίου] καὶ Τυρίοις

(ἔτους) σδ′¹ [μ]ηνὸς Ἀρτ[εμ]ισίου ια′² κατέπλευσεν ἀ[πὸ] Τύρου εἰς
Ποτι[ό]λοις θεὸς [ἅγ]ιος [Σ]αρεπτηνὸ[ς] ἤγαγεν [ἴς]³ ἠλείμ⁴ κατ᾽
ἐπιτο[λὴν τοῦ θεοῦ]

pro sal. imp. Domitiani [Aug.] l.c.[d.]⁵

¹ *Year 204 of the Tyrian era.*
² *On the 11th of the month Artemisius = 29 May.*
³ = *Phoenician* iš = *man.*
⁴ *The Ēlīm were high officials in the Phoenician cities in charge of religious matters.*
⁵ l(ocus) c(oncessus) d(ecreto).

185. Coptos (Egypt). *SB*, 4961.

[ὑ]πὲρ αὐτοκρά[τορος Κ]αίσαρος Δομι[τιανοῦ Σ]εβαστοῦ Γερμ[ανι-
κοῦ Κρ]όνωι θεῶι μ[εγίστωι Κλ]αυδία Ἰσιδώ[ρα ὑπὲρ σω]τηρίας
Κλαυ[δίας Ἀ]λεξάν[δρας τῆς ἀδελφ]ῆς ἀνέθ⟨η⟩κ[εν (ἔτους) . . μ]ηνὸς
Και[σαρείου ἐ]παγομένωι - -

186. 23 July, A.D. 81, Talmis (Egypt). *IGRR*, i, 1332; cf. *IGRR*, i, 1337.

ἔτους τρίτου Τίτου τοῦ κυρίου | Ἐπεὶφ κθ′ προσεκύνησα θεὸν |
μέγιστον Μανδοῦλιν Λούκιος | Ἀφράνιος Κλᾶρος καὶ Γάϊος
Σεπτού||μιος Σατορνῖλος καὶ Μᾶρκος Οὐαλέ|ριος Κλήμης ἱππεῖς 5
τούρμης Πρόμου | καὶ Προκουλήιος καὶ Δομίτιος Κέλσος | καὶ
Κορνήλιος Γερμανὸς καὶ Κάδιος Λόν|γος καὶ ἐποήσαμεν τῶν
φιλούντων || ἡμᾶς τὸ προσκύνημα ἐ[π᾽] ἀγαθῷ σήμερον καὶ τοῦ 10
ἀναγεινώσκοντος

187. 4 June, A.D. 91, Hamamât valley (Egypt). *IGRR*, i, 1244.

τὸ προσκύνημα Κρονίου Σαραπᾶτος καὶ Μουμμίου Ἀπολλωνίου καὶ
Παχομπρὴτ Ψενχνοῦμις καὶ Πετάλης καὶ Φμόις Ἱέραξ παρὰ Πανὶ
θεῷ μεγίστωι ἔτους ι′ Δομιτιανοῦ τοῦ κυρίου Παῦνι ι′

188. 9 Aug., A.D. 79, Caranis (Egypt). *IGRR*, i, 1120; *OGIS*, ii, 671.

ὑπὲρ αὐτοκράτορος Καίσαρος Οὐεσπασιανοῦ Σεβαστοῦ καὶ τοῦ
παντὸς αὐτοῦ οἴκου Πνεφερῶτι καὶ Πετεσούχωι καὶ τοῖς συννάοις
θεοῖς μεγίστοις τὸ διπνητήριον ιγ′ τραπ[εζῶν] Ε[ὐ]φρέ[ας . . . .]
ἀρχο[υ] ὁ [β]ουλ[ευτὴς - - -]ομι.χρυ.ελυ. . . .γ. .ν. .ευε ἡγουμένου
Τατί(ου) ἀ[γα]θῆι τύχηι (ἔτους) ια′ [Ἐ]πεὶφ ιε′

189. 7 July, A.D. 80–1, Gebel-Toukh (Egypt). *IGRR*, i, 1151.

(ἔτους) γ′ ⟨Τί⟩του Καίσαρος τοῦ κυρίου θεοῖς Σωτῆρσι Ἡρα-
[κλῆς] Λύσιδος [ἱερο]ποιὸς [καὶ] ἀρχιπρύτανις ὁ οἰκοδομήσας τὸ

ἱε[ρὸν] θε⟨ῶ⟩ν Σωτήρων¹ ἐκ τοῦ ἰδ[ίου] 'Επεὶφ ιγ' ἐπ' ἀγαθῶι.
Τόπος. Λαξοῖ ·² Πτολεμαῖς³ Σωτὴρ Παλεμοῦς 'Αμμώνι[ος] Σαραπίων
Σωτῆρος ἐπ' ἀγαθῶι

¹ Ptolemy Soter and his wife Berenice.
² = λαξευτής.   ³ For Πτολεμαῖος.

190. Sestertius, A.D. 71, Tarraco. *BMC, Imp.* II, p. 189, no. 780.

Obv. Bust of Vespasian, laureate. IMP. CAESAR VESPASIANVS
AVG. P.M. T.P. P.P. COS.

Rev. Front view of temple of Isis; statue of goddess visible in
inner shrine. s.c.

191. 24 May, A.D. 70, Rome. *NdS*, 1914, p. 363.

imp. Vespasiano Caesare Aug. II Caesare Aug. f. Vespasiano cos.
dedicatum VIIII K. Iunias P. Pontius Eros C. Veratius Fortunatus
mag. II quinquennales lustri primi cum Tutilla Helice et Popillia
Pnoe coniugib. suis aedem a fundamentis sua pecun. fonti d.d.

192. 9 April, A.D. 79, near Regium (Bruttium). *CIL*, X, 7.

(*a*) V idus April. [im]p. Vespasiano Caesar. Aug. VIIII cos. Tito
Ves[pasiano Caes]ar. A[ug. f. VII cos.]

(*b*) ob munificentiam earum quae dendrophoros honoraverunt
honos decretus est eis q.i.s.s.: Claudia Iusta, V.....iva sac.,
S.....ia Faustina sac., Sicin..ivocepta, Amullia Primigenia,
Satria Pietas, Claudia Ptolemais, Terentia Athenais

193. A.D. 83–4, Ephesus. *SIG*³, 820.

Λουκίῳ Μεστρίῳ Φλώρῳ¹ ἀνθυπάτῳ παρὰ | Λουκίου Πομπηΐου
'Απολλωνίου 'Εφεσίου |
   μυστήρια καὶ θυσίαι, κύριε, καθ' ἕκαστον | ἐνιαυτὸν ἐπιτελοῦνται
5 ἐν 'Εφέσῳ Δήμητρι ‖ Καρποφόρῳ καὶ Θεσμοφόρῳ καὶ θεοῖς | Σεβασ-
τοῖς ὑπὸ μυστῶν μετὰ πολλῆς | ἁγνείας καὶ νομίμων ἐθῶν σὺν ταῖς |
ἱερ(ε)ίαις ἀπὸ πλείστων ἐτῶν συντετηρημένα | ἀπὸ βασιλέων καὶ
10 Σεβαστῶν καὶ τῶν ‖ κατ' ἐνιαυτὸν ἀνθυπάτων, καθὼς αἱ | παρακείμε-
ναι ἐπιστολαὶ αὐτῶν περιέχουσιν. | ὅθεν, ἐπειγόντων καὶ ἐπὶ σοῦ τῶν
μυστηρίων, | ἀναγκαίως, κύριε, ἐντυγχάνουσί σοι δι' | ἐμοῦ οἱ
15 ὀφείλοντες τὰ μυστήρια ἐπιτελεῖν, ‖ ἵνα ἐπιγνοὺς αὐτῶν τὰ δίκαια
κ.τ.λ.

¹ Cf. Plut. Otho, *14.*

VIII

IMPERIAL DEPENDANTS, FREEDMEN, AND SLAVES

See also nos. 164 and 346.

198. Rome. *CIL*, VI, 8833; cf. Suet. *Galba*, 15, 2.

cineribus Atreiae [L.]f. Proculae contubernalis suae sanctissumae bene de se meritae Hyginus Haloti Aug. l. proc. ser. disp. fecit

199. A.D. 80, Ephesus. *J. Oest. Arch.* XXVI (1930), *Beiblatt*, cols. 59–60.

imp. T. Caesari divi Vespasiani filio Vespasiano Aug. pont. max. trib. pot. IX imp. XV cos. VIII p.p. Eutactus lib. proc. provinciarum Asiae et Lyciae ex testamento Claudi Symmachi dedicavit

[αὐτο]κράτορι Τί[τ]ω[ι] Καίσαρι [θεο]ῦ Οὐεσπασιανοῦ υἱῶι [Οὐεσ]-
πασιανῶι Σε[β]αστῶι [ἀ]ρχιε[ρ]εῖ μεγίστωι δημαρχ[ικῆ]ς ἐξουσί[α]ς
τ[ὸ θ'] αὐτοκ[ρ]άτο[ρι τὸ] ιε' ὑ[πάτωι τὸ] η' [π]ατρὶ [πα]τρίδ[ο]ς
[Εὔ]τ[α]κτ[ο]ς ἀπελεύθερος καὶ ἐπί[τ]ρ[ο]πος ἐπ[α]ρχειῶν τῶν 'Ασίας
[Λ]υκίας [ἐ]κ διαθ[ή]κ[η]ς Κλαυδ[ίο]υ Συμμάχ[ου] κ[αθιέ]ρωσεν

200. Rome. *ILS*, 1517.

Hermae Aug. lib. a cubiculo Domitiae Aug. Fortunatus f. proc. fisc. Asiatic. patri piissimo et indulgentissimo

201. Rome. *ILS*, 1489 and 1490.

(*a*) Lemno Aug. l. proc. patrimoni et hered. et Domitiae Phyllidi L. Domitius Lemnus f.

(*b*) Domitiae Phyllidis c.[1] C. Domiti Lemni procur. Germanici Caesaris

> [1] *Perhaps* c(oniugi), *or* CC *should read* Cn.

202. Nomentum (near Rome). *ILS*, 1518.

Ulpiae Euhodiae coniugi optimae T. Flavius Aug. lib. Delphicus tabularius a ratio[n. p]roc. ration. thesaurorum hereditatium fisci Alexandrini

203. Rome. *ILS*, 1519.

T. Flavio Aug. lib. Euschemoni qui fuit ab epistulis item procurator ad capitularia Iudaeorum[1] fecit Flavia Aphrodisia patrono et coniugi bene merenti

> [1] *Joseph.* Bell. Jud. *7, 6, 6; Suet.* Dom. *12, 2; Dio 65, 7.*

204. Rome. *ILS*, 1523.

deis et Genio Rhodonis Domitiae Aug. ser. exactor. hered. legat. peculior.[1] Vix. ann. p.m.[2] xxiiii. Rhodinus fratri optimo piissimo et gemino sibi fecit

> [1] exactor(is) hered(itatium), legat(orum) peculior(um).
> [2] p(lus) m(inus).

205. Caere (Etruria). *ILS*, 1567; *PBSR*, xv (1939), p. 24.

Ti. Claudius Aug. lib. Bucolas praegustator triclin⟨i⟩arc. proc. a munerib. proc. aquar. proc. castrensis cum Q. Claudio Flaviano filio et Sulpicia Cantabra matre d.[d.]

206. Rome. *ILS*, 1943.

Eutacto Aug. lib. proc. accenso delat. a divo Vespasiano patri optimo Clemens filius

207. Rome. *ILS*, 1679.

diis manibus T. Flavi Aug. lib. Abascanti a cognitionibus Flavia Hesperis coniugi suo bene merenti fecit cuius dolore nihil habui nisi mortis. Scorpus[1] Ingenuo Admeto Passerino Atmeto[2] (*Sculptured relief of a charioteer, holding a crown and palm of victory, carried in a four-horse chariot*)

> [1] *The well-known charioteer under Domitian.*
> [2] *Names of his victorious horses.*

208. Rome. *ILS*, 1944.

Securitati cognationis suae Fortunatus Aug. l. verna paternus ab epistulis accensus patron. divo Aug. Vespasiano lictor curiat. viat. honor. dec. cos. et pr. et sibi et Epaphrodito Aug. l. ab epistulis fratri suo

209. Rome. *ILS*, 1656.

Aepolo imp. T. Aug. disp. Galbiano Geminia Felicla coniunx et C. Geminius Spes f.b.m. posuerunt

210. Rome. *CIL*, vi, 12037.

dis manib. Antoniae Aug. l. Caenidis[1] optumae patron. Aglaus l. cum Aglao et Glene et Aglaide filiis

> [1] *Cf. Suet.* Vesp. *3; 21;* Dom. *12, 3; Dio 65, 14.*

211. Tarentum. *Bull. de la Soc. des Antiq. de France*, 1929, pp. 173–9; cf. Tac. *H.* i, 27.

C. Umbricio C.f. Scapt. Meliori haruspici Caesarum patrono municipi ex testamento ipsius

212. Rome. *ILS*, 1842.

L. Arruntio Semproniano Asclepiadi imp. Domitiani medico t.f.i.[1] In fronte p. xx in agr. p. xx

[1] t(estamento) f(ieri) i(ussit).

213. Rome. *ILS*, 9033; Gordon, 155.

diis manibus Epaphrodito structori a cybo imp. Caesaris Domitiani Aug. Germanici Syntrophus conlega bene merenti fecit

214. Rome. *Bull. Comm.* LXVIII (1940), pp. 188–9; cf. Suet. *Dom.* 17.

T. Flavio Diadumeno Coete Sigeri nutricio optimo et pientissimo meritis eius dignissimo fecit

215. Julia Gordus (Asia). *IGRR*, IV, 1297.

Στέφανος αὐτοκ[ράτο]ρος Σεβαστοῦ Δομ[ιτι]ανοῦ Καίσαρος δο[ῦ]λος ἀρκάριος ὑπέρ [τ]ε ἑαυτοῦ καὶ 'Αντωνίας τῆς συμβίου αὐτοῦ εὐχήν

216. Rome. *Röm. Mitt.* LVII (1942), p. 23.

dis manib. Successo vernae Caesaris mulioni. Vixit annis XXXVI mens. VII diebus V. Fecit Antigonus Domitiae Aug. ser. tabul.[1] fratri dignissimo

[1] tabul(arius).

217. Rome. *CIL*, VI, 8410a.

dis manib. Fortunati Attici Aug. lib. a rationib. lib. tabular. fructus imp. Caesaris Domitiani Aug. Germanic. Atticianus tabular. a rationib. amico carissimo

218. Rome. *ILS*, 7733a.

dis manib. Tychico imp. Dom. ser. architecto Crispinil.[1] Ti. Claudius Primus ollam ossuariam donavit

[1] Crispinil(liano), *perhaps formerly the slave of Calvia Crispinilla* (Tac. H. *1, 73*).

219. Rome. *CIL*, VI, 8768.

Iulia Sabina vixit annis XXV. Ianuarius Domitiani Caesaris l. scrib. cub.[1] contubernali optimae fecit

[1] cub(icularius).

220. Rome. *ILS*, 9034.

d.m. Secundae Rufinae n. et T. Aug.[1] ornatrici vix. ann. XIX m. VIII cons.[2] bene merenti duo Zosimi fecer.

[1] Rufinae n(ostrae) et T(iti) Aug(usti).   [2] cons(ervae).

221. Rome. *ILS*, 1839.

Tatia Baucyl[is nu]trix septem lib - - - divi Vespasian[i - - -]
Flaviae Domitil - - - - - Vespasiani neptis a - - ius beneficio hoc
sephulcru[m - - -] meis libertis libertabus po[sterisque eorum]

222. Rome. *CIL*, VI, 8867.

Aprilis Lampadar. Titi Caesaris ser. vix. annis XX. Diadumenus
et Ianuarius ser. Titi Caesaris fratri suo posuerunt

223. Rome. *ILS*, 1804; Gordon, 156.

d.m.s. Paris imp. Domitiani Aug. Germanici ser. ministrator sibi
et Claudiae Agathetyche coniugi bene merenti quae vix. annis XXI

224. Rome. *ILS*, 1834.

dis manibus Pieri Aug. l. praec. puerr. Caesaris n.[1] Flavia Nice
coniunx b.m. titulum cum valvis aeneis d.s.p.[2] permissu Hermae
Aug. l. a cub. Domitiae Aug.

[1] puer(orum) Caesaris n(ostri).   [2] d(e) s(uo) p(osuit).

225. Furfo (Vestini). *Röm. Mitt.* XXVII (1912), pp. 309-10.

Phoebo Domitiae Domitiani ser. Domitia Athenais fratri et
Ianuarius cognatus ex collegio heroi Corbulonis et Longinae p.

226. Rome. *Athenaeum*, n.s. XXXI (1953), pp. 256-8.

dis m. fecit Chrysanti filio Barbaro Domitiae Aug. delicio
Thymele mater pientissimo filio vixit an. IIII men. VIII

227. Lead water-pipe, Alban lake. *ILS*, 8680.

[i]mp. Caesar. Domitia-   Alb.[1]   ni Aug. sub cura
Alypi proc. fec. Esy-   chus et Hermeros ser.

[1] *Domitian's Villa Albana.*

228. Rome. *CIL*, VI, 23454.

Olympus domin. Domitiani Aug. ser. vern. Rom. natus vixit
an. IIII m. IV d. XXI. Fec. Olympus pat. infelicissimus

229. Rome. *Corp. Inscr. Rel. Mithr.* 362.

Soli invicto Mithrae T. Flavius Aug. lib. Hyginus Ephebianus
d.d.

Ἡλίῳ Μίθραι Τ. Φλάονιος Ὑγεῖνος διὰ Λολλίου Ῥούφου πατρὸς
ἰδίου

230. Laodicea ad Lycum. *IGRR*, IV, 847.

- - - - - dedicante Sex(to) - - - - -

Δ[ιὶ] μεγίσ[τῳ] Σ[ω]τῆρι καὶ αὐτοκράτορι [Δομιτιαν]ῶι Καίσαρι
Σεβαστῷ ἀρχιερεῖ μεγίστῳ δημαρχικῆς ἐξ[ουσίας τὸ . . ὑπάτῳ τὸ .
αὐτοκράτορι τὸ . . Τιβ]έριος Κλαύδιος Σεβαστοῦ ἀπελεύθερος
Τρύφων τοὺς πύργους καὶ τὰ περὶ τοὺς πύργους καὶ τὸ τρίπυλον σὺν
[παντὶ τῷ κόσμῳ καθιέρωσεν]

IX

FOREIGN KINGS

See also nos. 189, 359, 372.

233. A.D. 71, Phanagoria (Crimean Bosporus). *IGRR*, 1, 903; *IosPE*, 11, 355.

αὐτοκ[ρ]άτορα Οὐεσπασιανὸν Καίσαρα Σε[βαστόν, ἀρχιερέα
μέγιστον, | αὐτοκρ]άτορα τὸ ζ΄, πατέρα πατρίδος, [ὕπατον τὸ γ΄,
ἀποδεδειγμένον τὸ δ΄] | κ[ύρι]ον τοῦ σύμπαντος Βοοσπόρου - - - - - -
- - - - - - | - - - - - - ε [ὁ]σίως εὐσεβῶς τοῦ ἐκ προ[γόνων βασιλέως
5 Τιβερίου Ἰουλίου] ‖ Ῥησκουπ[όρι]δος,[1] βασιλέως Ἰουλίου - - - - - -
- - - - - - - | υἱοῦ, Φιλοκαίσαρος καὶ Φιλορω[μαίου, ἀρχιερέως τῶν
Σεβαστῶν | διὰ] βίου, καὶ εὐεργέτου τῆς πατρ[ίδος - - -]

[1] *King of Bosporus A.D. 77–92.*

234. A.D. 80, Panticapaeum. *IGRR*, 1, 881; *IosPE*, 11, 52.

βασιλεύοντος βασιλέως Τιβε|ρίου Ἰουλίου Ῥησκουπόριδος Φιλο|-
5 καίσαρος καὶ Φιλορωμαίου εὐσε|βοῦς, ἔτους ζοτ΄, μηνὸς Περει[τί]‖ου
ιβ΄, Χρήστη γυνὴ πρότερον | Δρούσου ἀφείημι ἐπὶ τῆς [προ]‖σευχῆς
θρεπτόν μου Ἡρακλᾶν | ἐλεύθερον καθάπαξ κατὰ εὐχή[ν] | μου
10 ἀνεπίληπτον καὶ ἀπα[ρ]ενό‖χλητον ἀπὸ παντὸς κληρονόμ[ου· |
τ]ρέπεσ[θ]αι αὐτὸν ὅπου ἂν βού|ληται ἀνεπικωλύτως καθὼς ε[ὐ]‖ξ-
15 άμην, χωρὶς ἰς τὴν προσευ|χὴν θωπείας τε καὶ προσκα[ρτε‖ρ]ήσεως,
συνεπινευσάντων δὲ | καὶ τῶν κληρ[ο]νόμων μου Ἡρα|κλείδ[ο]υ καὶ
Ἑλικωνιάδος, | συνε[πιτ]ροπευούσης δὲ καὶ τῆ[ς] | συναγωγῆ[ς] τῶν
Ἰουδαίων

235. A.D. 81, Kertch. *Vestnik Drevnei Istorii*, 1955, no. 3, pp. 207–8; cf.
Bibliotheca Classica Orientalis, 1 (1956), p. 199.

ἀγαθῆι τύχηι. | Βασιλεύοντος βασιλέω[ς] | Τιβερίου Ἰουλίου
5 Ῥησκ[ου]‖πόριδος Φιλοκαίσ[α]‖ρος καὶ Φιλορω[μαίου] | εὐσεβοῦς
θεο[ῖς Διὶ καὶ] | Ἥρα(ι) Σωτῆρ[σ]ιν ἐπὶ [τὴν] | εὐχήν· συναγωγὸ[ς] |
10 Μήνιος Βραδάκου, ‖ φιλάγαθος [Ἀντίμ]αχος | Χαρίτωνος, ἐπι[μ]ελη-
[τὴς] | Πασίων β΄, θι⟨α⟩σεῖται | Στράτων Ἡρακλείδο[υ] | Ἡρα-
15 κλείδης β΄ Ἀρ[ί]σ[των] ‖ Καλοῦ Μακάριος Τει[μο]|λάου Ἀχαιμένης
Γαΐ[ου] | Ἡδύβιος Λαμάχου Καλ[οῦς] | Ἀθηναίου Θεαγένας
20 [Θεοκ]‖λέου Διόφαντος β΄ Νυ[μφό‖δ]ωρος β΄ Διονυσόδωρος Σ[ω-|
σ]τράτου Λούκιος Κοῖντ[ου | Ἀρ]ιστόδημος Καλλισθέν[ου | Ἀθ]ήναιος

β΄ Ἀρίστων Θε[ο]|τείμου ʿΡοῦφος ῞Ερω[τος]. ‖ Ἐν τῶι θοτ΄ ἔτει[1] 25
[καὶ] | μηνὶ Περειτίωι κ΄

<blockquote>
[1] Year 379 of the Bosporan era = A.D. 82.
</blockquote>

236. Aureus, A.D. 87, Bosporus. *BMC, Bosporus*, p. 54, no. 1.

Obv. Bust of Rhescuporis II, diademed. TIBEPIOC IOVΛIOC BACIΛEVC
PHCKOVΠOPIC

Rev. Head of Domitian, laureate. ΔΠΤ[1]

<blockquote>
[1] Year 384 of the Bosporan era.
</blockquote>

237. A.D. 75. Harmozica (Armenia Major). *ILS*, 8795; *IGRR*, III, 133;
OGIS, I, 379; *JRS*, XXXIII (1943), pp. 85–6.

[αὐτοκράτωρ Καῖσα]ρ Οὐεσ|[πασιανὸς Σεβ]αστός, ἀρ|χιε[ρεὺς
μέγιστο]ς, δημαρχι[κ]ῆς | ἐξουσίας [τὸ] ζ΄, αὐτοκράτ[ω]ρ τὸ ‖ ιδ΄, 5
ὕπατος τὸ ϛ΄, ἀποδεδειγμέ|νος τὸ ζ΄, πατὴρ πατρίδος, τ[ειμη]|τής, καὶ
αὐτοκράτωρ Τίτος Καῖ[σαρ] | Σεβαστοῦ υἱός, δημαρχι[κ]ῆς ἐ|ξουσίας
τὸ ε΄, ὕπατος τὸ δ΄, ἀπο‖δεδειγμένος τὸ ε΄, τειμ[ητή]|ς, καὶ Δομιτιανὸς 10
Καῖσαρ Σεβα|στοῦ υἱός, ὕπατος τὸ γ΄, ἀπο|δεδειγμένος τὸ δ΄, βασιλεῖ |
Ἰβήρων Μιθριδάτῃ βασιλέως Φ‖αρασμάνου[1] καὶ Ἰαμάσπῳ[2] υἱῷ 15
Φιλοκαίσαρι καὶ Φιλορωμαίων[3] τῷ ἔ|θν(ε)ι τὰ τείχη ἐξωχύρ⟨ω⟩σαν

<blockquote>
[1] Cf. Tac. Ann. XII, 44 f.; XIII, 37.
[2] Ἰαμάσδει and Ἰαμασάσπῳ have also been read.
[3] Read Φιλορωμαίῳ καὶ Ἰβήρων.
</blockquote>

238. Circa A.D. 70, Gorneae (Armenia). *SEG*, XV, 836.

῞Ηλιος Τιριδάτης - - - - - - - - - - - - | μεγάλης Ἀρμενίας
ἀνα - - - - - - - - -|ως δεσπότης αἴκτισεν[1] ἀγ - - - - - - - - - |
βασιλίσ(σ)ᾳ τὸν ἀνίκητον κασ[2] - - - - - ‖ αἴτους αι΄[3] τῆς βασιλεί[ας 5
- - - - - - -] | Μεννέας ὑπὸ ἐξουσίας τειαρι - - - - - - - | λι⟨θ⟩ουργὸς
τῷ μεγάλῳ σπ - - - - - - - | μετὰ Μάτῃ | τοῦ μαρτυρίου ᾧ καὶ
εὐχαριστ[εῖ]

Part of an incompletely restored inscription referring apparently to
fortifications at Gorneae ordered by Tiridates I.

<blockquote>
[1] = ἔκτισεν.   [2] Perhaps κάσ[τρον] or κάσ[τελλον].
[3] ἔτους αι΄
</blockquote>

239. Heliopolis (Baalbek). *ILS*, 8958.

regi magno C. Iulio Sohaemo regis magni Samsigerami f.
Philocaesari et Philo[r]⟨ho⟩maeo honorat[o ornam.] consularib[us
....] patrono coloniae IIviro quinquenn. L. Vitellius L.f. Fab.
Soss[i]a[nus]

240. Bronze coin, *circa* A.D. 72, Commagene. *BMC, Syria*, p. 110, no. 1.

Obv. Two youthful horsemen.[1]   ΒΑϹΙΛΕΩϹ ΥΙΟΙ

Rev. Capricorn, star, and anchor, in wreath.   ΚΟΜΜΑΓΗΝΩΝ

    [1] *Epiphanes and Callinicus.*

241. Seia (Arabia). *IGRR*, III, 1244; *OGIS*, I, 419.

ἐπὶ βασιλέως μεγάλου 'Αγρίππα Φιλοκαίσαρος εὐσεβοῦς καὶ
Φιλορωμα[ί]ου τοῦ ἐκ βασιλέως μεγάλου 'Αγρίππα Φιλοκαίσαρος
εὐσεβοῦς καὶ [Φι]λορωμαίου 'Αφαρεὺς ἀπελεύθερος καὶ 'Αγρίππας
υἱὸς ἀνέθηκαν

242. A.D. 75 or 80, Saura (Syria). *IGRR*, III, 1144; *OGIS*, I, 425.

'Ηρώδ⟨η⟩ Αὔμου στρατοπεδαρχήσαντι ἱππέων Κολωνειτῶν[1] καὶ
στρατιωτῶν καὶ στρατηγήσας[2] βασιλεῖ μεγάλῳ 'Αγρίππᾳ κυρίῳ
'Αγρίππας υἱὸς ἐποίησεν. ("Ετους) κ'

    [1] Ala I Augusta gemina Colonorum.   [2] *For* στρατηγήσαντι.

243. Athens. *IG*, II², 3449; *OGIS*, I, 428.

ἡ βουλὴ ἡ ἐξ 'Αρείου πάγου καὶ ἡ βουλὴ τῶν χ' καὶ ὁ δῆμος
'Ιουλίαν Βερενείκην βασίλισσαν μεγάλην 'Ιουλίου 'Αγρίππα βασιλέως
θυγατέρα καὶ μεγάλων βασιλέων εὐεργετῶν τῆς πόλεως ἔκγονον διὰ
τῆς προνοίας τοῦ ἐπιμελητοῦ τῆς πόλεως Τιβ. Κλαυδίου Θεογένους
Παιανέως

244. Berytus. *Mélanges de l'Univ. St. Jos. Beyrouth* XXV (1942–3),
p. 32; *Beyrouth Ville Romaine, Histoire et Monuments*, pp. 8–9.

[r]egina Berenice regis magni A[grippae fil. et rex Agrippa
templum (?) qu]od rex Herodes proavos eorum fecerat ve[tustate
conlapsum a solo restituerunt] marmoribusque et columnis [s]ex
[- - - - exornaverunt]

245. Tetradrachm, A.D. 78–9. *BMC, Parthia*, p. 210, no. 5.

Obv. Bust of Volagases II, with beard; wears helmet, diadem,
ear-ring, necklace, and cuirass. Behind head Δ.

Rev. Volagases II, enthroned, receives diadem offered by
Tyche of city who stands before him.   ΒΑϹΙΛΕΩϹ ΒΑϹΙΛΕΩΝ, ΑΡϹΑΚΟΥ
ΟΛΑΓΑϹΟ (*sic*)   (*in ex.*) ΔΙΚΑΙΟΥ ΕΠΙΦΑΝΟΥϹ ΦΙΛΕΛΛΗΝΟϹ   (*in field*) ΦΤ;
month off flan.

246. Tetradrachm, A.D. 80–1. *BMC, Parthia*, p. 203, no. 1.

Obv. Bust of Artabanus IV, pointed beard; wears diadem, ear-
ring, necklace, and cuirass.

Rev. Artabanus IV, enthroned, receives diadem (?)[1] offered by Tyche of city who stands before him. ΒΑⅭΙΛΕWⅭ ΒΑⅭΙΛΕWΝ, ΑΡⅭΑΚΟΥ ΑΡΤΑΒΑΝΟΥ *(in ex.)* ΔΙΚΑΙΟΥ ΕΠΙΦΑΝΟΥⅭ ΦΙΛΕΛΛΗΝΟⅭ *(in field)* ΒϘΤ *(in ex.)* ΔΙΟΥ

[1] *The same object as that offered to Pacorus II (cf. no. 247).*

247. Tetradrachm, A.D. 81–2. *BMC, Parthia,* p. 195, no. 14.

Obv. Bust of Pacorus II, beardless, wearing diadem, necklace, and cuirass. Behind head Α

Rev. Pacorus II on horse, r. hand outstretched to Tyche of city who stands offering diadem; behind Tyche, male figure holds untied diadem (?). ΒΑⅭΙΛΕWⅭ ΒΑⅭΙΛΕWΝ, ΑΡⅭΑΚΟΥ ΠΑΚΟΡΟΥ *(in ex.)* ΔΙΚΑΙΟΥ ΕΠΙΦΑΝΟΥⅭ ΦΙΛΕΛΛΗΝΟⅭ *(in field)* ΓΦΤ; *month in ex. obscure*

X

SENATORS

Senators are also recorded as imperial rivals in nos. 23 and 24, as consuls in nos. 30, 56, 60, 65, 76, 117, 150, 152, 155, 166, 169, 170, 172–4, 176, 180, 184, 396, 398–405, 445, 460, 462, 469, 472, 486, 513, 519, 529–30, as proconsuls or legates in nos. 31, 40, 50, 86–9, 93, 95–7, 104–5, 117, 139, 142, 177, 193, 283, 361, 363, 389, 398–9, 402–3, 416–17, 419, 423–4, 434–5, 438, 446–51, 455, 464, 484–6, 493, 495–8, 501–2, 504–5, 531, as *curatores* in nos. 31, 50, 97, 429, 443, as patrons in nos. 239, 484–5, as Arval Brothers in nos. 2–18, 20–1. Cf. also nos. 145, 445.

253. Bronze coin, A.D. 68–9, Ilium. *BMC, Troas*, p. 63, no. 44.

Obv. Busts of Galba and the Senate, facing each other. ΓΑΛΒΑ CVNKΛHTOC

Rev. Statue of Athena, helmeted, with spear and shield. ΙΛΙ

254. Sestertius, A.D. 71. *BMC, Imp.* II, p. 113, §.

Obv. Head of Vespasian, laureate. IMP. CAESAR VESPASIANVS P.M. T.P. P.P. COS. III

Rev. The Senate, represented as an elderly man, togate, holds branch and places crown on head of Vespasian who stands in military dress with Victory in one hand and branch in the other. CONCORDIA SENATVI S.C.

255. Mediolanum. *CIL*, V, 5812.

[P. Galerio ... An]i. Trachalo [q. tr.] plebis pr. cos.[1] [VII]vir. epulonum [proc]os. provinc. Afric. [pat]rono d.d.

> [1] *Consul in A.D. 68.*

256. Tarraco. J. Serra Vilaró, *Excavaciones en Tarragona* (1932), pp. 110–11; cf. *PIR²*, IV, G. 64.

[M. Ra]ecio Tauro [M.(?) f. G]al. Gallo [am]ic. Galb. imp. [et] imp. Vesp. Caes. [Au]g. perpetuo ex d.d. [fla]m. p.H.C.[1] qua[estori p]rovinc. Bae[ticae t]rib. pleb. prae[tori] sodali Aug[ustali - - -] Minatius - - - - - - - - optimo et pra[estantiss]imo amico

> [1] p(rovinciae) H(ispaniae) C(iterioris).

257. A.D. 69, Rome. *CIL*, VI, 1528; cf. Tac. *Hist.* I, 59; IV, 4 and 6.

dis manibus D. [Valeri] Asiatici consulis designati

258. Oenoanda (Lycia). *ILS*, 8816; *IGRR*, III, 486; *OGIS*, II, 558.

[Γάϊ]ον Λικίνιον Μουκιανὸν πρεσβευτὴν [Νέρωνος] Κλαυδίου
Καίσαρος Σεβαστο[ῦ] Γερμανικοῦ ἀντισ{σ}τράτηγον ῞Ερμαιος
Σιλλέου φύσει δὲ Διογένους τὸν ἑαυτο[ῦ] εὐεργέτην

259. Lead water-pipe, Aricia (Latium). *CIL*, XIV, 2173.

C. Licini Muciani

260. Falerii. *ILS*, 999; III, 2, p. clxxiii.

P. Gl[it]io P.[f.] Gallo cos. IIIvir [c]a[pit.]¹ sal. Palat.² quaestor[i
T. C]aesaris praetori fla[m]ini Augu[stal]i hasta pura donato per
censuram [a]b imp. Vespasiano Ca[e]sare Aug. p.p. e[t Ti]to imp.
Caesare [A]ug. f. loc. public. dat. d.d.

  ¹ *Or* [a.]a.[a.f.f.] = a(uro) a(rgento) a(ere) f(lando) f(eriundo).
  ² sal(io) Palat(ino).

261. Near Tibur. *ILS*, 986; *Ant. Class.* III (1934), pp. 121–61.

Ti. Plautio M.f. Ani. | Silvano Aeliano,¹ | pontif., sodali Aug., |
IIIvir. a.a.a.f.f.,² q. Ti. Caesaris, ‖ legat. leg. v in Germania, | pr. urb.,   5
legat. et comiti Claud. | Caesaris in Brittannia, consuli, | procos. Asiae,
legat. pro praet. Moesiae, | in qua⟨m⟩ plura quam centum mill. ‖
ex numero Transdanuvianor. | ad praestanda tributa cum coniugib. 10
| ac liberis et principibus aut regibus suis | transduxit; motum
orientem Sarmatar. | compressit, quamvis parte⟨m⟩ magna⟨m⟩
exercitus ‖ ad expeditionem in Armeniam misisset; | ignotos ante 15
aut infensos p.R. reges signa | Romana adoraturos in ripam, quam
tuebatur, | perduxit; regibus Bastarnarum et | Rhoxolanorum filios,
Dacorum fratr⟨es⟩ ‖ captos aut hostibus ereptos remisit; ab | 20
aliquis eorum opsides accepit; per quem³ pacem | provinciae et con-
firmavit et protulit; | Scytharum quoque rege{m} a Cherronensi, |
quae est ultra Borustenen,⁴ opsidione summoto. ‖ Primus ex ea 25
provincia magno tritici modo | annonam p(opuli) R(omani)
adlevavit. Hunc legatum {in} | in Hispaniam ad praefectur. urbis
remissum | senatus in praefectura triumphalibus | ornamentis
honoravit, auctore imp. ‖ Caesare Augusto Vespasiano, verbis ex | 30
oratione eius q(uae) i(infra) s(cripta) s(unt): |

Moesiae ita praefuit, ut non debuerit in | me differri honor
triumphalium eius | ornamentorum; nisi quod latior ei ‖ contigit 35
mora titulus praefecto urbis. |

  ¹ *Cf. Tac.* H. *IV, 53.*   ² a(uro) a(rgento) a(ere) f(lando) f(eriundo).
  ³ *Perhaps* per quae *was intended.*   ⁴ *Heraclea Chersonesus.*

Hunc in eadem praefectura urbis imp. Caesar | Aug. Vespasianus iterum cos. fecit

262. Bronze coin, Heraclea Pontica. *BMC, Bithynia*, p. 145, no. 44.

Obv. Head of Vespasian, laureate. ΑΥΤ. ΚΑΙΣΑΡΙ ΣΕΒΑΣΤΩ ΟΥΕΣ-ΠΑΣΙΑΝΩ ΗΡΑΚΛΕΩΤΑΝ

Rev. Bearded head of Herakles. ΕΠΙ ΜΑΡΚΟΥ ΠΛΑΝΚΙΟΥ ΟΥΑΡΟΥ ΑΝΘΥΠΑΤΟΥ

263. Miletus. *ILS*, 8970; *Milet* I, 5, pp. 53-4.

[- - - M. Ulpi]um Traianum cos. lega[tum d]ivi Vespas[iani et imp. Titi C]aesa[ris divi Vespasia]ni f. Vespa[siani Aug. provinciae - - -] et provinciae Syriae procos. Asiae et Hispaniae B[a]eticae xvvi[rum s.f. sodal]em Flavialem triumphalibus ornamentis ex s.c.

264. Island of Myndus. *BCH*, XII (1888), p. 281; Newton, 258.

θεοῖς πατρῴοι[ς καὶ] Ἀπόλλωνι Ἀρχηγέτῃ ὑπὲρ ὑγείας καὶ σωτηρίας Μάρκ[ου] Οὐλπίου Τραϊανο[ῦ] τοῦ εὐεργέτου τῆς πόλεως καὶ γυναικὸς αὐτοῦ καὶ τέκνων Ἀρτέμων Ἀρτέμωνος εὐχαριστίας ἕνεκεν

265. Antioch (Syria). *Antioch-on-the-Orontes*, I, *Excavations of 1932*, (1934), p. 53.

[L.] Maecio L. fili[o P]ostumo xviro [s]tl. iudic. trib. leg. XIII Gem[inae qu]aest. divi Vespasiani et divi [Titi] trib. pleb. (?) praet. fratri Ar[vali]

266. Tergeste (Venetia). *Inscr. Ital.* x, 4, 30; *ILS*, 989.

[C.] Calpe[tano] Rant[io] Quirinal[i Va]lerio P.f. Pomp. F[esto[1] IIII]vir. viar. curand. t[r. mil. le]g. VI Victr. quaestori se[viro equ]it. Romanor. tr. pleb. prae[tori soda]li August. leg. pro praet. ex[ercit. Afri]cae cos. donato ab imper[atore hastis] puris IIII vexillis IIII co[ronis IIII v]allari murali classica a[urea cura]tori alvei Tiberis et ripa[rum pon]tif. leg. Aug. pro pr. provinc[iae Pan]noniae et provinc[iae] Hispaniae patrono plebs urbana

[1] *Cf. Tac.* H. *II, 98; IV, 49-50.*

267. Antium. *ILS*, 987; *Philologus*, XCI (1936-7), pp. 238-45.

[A. Larcio A.f. Lepido[1] sevi]r. equit. Rom. [trib. mil. leg. .. Ad]iut. xvir. [st]litib. iudic. quaes[t. pr. p]r. provinciae [C]retae et Cyrenar[um leg. i]mp. Vespasiani [C]aesaris Aug. leg. x Freten[s.

[1] *Cf. Joseph.* Bell. Jud. *6, 4, 3.*

donato] donis mili[taribus a]b imp. Vespasiano Caesar[e Augusto et]
T. Caesare Aug. f. [b]ello Iudaico corona murali vallari aurea hastis
puris [duab. v]exillis duobus tr. pl. leg. provinc. Ponti et Bithyniae
[C]aecinia A.f. Larga uxor et [La]rcia A.f. Priscilla filia fecerunt

268. Gortyn. *Inscr. Cret.* IV, 292; *Philologus,* XCI (1936–7), pp. 238–
45.

Αὖλον Λάρκιον Κυρείνᾳ Λέπιδον Σουλπικιανὸν Αὔλου Λαρκίου
Γάλλου ὑὸν συνκλητικὸν ταμίαν εὐσεβέστατον καὶ γλυκύτατον ὑὸν
Σουλπικία Τηλερὼ ἡ μήτηρ ψηφισαμένης τῆς κρατίστης Γορτυνίων
βουλῆς

269. Corduba (Baetica). *Sb. Akad. Berlin,* 1931, p. 831.

C. Dillio L.f. A.n. Ser. Aponian[o t]rib. mil. leg. II[II M]ac.
IIIvir. ca[pita]li quaesto[r]i p[rovi]nc. Siciliae trib. [pl. pr]aetori
- - - - - leg[ato imp.] Caesaris Vespa[siani Au]g. leg. III Galli[cae
consuli] leg. pro pr. - - -

270. Acmonia (Asia). *IGRR,* IV, 644; *OGIS,* II, 482; *MAMA,* VI, no. 262.

ἡ πόλις [ἐτ]εί[μησεν Λούκι]ον Σερουήνιον Λο[υκίου υἱὸν Αἰμι]λίᾳ
Κορνοῦτον δέ[κανδρον ἐ]πὶ τῶν κληρονομικῶν δικα[στηρίων
τ]αμίαν δήμου Ῥωμαίων ἐπα[ρχείας] Κύπρου ἀγορανόμον στρατη-
γὸ[ν] πρεσβευτὴν καὶ ἀντιστράτηγο[ν] Μάρκῳ Ἀπωνίῳ Σατουρνείνῳ
Ἀσία[ς] ἐπαρχείας τ[ὸν] ἑαυτῆς εὐεργέτ[ην]

271. Near Capua. *ILS,* 992.

T. Clodio M.f. Fal. Eprio Marcello[1] cos. II auguri curioni
maximo sodali Augustali pr. per. procos. Asiae III provincia
Cypros

[1] *Cf. Tac.* Ann. *XII, 4; XVI, 22ff.;* H. *IV, 6ff.*

272. A.D. 72, Dorylaeum (Asia). *IGRR,* IV, 524; *OGIS,* II, 476.

[ἡ βουλὴ καὶ ὁ δῆμος τῶν Δορυλαέων ἐκ τ]ῶν [τῆ]ς πολειτείας
ἀ[π]οτειμήσεων Τίτῳ Κλωδίῳ Ἐπρίῳ Μαρκέλλῳ ἀνθυπάτῳ τὸ β′
ἐπιμεληθέντος τῆς ἀναστάσεως τοῦ ἀνδριάντος καὶ τὴν βάσιν ἐκ
τοῦ ἰδίου κατασκευάσαντος Θεογένους Μενά[ν]δρου τοῦ Μενεμάχου
ἀρχιπαραφύλακος

273. Bronze coin, Cyme. *BMC, Aeolis,* p. 114, no. 99.

Obv. Bust of Senate. ΘΕΟΝ СΥΝΚΛΗΤΟΝ
Rev. Cyme personified, wearing chiton, holding globe and
trident. ΑΝΘΥ. ΕΠΡΙΩ ΜΑΡΚΕΛΛΩ Γ. ΚΥ.

274. Fundi (Latium). *ILS*, 985; cf. *Arch. Értes.* LII (1939), pp. 103–7; Tac. *H.* II, 86; III, 4; III, 10; V, 26.

[L. Tampio F]lavi[ano | co]s. procos. p[rov. | Africae leg. Au]g.
5 pro pr. Pann[o|niae curatori aqu]arum [- - -‖- - huic triu]mphalia ornamen[ta | - - -] opsidibus a Tran[sdanu|vianis acceptis lim]itibus omnibus ex[ploratis (?) | hostibus ad vectig]alia praestanda [traductis | - - -] L. Tampius Rufus - -

275. A.D. 74–9, Pompeii. *CIL*, IV, 2560.

    ὑ.¹ Ταμπίου Φλαουιανοῦ Πομπείου Σιλουανοῦ β′²

            ¹ ὑ(πάτων).   ² = II.

276. Amiternum (Sabini). *ILS*, 8969.

[Sex. Se]ntio Sex. f. Caeciliano [xvir. st]l. iud. tr. mil. leg. VIII Aug. [quaest. prov. B]aet. aed. pl. prae[t. leg. p]r. pr. prov. [- - - - cur. a]lvei Tib. et ripar. l[eg. l]eg. xv Apollina[r. et leg. III Au]g. leg. pr. pr. utriusq. Mauretan. cos. arbitratu [- - - a]e uxor. et Atlantis li[b.]

277. A.D. 75, Banasa (Mauretania Tingitana). *CRAI*, 1940, pp. 131–7.

imp. Caesare Vespasiano Aug. VI T. imp. Aug. f. IIII cos. Sex. Sentium Sex. f. Quir. Caecilianum leg. Aug. pro pr. ordinandae utriusq. Mauretaniae cos. desig. coloni coloniae Iuliae Valentiae Banasae ex provincia nova Mauretania Africa sibi liberis posterisque eorum patronum cooptaverunt

Sex. Sentius Sex. f. Quir. Caecilianus leg. Aug. propr. ordinandae utriusque Mauretaniae cos. desig. colonos coloniae Iuliae Valentiae Banasae ex provincia nova Mauretania ipsos liberos posterosq. eorum in fidem clientelamque suam suorumq. recipit. Egerunt legati L. Caecilius Q.f. Fab. Calvus L. Sallustius L.f. Fab. Senex et - - - -

278. A.D. 76, Forum Novum (Sabini). *ILS*, 3596.

deis Penatibus familiaribus M. Fulvius M.f. Gillo cos. fecit

279. Patavium. *ILS*, 980.

M. Arruntio M.f. Ter. Aquilae IIIIviro a.a.a.f.f.¹ quaest. Caesaris trib. pl. pr. cos. xvviro sacr. fac. filio

            ¹ a(uro) a(rgento) a(ere) f(lando) f(eriundo).

280. Chersonesus (Bosporus). *IGRR*, I, 863; *IosPE*, I², 421.

[Σ]έξ[τον Οὐεττουληνὸν] Κεριᾶλιν αὐτοκράτορος Οὐ[εσ]πασιανοῦ Καίσαρος Σεβαστοῦ πρεσβευτὴν καὶ ἀντιστράτηγον ὁ δᾶμος

281. Comana (Cappadocia). *IGRR*, iii, 125.

['Ι]εροπολι[τ]ῶν ἡ βουλὴ [κ]α[ὶ] ὁ [δῆ]μος Μᾶρκον Ἴρριον
[Φ]ρ[όντ]ωνα Νερά[τιον] Πάνσαν πρεσβευτὴν καὶ ἀν[τι]στρ[ά]τηγον
τοῦ Σεβαστοῦ τὸν [πάτρωνα] ἐπιμεληθέντος τῆς ἀναστάσεως
'Ιου(λίου) 'Αν[τωνίου?] Μίτρα Ἄππα τοῦ πρυτάνεως ἔτου[ς - - -]

282. Bronze coin, Caesarea. *BMC, Cappadocia*, p. 47, no. 18.

Obv. Head of Vespasian, laureate.   [ΑΥΤΟΚΡ. ΚΑ]ΙϹΑΡ ϹΕΒΑϹ. ΟΥΕϹ-
ΠΑϹ[ΙΑΝΟϹ]

Rev. Mount Argaeus, with naked figure on summit.   ΕΠΙ Μ.
ΝΕΡΑ(ΤΙΟΥ) ΠΑΝϹΑ ΠΡΕϹΒ.

283. Lead pipe, A.D. 79, Chester. *ILS*, 8704*a*; R. P. Wright, *Cat.
Grosvenor Museum, Chester*, no. 199.

[i]mp. Vesp. viiii T. imp. vii cos. Cn. Iulio Agricola leg. Aug. pr.
pr.

284. Bronze coin, Bithynia. *BMC, Bithynia*, p. 104, no. 4.

Obv. Head of Titus, laureate.   ΑΥΤΟΚΡ. ΤΙΤΟϹ ΚΑΙϹΑΡ ϹΕΒΑϹΤΟΥ ΥΙΟϹ

Rev. Dionysus, with cantharus and thyrsus.   ΕΠΙ Μ. ΜΑΙΚΙΟΥ ΡΟΥΦΟΥ
ΑΝΘΥΠΑΤΟΥ.   ΒΙΘΥΝΙΑ

285. Near Praeneste (Latium). *ILS*, 995.

Flaviae T.[f.] Sabinae Caesenni Paeti

286. Antioch (Pisidia). *JRS*, iii (1913), pp. 301–9; cf. *J. Oest. Arch.*
xxix (1935), *Beiblatt*, cols. 179–80.

[P. Calvisio P.f. - - - - - - - Rusoni L. Iulio] Frontino iiivir
[a.a.f.f.[1] seviro equit]um Roman. tr. mil. [leg. - - - - adlec]to inter
patricios [ab imperatore divo] Caes. Vespasiano Aug. [quaestori
Aug. prae]tori cos. curat. viae [- - - - - xvvir viro] s.f.[2] sodali
Augustali [- - - - ad sac]ra[3] procos. Asiae cura[tori aedium sac]-
rar. et operum loco[rumque publ. leg.] pro pr. imp. Nervae
Tra[iani Augusti Ge]rm. Dac. patrono col.

    [1] a(uro) a(rgento) a(ere) f(lando) f(eriundo).   [2] s(acris) f(aciundis).
    [3] Ramsay [praefecto ae]ra(rii).

287. Lydae (Lycia). *TAM*, ii, 131; *IGRR*, iii, 522.

Σέξστον Μάρκιο[ν] Πρεῖσκον πρεσβευτ[ὴν α]ὐτοκράτορος Καίσα-
ρ[ος] Οὐεσπασιανοῦ Σεβ[α]στοῦ καὶ πάντων [αὐτ]οκρατόρων ἀπὸ
Τ[ι]βερίου Καίσαρος τὸν δικαιοδότην Λυδατῶν ὁ δῆμος

288. Apamea (Bithynia). *CIL*, III, 335.

......tilio P.f. Clu. Lol[lian]o (?) [t]rib. mil. leg. IIII Scythic. benificio divi Claudi praef. coh. III sagittar. adlecto inter praetor. [a]b imp. Vespasiano Aug. [l]eg. pro pr. provinciae Asia. [c]ol. Iul. Conc. Apamea patrono suo

289. Nemausus. *CIL*, XII, 3166.

C. Fulvio C. fil. Vol[t.] Lupo Servilian[o] adlecto inter praetor[ios] ab imp. Caesare Aug. Vespas[iano] praefecto alae Longinian[ae] IIIIvir. ad aerarium pontifici praefecto vigi[lum] Iulia D. fil. Concess[a] viro

290. Arretium (Etruria). *ILS*, 1000; III, 2, p. clxxiii.

[- - - - - - - - T]i. f. Pom. Firmo - - - - - - c. tr. mil. leg. IIII [Scyth. v]ic.[1] leg. Aug. Vesp. q. Aug. orn. [p]raetoricis a senatu auctorib. [i]mperatorib. Vesp. et Tito adlect. [ab eisd. i]mperator. d.d. coron. III aur. [mur. ? classic]a hast. pur. III praetor. [d.]d.

[1] *Or* [Mac. v]ic.

291. Rome. *ILS*, 1378.

L. Baebio L.f. Gal. Avito praef. fabr. trib. mil. leg. X Gem. proc. imp. Caesaris Vespasiani Aug. provinciae Lusitaniae adlecto inter praetorios

292. Via Cassia, near Rome. *ILS*, 1003; Gordon, 140.

[Sex. Appio] Sex. filio Volt. Severo [IIIIvir]o viarum curandarum [tribun]o milit. leg. III Gallicae [sodali] Titio quaestori [Titi im]p. Caesaris Augusti fili [pa]tri piissimo [Appia Sex.] fil. Severa Ceioni Commodi

293. Bronze coin, Dorylaeum. *BMC*, *Phrygia*, p. 195, no. 2.

Obv. Head of Titus, laureate. ΤΙΤΟΣ ΚΑΙΣΑΡ

Rev. Zeus enthroned. ΙΤΑΛΙΚΩ ΑΝΘΥΠΑΤΩ ΔΟΡΥΛΑΕΩΝ

294. Nola (Campania). *CIL*, X, 1258.

T. Rutilio Varo trib. mil. leg. V Macedonic. praefecto alae Bos.[1] q. divi Vespasiani aed. cur. com. imperato. patrono d.d.

[1] Bos(poranorum).

295. Ager Viterbiensis (Etruria). *ILS*, 1002.

[P. Tullio Varroni] xvir. stlitib. [iudicand.] tr. mil. leg. VIII bis August. q. urbano pro q. provinc. Cretae et Cyrenarum aedili pl.

pr. legato divi Vespasiani leg XIII Geminae procos. provinc. Macedoniae P. Tullius Varro optimo patri

296. A.D. 80 and 81, Rome. *CIL*, VI, 1495; Newton, 163.

- - - ude [- - - T. Caes. divi Vespasia]ni f. Aug. [VIII Caesare divi Vespasiani f. Domitiano VII cos. - - - - - - -]ne L. Pompusio Mettio - - - - no praef. aer. Sat. ann. IIII cur. - - - - ionio M.f. Prisco [- - V]eturio T.f. Flacco [- - Calpu]rnio Cn. f. Maximo.

[L. Flavio Sil]va [Asinio Pollione V]errucoso cos. - - - - - co - - - - ann. II

297. A.D. 80, Agios Tychon (near Amathus), Cyprus. *JHS*, LXVI (1946), pp. 40–2.

[K]υπρί[αι] Ἀφροδε[ί]τηι καὶ αὐτοκράτορ[ι] Τίτωι Καίσαρι [Οὐ]εσπασιαν[ῶι Σεβ]αστῶι τὸ [ἱε]ρὸν τῶν ἐντὸς [τ]ῶν στηλ[ῶν ἐπ]τὰ καθιέρω[σε]ν Λούκι[ο]ς Βρούττιος Μάξιμος ἀνθύπατος ἔτους δευτέρο[υ]

298. Cirta. *ILA*, II, 644; cf. 643.

[Q. Aurelio Pactumeio P.f. Quir. Frontoni inter praetorios in senatu allecto ab i]mp. [Cae]s. V[espasia]no Aug. et Tito imp. Aug. f. sacerdoti fetiali praef. aerarii militaris cos. ex Afric[a p]rimo Pactume[ia . . . .] patr[i o]pt[i]mo [d.d.]

299. Fulginiae (Umbria). *ILS*, 990.

Cn. Domitio Sex. f. Volt. Afro Titio Marcello Curvio Lucano[1] cos. procos. provinciae Africae legato eiusdem provinciae Tul[li] fratris sui septemviro epulonum i[tem?] praetorio legato provinciae Afr[i]c[ae] imp. Caesar. Aug. praef. auxiliorum omnium adversus Germanos donato ab imp. Vespasiano Aug. et T. Caesar Aug. f. coronis murali vallari aure⟨a⟩ hastis puris III vexillis III adlecto inter patricios praetori tr. pl. quaest. propraetore provinciae Afric[ae tr.] mil. leg. V Alaud. IIIIvir. viarum curandar. patrono optimo d.d.

[1] *Martial* IX, *51; V, 28, 3.*

300. Fulginiae (Umbria). *ILS*, 991.

[Cn. Domitio Sex. f. - - - - Curvio Tullo[1] cos. procos. provinciae Africae] fetiali praef. au[xilior. omnium] adversus Germanos—qui cum esset candidatus Caesar. pr. desig. missus est ab imp. Vespasiano Aug. legatus pro praetore ad exercitum qui est in Africa et apsens inter praetorios relatus—donato ab [im]p. Vespasiano Aug. et Tito Caesare Aug. f. coronis murali vallari aure⟨a⟩ hastis

puris III vexillis III adlecto inter patricios tr. pl. quaest. Caesar.
Aug. [t]r. mil. leg. V Alaud. xvir. stlitib. iudicandis patrono optimo
d.d.

¹ *Pliny*, Ep. *8, 18.*

301. Bronze coin, Smyrna. *BMC, Ionia*, p. 250, no. 133.

Obv. Zeus Akraios seated, wearing himation and holding nike.
ΑΝΘΥΠΑΤΩ ΦΡΟΝΤΕΙΝΩ CΤΡΑΤΗΓΟC ΓΕΡΗΕΙΝΟC (*sic*)

Rev. Two Nemeses face to face.   ΕΠΙ CΤΕ. ΜΥΡΤΟΥ ΘΥΓΑΤΡΟC ΤΟΥ
ΔΗΜΟΥ ΖΜΥΡΝΑΙΩΝ

302. Pisaurum. *Athenaeum*, n.s. XVIII (1940), pp. 145–63.

[M. A]rrecinus M.f. Cam. [Clemen]s cos. II praet. urb. [leg.
Aug. p]ro praet. provinc. [Hispani]ae ci[te]rioris p.s.f.¹

¹ p(ecunia) s(ua) f(ecit).

303. A.D. 83, Lepcis Magna. *IRT*, 346.

imp. Caesare divi Vespasiani [*f. Domitiano Aug. pontif. max.
trib. pot. II imp.* III¹ *p.p. cos.* VIIII]
L. Nonius L.f. Pom. Asprenas L. Noni Asprenatis VIIvir.
epulonum procos. provinciae Africae III nepos triumvir a.a.a.f.f.²
sevir salius Palatinus quaestor Caesaris Aug. centurio equitum
[R]omanorum hastis honoratus octo vexillis IIII coronis muralibus
duabus vallaribus dua[b]us aurea una pr. inter cives et peregrinos
legatus pro pr.
provinc[ia]e Galateae Paphlagoniae Pamphyliae Pisidiae cos.
VIIvir e[p]ulonum procos. provinciae Africae patronus municipii
dedicavit legato pro pr. M. Cornelio Firmo

¹ *Possibly* IIII. *The rest of the erasure is legible.*
² a(uro) a(rgento) a(ere) f(lando) f(eriundo).

304. Augusta Taurinorum. *ILS*, 1007.

C. Rutilio Gallico cos. II T. Flavius Scapula

305. Ephesus. *ILS*, 9499; cf. Stat. *Silv.* I, 4.

C. Rutilio C.f. Stel. Gallico trib. mil. leg. XIII Geminae q. aedili
curuli legato divi Claudi leg. XV Apollinaris pr. legato provinciae
Galaticae sodali Augustali consuli designato M. Aemilius M.f. Pal.
Pius praef. coh. I Bosp. et coh. I Hisp. legato

306. Augusta Taurinorum. *ILS*, 1008.

Minicia[e] L.f. Paetinae uxori Rutili Gallici Leptitani publice

307. Andautonia (Pannonia Superior). *ILS*, 1005.

L. Funisulano L.f. Ani. Vettoniano trib. mil. leg. VI Vict. quaestori provinciae Siciliae trib. pleb. praet. leg. leg. IIII Scythic.[1] praef. aerari Saturni curatori viae Aemiliae cos. VIIvir. epulonum leg. pro pr. provinc. Delmatiae item provinc. Pannoniae item Moesiae superioris donato [*ab imp. Domitiano Aug. Germanico*] bello Dacico coronis IIII murali vallari classica aurea hastis puris IIII vex⟨il⟩lis IIII patrono d.d.

> [1] *Tac.* Ann. XV, 7.

308. A.D. 83, Thiges (Africa). *CIL*, VIII, 23165.

- - - - - II c[os. VIIII d]esig. X p.p. [L. I]avoleno Prisc[o] leg. Aug. pro pr. civitas Tig[ens.]

309. Nedinum (Dalmatia). *ILS*, 1015; III, 2, p. clxxiii.

C. Octavio Tidio Tossia{a}no L. Iaoleno Prisco leg. leg. IV Flav. leg. leg. III Aug. iuridic. provinc. Brittanniae leg. consulari provinc. Germ. superioris[1] legato consulari provinc. Syriae proconsuli provinc. Africae pontifici P. Mutilius P.f. Cla. Crispin⟨u⟩s t.p.i.[2] amico carissimo

> [1] *A.D. 90.*   [2] t(estamento) p(oni) i(ussit).

310. Chersonesus (Bosporus). *IGRR*, I, 862; *IosPE*, IV, 93.

Σέξστον Ὀκτάουιον Φρόντωνα πρεσβευτὴν καὶ ἀντιστράτηγον αὐτοκράτορος Δομετιανοῦ Καίσαρος θεοῦ Σεβαστοῦ Γερμανικοῦ ὁ δᾶμος

311. Near Urbs Salvia (Picenum). *ILS*, 1011.

[C. Salv]io C.f. Vel. Liberali [Nonio] Basso cos. procos. provin-[ciae Ma]cedoniae legato Augustorum [iuridi]c. Britann. legato leg. V Maced. [fratri A]rvali allecto ab divo Vespasiano [et divo Ti]to inter tribunicios ab isdem [allecto] inter praetorios quinq. IIII p.c.[1] Hic sorte [procos. fac]tus provinciae Asiae se excusavit

> [1] quinq(uennali) (quarto), p(atrono) c(oloniae).

312. Pisae. *ILS*, 1009.

G. Bellicus Natalis Tebanianus cos. XVvir Flavialium

313. Athens. *IG*, II², 3548a; *AJA*, LV (1951), pp. 347–9; *Anzeiger d. Akad. d. Wiss. in Wien, Phil.-Hist. Klasse*, LXXII (1935), pp. 83–90.

Τιβ[έρι]ον Κλα[ύδι]ον [Καλλι]κρα[τί]δου υἱό[ν] Κυρε[ίνᾳ] Οἰνόφιλον Τ[ρι]κορύσι[ον] ἱεροφαντήσαντα Ἀρ[ρία] Τορκ[ο]υάτου θ[υ]γάτηρ Καλπ[ουρνία Βελ]λείκου Τηβα[νι]α[νοῦ γυν]ὴ τὸν [ποιητ]ὸν π[ατέρ]α

314. Tlos (Lycia). *TAM*, 11, 563; *ILS*, 8818; *IGRR*, 111, 551.

Ποπλίῳ Βαιβίῳ Ποπλίου | υἱῷ Ὠφεντείνᾳ Ἰταλικῷ, | ταμίᾳ
5 Κύπρου, δημάρχῳ, | πρεσβευτῇ Γαλλίας Νάρ‖βων[ος, σ]τρα[τ]ηγῷ,
πρεσ|[βευτῇ λε]γεῶνος ιδ΄ Διδ[ύ|μης Ἀρέ]ας Νεικητικῆς, | [τετειμ]η-
10 μένῳ ἐν τῷ | [κατὰ Γε]ρμανίαν πολέμῳ ‖ [ὑπὸ τοῦ] Σεβαστοῦ
στεφά|[νῳ χρυσ]ῷ καὶ πυργωτῷ | [καὶ οὐαλ]λαρίῳ καὶ δόρα|[σιν
15 καθα]ροῖς γ΄ καὶ σημε|[(ί)αις γ΄(?), πρ]εσβευτῇ αὐτοκρά‖[τορος Κ]αί-
σαρος [Δομετι|ανοῦ Σε]βαστοῦ [Γερμανι|κοῦ καὶ] ἀντιστρατήγῳ
Λυ|[κίας κα]ὶ Παμφυλίας, τῷ | [εὐεργέ]τῃ καὶ κτίστῃ καὶ ‖
20 [δικαιο]δότῃ ἀγνῷ | [Τλω]έων ὁ δῆμος

315. Antioch (Pisidia). *JRS*, 111 (1913), p. 260; *ILS*, 9485.

C. Caris[ta]nio C.f. Ser. F[ron]toni trib. mil. p[raef.] eq. al.
Bosp. adl[e]cto in senatu(m) inte[r] tribunic. promoto inter praetorios leg. pro pr. Ponti et Bithyn. leg. imp. divi Vespasian. Aug.
leg. ιχ Hispanae in Britann. leg. pro pr. imp. divi Titi Caes. Aug.
et imp. Domitian. Caes. Aug. provinc. Pamphyliae et Lyciae
patrono col.

T. Caristanius Calpurnianus Rufus ob merita eius h.c.

316. Ephesus. *ILS*, 8971; *Forschungen in Ephesos* v, 1, pp. 62–6, no. 3;
cf. *IGRR*, ιν, 1509.

Ti. Iulio Ti. f. Cor. Celso Polemaeano cos., procos. Asiae, trib.
legionis 111 | Cyrenaicae, adlecto inter aedilicios ab divo Vespasiano,
pr. p.R.,[1] leg. Aug. | divorum Vespasiani et Titi provinciae Cap-
padociae et Galatiae, Ponti, | Pisidiae, Paphlagoniae, Armeniae
5 minoris, leg. divi Titi leg. 1111 Scythicae, procos. ‖ Ponti et
Bithyniae, praef. aerari militaris, leg. Aug. pro pr. provinciae
Ciliciae, xvvir. s.f., cur. | aedium sacrarum et operum locorumque
publicorum populi Romani; Ti. Iulius Aquila Polemaeanus cos. |
patrem suum. Consummaverunt heredes Aquilae

[1] pr(aetori) p(opuli) R(omani).

317. A.D. 92–3, Anazarbus (Cilicia). *J. Oest. Arch.* XVIII (1915), *Beiblatt*,
cols. 55–7.

αὐτοκ[ράτορι Καί]σ[α]ρι θεοῦ Οὐεσπασιανοῦ υἱῶι | [Δομιτιανῶι]
Σεβαστῶι Γερμανικῶι ἀρχιερεῖ μεγίστωι, | δημαρχικῆς ἐξουσίας τὸ
ιβ΄, αὐτοκράτορι τὸ κβ΄, ὑπάτωι τὸ ϛι΄, τει|μητῇ διὰ βίου, πατρὶ πατρί-
5 δος Διονύσωι Καλλικάρπωι Λούκιος ‖ Οὐαλέριος Λουκίου υἱὸς
Κολλείνᾳ Νίγερ δημιουργήσας καὶ ἱερασάμενος | θεᾶς Ῥώμης καὶ
Λούκιος Οὐαλέριος Λουκίου υἱὸς Κολλείνᾳ Οὐᾶρος Πωλλίων |

ἱερασάμενος θεοῦ Τίτου Καίσαρος Σεβαστοῦ καὶ δημιουργήσας καὶ
ἱε|ρασάμενος θεᾶς Ῥώμης τὸν ναὸν ἀντὶ τῶν ἱερωσυνῶν καὶ δημιουρ|-
γίδων καθὰ ὑπέσχοντο τῷ δήμῳ πατὴρ καὶ υἱὸς ἐκ τῶν ἰδίων. ||
Κοῖντος Γέλλιος Λόγγος πρεσβευτὴς καὶ ἀντιστράτηγος | αὐτοκράτορος 10
[Δομιτιανοῦ] Καίσαρος Σεβαστοῦ Γερμανικοῦ καθιέρωσεν

318. A.D. 95, Delphi. *Fouilles de Delphes*, III, i, no. 538; *SIG*³, 822; cf.
Class. Phil. XLVIII (1953), p. 89.

τὸ κοινὸν τῶν Ἀμφικτυόνων Τί. Ἀβίδιον Κυῆτον ἀνθύπατον
Ἀχαΐας ἕνεκεν τῆς εἰς τὸν θεὸν εὐσεβείας διὰ Κύλλου τοῦ Εὐβιότου
Θεσσαλοῦ ἐπιμελητοῦ

319. Ancyra. *CIL*, III, 250.

[Ti. I]ulio Candido Mario Celso [l]e[g.] Aug. pro [pr.] Iulius N.

320. Pergamum. *IGRR*, IV, 384; *OGIS*, II, 486; cf. *IGRR*, IV, 373–83,
385–97, 1686; *TAM*, II, 566.

Γάϊον Ἄντιον Αὖλον Ἰούλιον | Αὔλου υἱὸν Κουαδρᾶτον δὶς |
ὕπατον, ἀνθύπατον Ἀσίας, | σεπτεμουίρουμ ἐπουλώνουμ, || φράτρεμ 5
ἀρουάλεμ, πρεσβευτὴν | καὶ ἀντιστράτηγον Πόντου | καὶ Βειθυνίας,
πρεσβευτὴν δὶς | Ἀσίας, πρεσβευτὴν Σεβαστοῦ | ἐπαρχείας Καππα-
δοκικῆς, || ἀνθύπατον Κρήτης Κυρήνης, | πρεσβευτὴν Σεβαστοῦ 10
ἀντιστ[ρά]|τηγον Λυκίας καὶ Παμφυλίας, | πρεσβευτὴν καὶ ἀντι-
στράτηγον | αὐτοκράτορος Νέρουα Καίσαρος || Τραϊανοῦ Σεβαστοῦ 15
Γερμανικοῦ | ἐπαρχείας Συρίας, | ἡ σεβαστὴ σύνοδος τῶν νέων¹ | τὸν
εὐεργέτην, καὶ ⟨δι'⟩ αἰῶνος | γυμνασίαρχον,² || ἐπιμεληθέντων | 20
Ἀσκληπιάδου Γλύκωνος Μυρικοῦ | καὶ Ζωΐλου Διομήδους καὶ
Θέωνος | Τ[ελέσ]ωνος τῶν γραμματέων³

¹ Collegium iuvenum Pergamenorum.
² perpetuus gymnasiarcha.   ³ The scribes of the Collegium.

321. Near Labicum (Latium). *ILS*, 1024.

C. Iulio P.f. Hor - - - | Cornuto Tertul[lo]¹ | cos., proconsuli
provinci[ae Asiae], | proconsuli provinciae Narbo[nensis], || legato 5
pro praetore divi Traiani [Parthici] | provinciae Ponti et Bith[yniae],
| eiusdem legato pro pr[aetore] | provinciae Aquitani[ae] c[e]nsu-
[um] | accipiendorum, cu[ra]to[ri viae] || Aemiliae, praefecto 10
aerari Sa[tu]r[ni], | legato pro praetore provinc[iae] | Cretae et
Cyrenarum, a[dl]e[cto] | inter praetorios a divis Ves[pasiano] | et
Tito censoribus, aedili Ce[riali], || quaestori urbano, | ex testa- 15
mento | C. Iulius Plan{i}cius Varus Cornutus - - -

¹ *Pliny*, Ep. 5, *14*; Pan. *90*.

322. Tibur. *ILS*, 1025.

L. Roscio M.f. Qui. Aeliano Maecio Celeri cos. procos. provinc. Africae pr. tr. pl. quaest. Aug. xvir. stlitib. iudic. trib. mil. leg. ix Hispan. vexillarior. eiusdem in expeditione Germanica[1] donato ab imp. Aug. militarib. donis corona vallari et murali vexillis argenteis ii hastis puris ii salio C. Vecilius C.f. Pal. Probus amico optimo. L.d.s.c.[2]

[1] *Domitian's expedition against the Chatti.*
[2] L(ocus) d(atus) s(enatus) (Tiburtini) c(onsulto).

323. Near Cures Sabini. *ILS*, 1026.

L. Iulio L.f. Fab. Marin[o] Caecilio Simplici iiiiviro viarum curandarum tr. mil. leg. iiii Scythicae q. pro pr. provinciae Macedoniae aedili pleb. praetori leg. pro pr. provinciae Cypri leg. pro pr. provinciae Ponti et Bithyniae proconsulatu patris sui curatori viae Tiburtinae fratri Arvali leg. Aug. leg. xi C.p.f. leg. imp. Nervae Traiani Aug. Germ. provincia⟨e⟩ Lyciae et Pamphyliae procos. provinciae Achaiae cos.

XI

EQUESTRIAN ORDER

For other equestrian careers see nos. 353–6, 372; for prefects of Egypt and Sardinia see also nos. 41, 404, 411, 459, 477, 508; for other military officers and procurators see nos. 156, 164, 291, 371, 390, 393, 421, 455, 457, 460, 466, 505, 523. See also no. 109.

328. A.D. 68, El-Khārgeh Oasis, Egypt, within the great gateway of the Temple of Hibis. H. G. Evelyn-White and J. H. Oliver, *The Temple of Hibis in El-Khārgeh Oasis*, part II (1938), pp. 23–45 (Text B); *SEG*, xv, 873.

Ἰούλιος Δημήτριος, στρατηγὸς Ὀάσεως Θ[η]βαΐδος· τοῦ πεμ-
φθέντος μοι διατάγματος ὑπὸ τοῦ κυρίου ἡγεμόνος | Τιβερίου
Ἰουλίου Ἀλεξάνδρου τὸ ἀντίγραφον ὑμεῖν ὑπέταξα, ἵν᾿ εἰδότες
ἀπολαύητε τῶν εὐεργε⟨σ⟩ιῶ⟨ν⟩. ("Ετους) β´ Λουκίου Λιβίου
⟨Σ⟩εβαστοῦ ⟨Σ⟩ουλπικίου | Γάλβα αὐτοκράτορος Φαῶφι α´ Ἰουλίᾳ
Σεβαστῆι

Τιβέριος Ἰούλιος Ἀλέξανδρος λέγει· πᾶσαν πρόνοιαν ποιούμενος
τοῦ διαμένειν τῷ προσήκοντι κα|ταστήματι τὴν πόλιν ἀπολαύουσαν
τῶν εὐεργεσιῶν ἃς ἔχει παρὰ τῶν Σεβαστῶν καὶ τοῦ τὴν Αἴγυπτον ἐν
εὐσταθείᾳ διάγουσαν εὐθύμως ὑπηρετεῖν τῆι τε εὐθηνίᾳ καὶ τῆι
μεγίσ||τηι ⟨τ⟩ῶν νῦν καιρῶν εὐδαιμονίᾳ, μὴ{ι} βαρυνομένην καιναῖς 5
καὶ ἀδίκοις εἰσπράξεσι, σχεδὸν δὲ ἐξ οὗ τῆς πόλεως ἐπέβην κατα-
βοώμενος ὑπὸ τῶν ἐντυγχανόντων καὶ κατ᾿ ὀλίγους καὶ κα|τὰ
πλήθη{ι} τῶν τε ἐνθάδε εὐσχημονεστάτων καὶ τῶν γεωργούντων τὴν
χώραν μεμφομένων τὰς ἔγγιστα γενομένας ἐπηρείας, οὐ διέλιπον μὲν
κατὰ τὴν ἐμαυτοῦ δύναμιν τὰ ἐπείγον|τα ἐπανορθούμενος· ἵνα ⟨δ⟩ὲ
εὐθυμότεροι πάντα ἐλπίζητε παρὰ τοῦ ἐπιλάμψαντος ἡμεῖν ἐπὶ σωτη-
ρίᾳ τοῦ παντὸς ἀνθρώπων γένους εὐεργέτου Σεβαστοῦ αὐτοκράτορος
Γάλβα τά τε πρὸ⟨ς⟩ σωτηρίαν | καὶ τὰ πρὸς ἀπόλαυσιν, καὶ γινώσκητε
ὅτι ἐφρόντισα τῶν πρὸς τὴν ὑμετέραν βοήθειαν ἀνηκόντων, προέγραψα
ἀναγκαίως περὶ ἑκάστου τῶν ἐπιζητουμένων, ὅσα ἔξεστί μοι
κρεί|νειν καὶ ποιεῖν, τὰ δὲ μείζονα καὶ δεόμενα τῆς τοῦ αὐτοκράτορο⟨ς⟩
δυνάμεως καὶ μεγαλειότητος αὐτῶι δηλώσω{ι} μετὰ πάσης ἀληθείας,
τῶν θεῶν ταμιευσαμένων εἰς τοῦτον τὸν || ἱερώτατον καιρὸν τὴν τῆς 10
οἰκουμένης ἀσφάλειαν.

(1) Ἔγνων γὰρ πρὸ παντὸς εὐλογωτάτην οὖσαν τὴν ἔντευξιν
ὑμῶν ὑπὲρ τοῦ μὴ{ι} ἄκοντας ἀνθρώπους εἰς τελωνείας ἢ{ι} ἄλ|λας

μισθώσεις οὐσιακὰς παρὰ τὸ κοινὸν ἔθος τῶν ἐπαρχειῶν πρὸς βίαν
ἄγεσθαι, καὶ ὅτι οὐκ ὀλίγον ἔβλαψε τὰ πράγματα τὸ πολλοὺς
ἀπείρους ὄντα⟨ς⟩ τῆς τοιαύ|της πραγματείας ἀχθῆναι μετ' ἀνάγκης
ἐπιβληθ⟨έ⟩ντων αὐτοῖς τῶν τελῶν. διόπερ καὶ αὐτὸς οὔτε ἤγαγόν τινα
εἰς τελωνείαν ἢ{ι} μίσθωσιν οὔτε ἄξω{ι}, ⟨ε⟩ἰδὼς τοῦτο | συμφέρειν
καὶ ταῖς κυριακαῖς ψήφοις τὸ μετὰ προθυμίας ἑκόντας πραγματεύεσ-
θαι τοὺς ⟨δ⟩υνατούς. πέπεισμαι δὲ ὅτι οὐδ' εἰς τὸ μέλλον ἄκοντάς τις
ἄξει τελώνας | ἢ{ι} μισθωτάς, ἀλλὰ διαμισθώσει τοῖς βουλομένοις
ἑκουσίως προ⟨σ⟩έρχεσθαι, μᾶλλον τὴν τῶν προτέρων ἐπάρχων
αἰώνιον συνήθειαν φυλάσσων ἢ{ι} τὴν πρόσκαιρόν τινος ἀδικίαν ||
15 μειμησάμενος.

(2) Ἐπειδὴ{ι} ἔνιοι προφάσει τῶν δημοσίων καὶ ἀλλότρια δάνεια
παραχωρούμενοι εἴς τε τὸ πρακτόρειόν τινας παρέδοσαν καὶ εἰς ἄλλας
φυλακάς, ἃς καὶ δι' αὐτὸ τοῦτο | ἔγνων ἀναιρεθείσας, ἵνα αἱ πράξεις
τῶν δανείων ἐκ τῶν ὑπαρχόντων ὦσι καὶ μὴ{ι} ἐκ τῶν ⟨σ⟩ωμάτων,
ἑπόμενος τῆι τοῦ θεοῦ Σεβα⟨σ⟩τοῦ βουλήσει, κελεύω{ι} μηδένα τῆι
τῶν ⟨δ⟩ημοσίων προφά|σει παραχωρεῖσθαι παρ' ἄλλων ⟨δ⟩άνεια ἃ
μὴ{ι} αὐτὸς ἐξ ἀρχῆς ἐδάνεισεν, μη{ι}δ' ὅλως κατακλείε⟨σ⟩θαί τινα⟨ς⟩
ἐλευθέρους εἰς φυλακὴν ἡντινοῦν, εἰ μὴ{ι} κακοῦργον, μη⟨δ⟩' εἰς τὸ
πρακ|τόρειον, ἔξω{ι} ⟨τ⟩ῶν ὀφειλόντων εἰς τὸν κυρι⟨α⟩κὸν λόγον.

(3) Ἵνα ⟨δ⟩ὲ μη{ι}⟨δ⟩αμόθεν βαρύνηι τὰ⟨ς⟩ πρὸ⟨ς⟩ ἀλλήλου⟨ς⟩
⟨σ⟩υναλλαγὰς τὸ τῶν δημοσίων ὄνομα μη⟨δ⟩ὲ συνέχωσι τὴν
κοινὴν πίστιν | οἱ τῆι πρωτοπραξίᾳ πρὸς ἃ μὴ{ι} δεῖ καταχρώμενοι,
καὶ περὶ ταύτης ἀναγκαίως προέγραψα· ἐδη⟨λ⟩ώθη{ι} γάρ μοι πολ-
λάκις ὅτι ἤδη{ι} τινὲς καὶ ὑποθήκας ἐπείρασαν ἀφελέσθαι νομίμως ||
20 ⟨γ⟩εγονυίας καὶ ἀποδεδομένα δάνεια παρὰ τῶν ἀπολαβόντων
ἀναπράσσειν πρὸς βίαν καὶ ἀγορασμοὺς ἀνα⟨δ⟩άστους ποιεῖν ἀπο-
σπῶντες τὰ κτήματα τῶν ὠνησαμένων ὡς | συμβεβληκότων τισὶν
ἀναβολικὰ εἰληφόσ[ι] ἐκ τοῦ φίσκου ἢ{ι} στρατηγοῖς ἢ{ι} πραγματικοῖς
ἢ{ι} ἄλλοις τῶν προσοφειληκότων τῶι δημοσίωι λόγωι. κελεύω{ι} οὖν,
ὅστις{ς} ἂν ἐνθά⟨δ⟩ε | ἐπίτροπος τοῦ κυρίου ἢ{ι} οἰκονόμος ὕποπτόν
τινα ἔχηι τῶν ἐν τοῖς δημοσίοις πράγμασι ὄντων, κατέχεσθαι αὐτοῦ
τὸ ὄνομα ἢ{ι} προγράφειν, ἵν[α μηδ]⟨ε⟩ὶς τῶι τοιούτωι συνβάλληι, |
ἢ{ι} μέρη{ι} τῶν ὑπαρχόντων αὐτοῦ κατέχειν ἐν τοῖς δημοσίοις
γραμματοφυλακίοις πρὸς ὀφείλημα. ἐὰν δέ τις μή{ι}τε ὀνόματος
κατεσχημένου μήτε τῶν ὑπαρχόντων κρατου|μένων δαν(ε)ίσηι
νομίμως λαβὼν ὑποθήκην, ἢ{ι} φθάσηι ἃ ἐδάν(ε)ισεν κομίσασθαι ἢ{ι}
καὶ ὠνήσηταί τι, μὴ{ι} κατεχομένου τοῦ ὀνόματος μηδὲ τοῦ ὑπάρχον-
25 τος, οὐδὲν πρᾶγμα ἕξει. || τὰς μὲν γὰρ προῖκας ἀλλοτρίας οὔσας καὶ οὐ
τῶν εἰληφότων ἀνδρῶν καὶ ὁ θεὸς Σεβαστὸς ἐκέλευσεν καὶ οἱ ἔπαρχοι

ἐκ τοῦ φίσκου ταῖς γυναιξὶ ἀποδίδοσθαι, ὧν βεβαίαν δεῖ τὴν πρωτο-
πραξίαν φυλάσσειν.

(4) Ἐνετεύχθην δὲ καὶ περὶ τῶν ἀτελειῶν καὶ κουφοτελειῶν, ἐν αἷς
ἐστιν καὶ τὰ προσοδικά, ἀξιούντων αὐτὰς φυλαχθῆναι, ὡς ὁ θεὸς
Κλαύδιος | ἔγραψεν Ποστόμωι ἀπολύων, καὶ λεγόντων ὕστερον
κατακεκρίσθαι τὰ ὑπὸ ἰδιωτῶν πραχθέντα ἐν τῶι μέσωι χρόνωι μετὰ
τὸ Φλάκκον κ⟨α⟩τ⟨α⟩κρεῖναι καὶ πρὸ τοῦ τὸν θεὸν | Κλαύδιον
ἀπολῦσαι. ἐπεὶ οὖν καὶ Βάλβιλλος καὶ Οὐηστεῖνος ταῦτα ἀπέλυσαν,
ἀμφοτέρων τῶν ἐπάρχων ἐπικρίματα φυλάσσω{ι}, καὶ ἐκείνων
κατηκολουθηκότων τῆι | τοῦ θεοῦ Κλαυδίου χάριτι, ὥστε ἀπολε-
λύσθαι τὰ μηδέπω{ι} ἐξ αὐτῶν εἰσπραχθέντα, δηλονότι εἰς τὸ λοιπὸν
τηρουμένης αὐτοῖς τῆς ἀτελείας καὶ κουφοτελείας.

(5) Ὑπὲρ ⟨δ⟩ὲ ‖ τῶν ἐκ τοῦ Καίσαρος λόγου πρα{χ}θέντων ἐν τῶι 30
μέσωι χρόνωι, περὶ ὧν ἐκφορία κατεκρίθη{ι}, ὡς Οὐηστεῖνος ἐκέ-
λευσεν τὰ καθήκοντα τελεῖσθαι, καὶ αὐ|τὸς ἵστημι, ἀπολελυκὼς τὰ
μηδέπω{ι} εἰσπραχθέντα, καὶ πρὸς τὸ μέλλον μένειν αὐτὰ ἐπὶ τοῖς
καθήκουσι· ἄδικον γάρ [ἐ]στιν τοὺς ὠνησαμένους κτή|ματα καὶ
τιμὰς αὐτῶν ἀποδόντας ὡς δημοσίους γ⟨ε⟩ωργοὺς ἐκφόρια ἀπαιτεῖσθαι
τῶν ἰδίων ἐδαφῶν.

(6) Ἀκόλουθον δέ ἐστιν ταῖς τῶν Σεβαστῶν | χάρισι καὶ τὸ τοὺς
ἐνγενεῖς Ἀλεξανδρεῖς καὶ ἐν τῆι [χ]ώρᾳ διὰ φιλεργίαν κατοικοῦντας
εἰς μηδεμίαν ἄγεσ[θ]αι χ[ω]ρικ[ὴν] λειτουργ[ία]ν· | πολλάκις μὲν
ἐπεζητήσατε, καὐτὸς δὲ φυλάσσω{ι}, ὥστε μηδένα τῶν ἐνγενῶν
Ἀλεξανδρέων εἰς λειτουργίας χωρικὰς ἄγεσθαι.

(7) Μελήσει δέ ‖ μοι καὶ τὰς στρατηγίας μετὰ διαλογισμὸν πρὸς 35
τριετίαν ἐνχ(ε)ιρίζειν τοῖς κατασταθησομένοις.

(8) Καθόλου ⟨δ⟩ὲ κελεύω{ι}, ὁσάκις ἔπαρχος ἐπ' αὐτὸν ἀχθέντα
ἔφθα|σεν κρείνας ἀπολῦσαι, μηκέτι εἰς διαλογισμὸν ἄγεσθαι. ἐὰν δὲ
καὶ δύο ἔπαρχοι τὸ αὐτὸ πεφρονηκότες ὦσι, καὶ κολαστέος ἐστὶν ὁ
ἐγλογιστὴς ὁ τὰ αὐτὰ εἰς διαλογισμὸν | ἄγων, κ[α]ὶ μηδὲν ἄλλο ποιῶν
πλὴν ἀργυρισμοῦ πρόφασιν καταλείπων ἑαυτῶι καὶ τοῖς ἄλλοις
πραγματικοῖς. πολλο[ὶ] ⟨γ⟩οῦν ἠξίωσαν ἐκστῆναι μᾶλλον τῶν ἰδίων
κτημάτων ὡς | πλεῖον τῆς τιμῆς αὐτῶν ἀνηλωκότες διὰ τὸ καθ'
ἕκαστον διαλογισμὸν τὰ αὐτὰ πράγματα εἰς κρίσιν ἄγεσθαι.

(9) Τὸ δ' αὐτὸ καὶ περὶ τῶν ἐν ἰδίωι λό⟨γ⟩ωι πραγμάτων ἀγομένων
ἵστημι, ὥσ|τε εἴ τι κριθὲν ἀπελύθη{ι} ἢ{ι} ἀπολυθήσεται ὑπὸ τοῦ πρὸς
τῶι ἰδίωι λόγωι τεταγμένου, μηκέτι ἐξεῖναι τούτωι εἰσαγγέλλειν
κατηγόρωι μη⟨δ⟩ὲ εἰς κρίσιν ἄγεσθαι, ἢ{ι} ὁ τοῦτο ποιήσας ἀπαραι-
τή‖τως ζημιωθήσεται. οὐδὲν γὰρ ἔσται πέρας τῶν συκοφαντημάτων, 40
ἐὰν τὰ ἀπολελυμένα ἄγηται ἕως τις αὐτὰ κατακρείνηι. ἤδη{ι} δὲ τῆς

πόλεως σχεδὸν ἀοικήτου γενομένης διὰ τὸ | πλῆθος τῶν συκοφαντῶν
καὶ πάσης οἰκίας συνταρασσομένης ἀν⟨α⟩γκαίως κελεύω{ι}, ἐὰν μέν
τις τῶν ἐν ἰδίωι ⟨λ⟩όγωι κατηγόρων ὡς ἑτέρωι συνηγορῶν εἰσάγηι
ὑπόθεσιν, παρίστασθαι ὑπ' | αὐτοῦ τὸν προσαγγεί⟨λ⟩αντα, ἵνα μηδὲ
ἐκεῖνος ἀκίνδυνος ἦι. ἐὰν ⟨δ⟩ὲ ἰ⟨δ⟩ίωι ὀνόματι κατενεγκὼν τρεῖς
ὑποθέσεις μὴ{ι} ἀποδείξηι, μηκέτι ἐξεῖναι αὐτῶι κατηγορεῖν, ἀλλὰ τὸ
ἥμισυ αὐτοῦ | τῆς οὐσίας ἀναλαμβάνεσθαι. ἀδικώτατον γάρ ἐστιν
πολλοῖς ἐπάγοντα κινδύνους ὑπὲρ οὐσιῶν καὶ τῆς ἐπ[ι]τιμίας αὐτὸν
διὰ παντὸς ἀνεύθυνον εἶναι. καὶ καθόλου δὲ | [κ]ελεύσομαι τὸν
γνώμονα τοῦ ἰ[δ]ίου λόγου [κεῖσθ]αι, τὰ καινοποιηθέντα παρὰ τὰς τῶν
Σεβαστῶν χάριτας ἐπανορθωσάμενος. προγράψω{ι} δὲ φανερῶς
45 ὅπως τοὺς ἤδη{ι} ἐξ]||ελε⟨γ⟩χθέντας συκοφάντας ὡς ἔδει ἐτιμωρη-
σάμην.

(10) Οὐκ ἀγνοῶ{ι} δ' ὅτι πολλὴν πρόνοιαν ποιεῖσθε καὶ τοῦ τὴν
Αἴγυπτον ἐν εὐσταθείᾳ διαμ[ένει]ν, ἐξ ἧς [μεγάλως βαρύνεσθε · ἃς
μὲν οὖν] | χορηγίας ἔχετε, ὅσα οἷόν τε ἦν ἐπηνωρθωσάμην. ἐνέτυχον
γάρ μοι πολλάκις οἱ καθ' ὅλην τὴν χώραν ⟨γ⟩εωργοῦντες καὶ
ἐδή⟨λ⟩ωσαν ὅτι πο⟨λλ⟩ὰ καινῶς κατεκρίθησα[ν, οὐ διὰ κακουργήματα |
ἀλ]λὰ διὰ τελέσματα σιτικὰ καὶ ἀργυρικά, καὶ οὐκ ἐξὸν τοῖς βουλομέ-
νοις εὐχερῶς καθολικόν τι καινίζειν. ταῦτα δὲ καὶ τὰ τοιαῦτα
κατακρίματ[α ο]ὐκ ἐπὶ τὴν Θηβαΐδα μόνην [εὗρον ἐκτεινόμενα |
οὐ]δὲ ἐπὶ τοὺς πόρρω{ι} νομοὺς τῆς κάτω{ι} χώρας, ἀλ⟨λ⟩ὰ καὶ τὰ
προάστια τῆς πό⟨λ⟩εως ἔφθασεν τήν τε Ἀλεξανδρέων καλουμένην
χώραν καὶ τὸν Μαρεώτην [λαβεῖν. διὸ κελεύω{ι} | το]ῖς κατὰ νομὸν
στρατηγοῖς ἵνα εἴ τινα καινῶς τῆι ἔγγιστα πενταετίᾳ τὰ μὴ{ι}
πρότερον τελούμενα καθολικῶς ἢ{ι} πληθικῶς νομῶν ἢ{ι} τοπαρ[χιῶν
50 γεωργοῖς || κα]τεκρίθη{ι}, ταῦτα εἰς τὴν προτέραν τάξιν ἀποκατα-
στήσωσιν, παρέντες αὐτῶν τὴν ἀπαίτησιν, ἃ καὶ ἐπὶ τὸν διαλογισμὸν
ἀχθέντα ἐκ τῶν ἀ[γορῶν ἀπο|λύω{ι}].

(11) Ἐκώλ[υ]σα δ' ἔτι καὶ πρότερον καὶ τὴν ἄμετρον ἐξουσίαν τῶν
ἐ⟨γλ⟩ογιστῶν διὰ τὸ πάντας αὐτῶν καταβοᾶν ἐπὶ τῶι παραγράφειν
αὐτοὺς πλεῖστα ἐκ τῆ[ς ὁ|μοιώσεω]ς ἐξ οὗ συνέβαινεν αὐτοὺς μὲν
ἀργυρίζεσθαι, τὴν δὲ Αἴγυπτον ἀνάστατον γείνεσθαι. καὶ νῦν τοῖς
αὐτοῖς παραγγέλλω{ι} μηδὲν ἐξ ὁμοιώμα[τος | παρ]αγράφειν ἀλλὰ
μὴ{ι}δ' ἄλλο τι τῶι καθόλου χωρὶς τοῦ κρεῖναι τὸν ἔπαρχον. κελεύω{ι}
δὲ καὶ τοῖς στρατηγοῖς μηδὲν παρὰ ἐγλογιστῶν μεταλαμβάνειν
χωρὶς ὑπ[ο|θήκ]ης ἐπάρχου. καὶ οἱ ἄλλοι δὲ πραγματικοί, ἐάν τι
εὑρεθῶσι ψευ⟨δ⟩ὲς ἢ{ι} παρὰ τ[ὸ] δέον παραγεγραφότες, καὶ τοῖς
55 ἰδιώταις ἀποδώσουσιν ὅ⟨σ⟩ον ἀπῃτήθησαν καὶ τὸ ⟨ἴ⟩σο[ν || ἀποτ]⟨ε⟩ί-
σουσι εἰς τὸ δημόσιον.

(12) Τῆς δ᾽ αὐτῆς κακοτεχνίας ἐστὶν καὶ ἥ{ι} λεγομένη{ι} κατὰ
σύνοψιν ἀπαίτησι[s], οὐ πρὸς τὴν οὖσαν ἀνάβα[σι]ν | [Νίλου, ἀ]λλὰ
πρὸς σύνκρισιν ἀρχαιο⟨ο⟩τέρων τινῶν ἀναβάσεω[ν· καίτοι] τῆς
ἀληθείας αὐτῆς οὐδὲν δοκεῖ δικαιότερον εἶναι· θαρ|[σεῖν δὲ βούλ]ομαι
καὶ προθύμως γεωργεῖν τοὺς ἀνθρώπους, [εἰδότα]s ὅτι πρὸς τὸ
ἀληθὲς τῆς οὔσης ἀναβάσεως καὶ τῆς βεβρεγμ[έ|νης γῆς, κα]ὶ οὐ
πρὸς συκοφαντίαν τῶν κατὰ σύνοψιν παραγραφομ[έ]νων ἥ{ι} ἀπαίτησις
ἔσται. ἐὰν δέ τις ἐξελεγχθῆι ψευσάμ[ενος αὐτήν, | τὸ κάθ]εκτον
τριπλάσι[ο]ν ἀποδώσει.

(13) Ὅσοι μὲν γὰρ ἐφοβήθησαν ἀ[κ]ούσαντες περὶ ἀναμετρήσεως
τῆς ἐν τῆι Ἀ[λε]ξανδρέων [χώρᾳ καὶ || τῶι νο]μῷ Μενελαΐτηι 60
ἀρχαίας γῆς, [ε]ἶς ἦν οὐδέποτε σχοινίον κα[τ]ηνέχθη{ι}, μὴ{ι} μάτην
εὐλαβείσθωσαν. οὔτε [γὰρ] ἐτόλμησέ π[οτέ τις ποι|ήσασθ]αι τὴν
ἀνα[μ]έτρησιν οὔτε ποιήσεται. μένειν γὰρ ὀφείλει τ[ὸ] ἐξ αἰῶνος
αὐτῆς δίκα[ιον].

(14) Τὸ δ᾽ αὐτὸ ἵστημι [καὶ π]ερὶ τῶν το[ύτοις προστε|θέ]ντων
προσγενημάτων, ὥστε [μη]δὲν ἐπ᾽ αὐτῶν καινίζεσθαι.

(15) Περὶ δὲ τῶν ἀρχαιοτ⟨έ⟩ρ[ων] ἐκθέσεων ⟨ἐ⟩νκει[μένω]ν ὑμῶν
αἷς τι[νες ὥστε | ἐκπράσ]σειν ἢ ὁρίσαι πολλάκις ο[ὐδὲν] πλέ[ο]ν
περιε[ποί]ησαν πλὴν ἀργυρισμοῦ τῶν πραγμ[ατικ]ῶν καὶ τῆς τῶ[ν
ἀνθρώ]πων ἐπιτ[ρ]ίψ[εως, Καί]σαρι Σ]εβ[α]στῶ[ι] α[ὐ]τοκράτορι
γράψ[ω{ι}] μετὰ τῶν ἄλλω[ν] ὅσα αὐτῶι δηλώσω{ι} τῶι μόνωι δυνα-
μ[έν]ωι τὰ τοιαῦτα ὀλ[οσχερ]ῶς ἐκκόπτε[ιν, οὗ εἰσι || αἴτι]αι τῆς 65
πάντων ἡμῶν σωτηρίας ἥ{ι} δι[η]νεκὴς [εὐ]εργεσία καὶ πρόνοια

ἔ[το]υς πρώτο[υ] [Λουκ]ίου Λειβίο[υ | Γάλ]βα Καί[σ]αρος
Σεβαστοῦ αὐτοκράτορος, Ἐ[π]εῖφι ιβ´

329. Pap. Hibeh 215; cf. *JRS*, XLIV (1954), p. 61.

(*a*) [- - - - - Κ]αί[σα]ρος οἰκονόμῳ ἐπακο[λο]υθοῦντος [Γεμινίου
Αἰλιανοῦ[1]] τοῦ κρα[τίστου ἐπιτρόπου τῆς Ν]έας Πόλεως ἴν[α - - - - -]

[1] *The wrong name seems to have been written, but there are only a few letters of
the correct one still visible above the erasure: these are* -δετου *or* -δυτου.

(*b*) - - - - - ὡς Τιβερίου Ἰουλίου Ἀλεξάνδρου τοῦ ἡγεμο[νεύ-
σαντ]ος γενομένου καὶ ἐπάρχου πραι[τωρίου - - - - -]

330. Aradus (Syria). *IGRR*, III, 1015; *OGIS*, II, 586.

[Ἀραδίων] ἡ βουλ[ὴ καὶ ὁ δῆμος - - - - -]ίνιον Σεκοῦν[δον[1]
ἔπαρ]χον σπείρης [Θ]ρα[κῶν πρ]ώτης ἔπαρχον{ν} [ἴλης - - - - -]ων

[1] [Γάϊον Πλ]ίνιον Σεκοῦν[δον], *possibly Pliny the Elder, but see* PIR, *III*, *P. 373.*

ἀντεπίτρο[πον Τιβερίο]υ Ἰουλίου Ἀλ[ε]ξ[άνδρου ἐπ]άρχου [τ]οῦ
Ἰουδαϊ[κοῦ στρατοῦ ἐπίτ]ροπον Συρ[ίας ἔπαρχον ἐν Αἰγύπτ]ῳ
λεγεῶνος ε[ἰκοστῆς δευτέρας]

331. Ilium. *AJA*, xxxix (1935), pp. 588–9.

ἡ βουλὴ καὶ ὁ δῆμος Λουκίῳ Οὐινουλείῳ Παταικίῳ ἐπάρχῳ
σπείρης χειλιάρχῳ λεγιῶνος ἕκτης ἐπάρχῳ εἴλης ἐπιτρόπῳ
αὐτοκράτορος Καίσαρος Οὐεσπασιανοῦ Σεβαστοῦ ἐπαρχειῶν
Λιβύης¹ Ἀσίας Θράκης

¹ Probably here = Africa.

332. On the neck of a vase, A.D. 78–9, Alexandria. *SEG*, xiv, 853; *SB*,
8958; L. Robert, *La collection Froehner*, I, no. 75; *Latomus*, x (1951),
p. 473.

(ἔτους) ιαʹ αὐτοκράτορος Καίσαρος Οὐεσπασιανοῦ Σεβαστοῦ,
ἐπὶ Γαΐου Λιτερνίου Φ[ρό]ντωνος ἐπάρχου Αἰγύπτου

333. Asisium. *CIL*, xi, 5382.

[C. Tetti]o C.f. Ouf. Africano [p]raef. vigilum praef. annonae
praef. Aegypti piissimo munificentissimoq. [e]rga patriam et
- - - - -

334. Heliopolis (Baalbek). *Bulletin du Musée de Beyrouth*, I (1937),
pp. 80–2.

Sex. Attio L. filio Vol. Suburano Aemiliano praef. fabr. praef.
alae Taurianae torquatae adiutori Vibi Crispi leg. Aug. pro pr. in
censibus accipiendis Hispaniae citerioris adiut. Iuli Ursi praef.
annonae eiusdem in praefect. Aegypti proc. Aug. ad Mercurium
proc. Aug. Alpium Cottianarum et Pedatium Tyriorum et Cam-
muntiorum et Lepontiorum procur. provinc. Iudaeae proc.
provinc. Belgicae Mari Cethegi cornic. piiss. fratres

335. A.D. 84, Afrodito. *Chronique d'Égypte*, xxix (1954), pp. 284–6.

anno III[I¹ - - - - - -] L. Iulius Ursus [praef. Aeg. - - - - - -] hoc
loco hydreuma [ampl]iavit et cum esset in[secur]um praesidium
[forti]us aedificari iussit curam agente operis M. Trebonio Valente
praef. Bernic.

¹ Or III, *followed by the erased name and titles of Domitian.*

336. A.D. 105, Aquileia. *ILS*, 1374.

C. Minicio C. fil. | Vel. Italo IIIIviro i.d., | praef. coh. v Gallor.
5 equit., | praef. coh. I Breucor. equit. c.R., ‖ praef. coh. II Varc. eq.,

trib. milit. leg. VI Vict., | praef. eq. alae I sing. c.R., donis donat. a
divo | Vespasiano coron. aurea hast. pur., | proc. provinc. Helles-
pont., proc. provinciae Asiae quam | mandatu principis vice
defuncti procos.[1] rexit, procurat. || provinciarum Lugudunensis et 10
Aquitanicae item Lactorae, | praefecto annonae, praefecto Aegypti,
flamini divi Claudi, | decr. dec.

(*On the side*) P. Tullius Max. - - - - - - - - - amula IIIIviri i.d.
III K. Iun. | s(enatum) c(onsuluerunt), scrib(endo) adf(uerunt)
- - - - - - - - - Proculus C. Appuleius Celer | A. Iunius G - - - - -
- - - - Sex. Cossutius Secundus. | Quod v(erba) f(acta) s(unt) in
ho[norem C. Minici Itali, splendidi]ssimum virum quidquid con-
se‖qui gratiae au[t potentiae per summos honor]es equestris digni- 5
tatis potuerit, | it omne ad au[gendam et ornandam patria]m suam
convertisse nec ullo | se feliciorem [credere officio quam ut pro ea
la]boret, q(uid) d(e) e(a) r(e) f(ieri) p(laceret), d(e) e(a) r(e) i(ta)
c(ensuerunt): | Cum C. Minic[ius Italus - - - - - - h]unc praeci-
puum virtutum | suarum fi[nem - - - - - - - - -]rtunam locis
[a]mplificaverit‖ et super cet[era omnibus sit notu]m, sacratissimum 10
principem | Traianum A[ugustum decrevisse rogatu ei]us, ut
incolae, quibus fere cense|mur, muneri[bus nobiscum fungantur,
e]t ut pleniorem indulgentiam | maximi imper[atoris habeamus per
eum cont]igisse, p(lacere) h(uic) o(rdini) adq. e r(e) p(ublica)
v(ideri), statuam | aeream cum [basi marmorea ei poni decretu]m-
que nostrum basi inscribi, ‖ quo testatiu[s sit pro meritis beneficii]s- 15
que tanti viri solvendo nos | aliter [non esse, nisi ut de eo publi]ce
gloriemur. Censuer(unt). | Ti. Iulio [Candido II C. Ant]io
Quadrato II cos.

[1] *Civica Cerialis* (*Tac.* Agr. *42; Suet.* Dom. *10, 2*).

337. Milestone, A.D. 74, on road from Carales to Turris (Sardinia). *CIL*,
x, 8024.

[m.p. L]VI a Turre. [imp. Cae]sar Vespasianus Aug. [pont]ifex
maximus trib. [pot. V] imp. XIII p.p. cos. V [desi]g. VI censor refecit
et restituit [Sex.] Subrio Dextro proc. et praef. Sardiniae

338. Mevania (Umbria). *ILS*, 1447; cf. *PBSR*, xv (1939), p. 23.

Sex. Caesio Sex. [f.] Propertiano flamini Ceriali Romae proc.
imp. a patrim. et heredit. et a li[b]ell.[1] tr. mil. leg. IIII Macedonic.
praef. coh. III His[pa]nor. hast. pura et coron. aurea don. IIIIvir. i.d.[2]
IIIIvir. quinq. pon. patron. mun.

[1] *Cf. Tac.* H. *1, 58.*   [2] i(ure) d(icundo).

339. Cippus, Pompeii. *FIR*, iii, 78 (*c*); *ILS*, 5942.

ex auctoritate imp. Caesaris Vespasiani Aug. loca publica a privatis possessa T. Suedius Clemens[1] tribunus causis cognitis et mensuris factis reipublicae Pompeianorum restituit

    [1] *Tac.* H. *1, 87; ii, 12.*

340. Rome. *ILS*, 2729.

Tito Staberio T.f. Quir. Secundo praef. coh. Chalciden. in Africa tribuno militum leg. vii Geminae felicis in Germania praef. equit. alae Moesicae felicis torquatae Staberia mater inpensa sua

341. Corduba. *ILS*, 6905.

L. Iulio M.f. Q. nep. Gal. Gallo Mummiano trib. militum coh. maritimae iiviro c.c.P.[1] flamini divor. Aug. provinc. Baeticae. Huic ordo c.c.P.[1] statuam equestrem decrevit. Aelia Flaviana uxor honore usa impensam remisit

    [1] c(olonorum) c(oloniae) P(atriciae).

342. Tarraco. *ILS*, 2711.

M. Valer. M.f. Gal. Propinquo Grattio Cereali Edetano flam. p.H.c.[1] cui honores civitatis suae resp. ac genio lusit. (*sic*) adlecto in equite a T. imp. praef. fabr. bis praef. cohor. secund. Astur. in Germ. trib. leg. v Mac. in Moesia praef. alae P⟨hr⟩ygum item praef. alae iii Thracum in Syr[ia] p.H.c.

    [1] p(rovinciae) H(ispaniae) c(iterioris).

343. Sentinum. *ILS*, 6644.

C. Aetrio C.f. Lem. Nasoni equo publico in quinque decuris praef. coh. i Germanor. trib. mil. leg. i Italicae testamento poni iussit idemque municipib. Sentinatib. in epulum quod xvii K. Germanicas[1] daretur HS cxx legavit

    [1] *Cf. Suet.* Dom. *13.*

344. Tarraco. *CIL*, ii, 4212.

C. Egnatulei[o] C. fil. Gal. Senecae Ta[rr.] aed. q. iivir. f[lm.] divi Titi equo pub. donato praef. coh. iiii Thrac. eq. flamini p.H.c.[1] Egnatuleia Sige patrono indulgentissimo

    [1] p(rovinciae) H(ispaniae) c(iterioris).

345. Alexandria. *SEG*, ii, 850.

[(ἔτους) - - αὐτοκράτορος] Οὐ⟨ε⟩σπασιανοῦ ἀησ[σήτου? Καί-
σαρος] θεῷ μεγάλῳ Ἀγαθῷ Δα[ίμονι] Οὐαλέριος Λόγγο[ς] Καλο- -
ἱππεὺς ἀνέθηκεν ὑπὲρ εὐχαρι[στίας]

95

346. Rome. *ILS*, 1910.

Persicus lib. manumissus at consilium procuratorio nom[ine] aput Domitianum Caesarem in secund[o] cos.[1] exercuit decurias duas viatoria(m) et lictoria(m) consulares C. Cornelio Persico f. habenti equum publicum Corneliae Zosimae matri eius habenti ius quattuor liberorum beneficio Caesaris libertis libertabus posterisque suis eorumve

[1] *A.D. 73.*

347. Rome. *ILS*, 1448.

Cn. Octavius Titinius Capito praef. cohortis trib. milit. donat. hasta pura corona vallari proc. ab epistulis et a patrimonio[1] iterum ab epistulis divi Nervae eodem auctore ex s.c. praetoriis ornamentis ab epistul. tertio imp. Nervae Caesar. Traiani Aug. Ger. praef. vigilum Volcano d.d.

[1] *Of Domitian, whose name is suppressed.*

5 TITUS

6 DOMITIAN

XII

ARMY AND NAVY

Legions are also recorded in nos. 31, 39, 40, 49, 84, 87, 112, 131–2, 181, 265–7, 269, 276, 286, 288, 290–2, 294–5, 299, 300, 305, 307, 309, 311, 314–16, 322–3, 330–1, 336, 338, 340, 342, 411, 420, 464, 486, 522, centurions and other soldiers in nos. 49, 58, 84, 112, 131–2, 181, 186, 303, 411, 462, 522. For other military references, e.g. to armies, see nos. 36, 38, 47, 242, 261, 299, 300, 446.

353. Near Aeclanum (Hirpini). *CIL*, IX, 1132.

[C.] Betitio C. f[il. C]or. Pietat[i p]raef. coh. pr[im. Fl]aviae Comm[agen]orum q. IIIIvir[o i.d.[1] III]Ivir. quinq[uenn. B]etitius Pius fil[ius p]atri optimo e[t N]eratia Proci[lla] viro optimo fecer[unt]   [1] i(ure) d(icundo).

354. A.D. 75, Bovianum (Samnium). *CIL*, IX, 2564.

[imp. Caesa]ri Vespasia[no Aug. pont.] max. trib. potes[t. VI cos. VI desig]n. VII imp. XIIII p.p. c[ens.] ex testam[ent. - - - - - - - - -] Marcelli ᵓ[1] leg. XI Cl[aud. - - - - - - - pr]aef. civitatis Maeze[iorum - - - -]iatium[2] praef. chor. III Alp[inor. - - - - -]ianorum IIvir. i.d. quinqu[enn. patr]oni coloniae

      [1] centurionis.   [2] *Perhaps* Daesit]iatium.

355. Heliopolis (Baalbek). *ILS*, 9199; cf. Tac. *H.* I, 20.

. . Antonio M.f. Fab. | Nasoni | [7 le]g. III Cyrenaicae, | [7 le]g.
5 XIII Geminae ‖ [honorat]o albata decursione ab imp., | [censitori ?] civitatis Colaphianorum, | [primo] pilo leg. XIII Gem., trib. leg. I Italic., | [trib. coh.] IIII vigilum, trib. coh. XV urba[n., | trib. coh.]
10 XI urban., trib. coh. IX prae[t., ‖ donato] ab imperator[e *Nerone* co]ron. | [valla]ri corona au[rea] vexillis | [duob]us ha[stis puris] duobus, | [praep. ab i]m[p. Othone le]g. XIV Gem., | [trib. coh.] I
15 praet. et pra[ep]osito supra ‖ [vetera]nos Romae m[o]rantium | [pluriu]m exercituum, proc. Aug. | [Po]nto et B[ithyni]ae, | . .urel . . . . . .ia | - - - -

356. Ariminum (Umbria). *CIL*, XI, 390.

L. Lepidio L.f. An. Proculo mil. leg. V Macedon. 7 leg. eiusd. 7 leg. eiusd. II 7 VI Victricis 7 leg. XV Apollinar. prim. leg. XII[I] Gemin. donis donato ab imp. Vespasiano Aug. bello

Iudaico torquib. armillis phaleris corona vallari salinatores
civitatis Menapiorum ob mer. eius Septimina f. reponend.
curavit

357. Rome. *ILS*, 2641; Gordon, 142.

M. Blossio | Q.f. Ani. Pudenti | 7 leg. v Macedonic., | donis
militaribus ‖ donato ab | imp. Vespasiano Aug. | torquib. armillis | 5
phaler. corona aurea, | vix. an. XLIX sanctissime, ‖ et prope diem | 10
consummationis | primi pili sui debitum | naturae persolvit. | M.
Blossius Olympicus ‖ patrono optumo | fecit, item sibi et libertis | et 15
libertabus suis posteris|que eorum. | Long. p. xxx lat. p. XVII

358. Iader (Dalmatia). *ILS*, 2647.

Q. Raecio Q.f. Cl. Rufo p.p. leg. XII Fulm. trecenario donis don.
ab imper. Vespasian. et Tito imp. bell. Iud. ab imp. Trai. bell.
Dacic. princ. praet.[1] Trebia M.f. Procul. marito t.p.i.[2]

    [1] princ(ipi) praet(orii).   [2] t(estamento) p(oni) i(ussit).

359. A.D. 76 and 88, near Souveïda (Hauran). *Syria*, v (1924),
pp. 324–30.

(*a*) (*First line too fragmentary to restore*) - - Λούκιος ’Οβούλνιος
ἑκατοντάρχης σπίρης Αὐγούστης παρηκολούθησα τῷ ἔργῳ (ἔτους)
ακ΄ τοῦ ϛι΄[1] (*two lines erased*)

(*b*) ἔτους ηκ΄[2] βασιλέως μεγάλου Μάρκου ’Ιουλίου ’Αγρίππα
κυρίου Φιλοκαίσαρος Εὐσε[β]οῦς καὶ Φιλορωμαίου τ[οῦ - - - - - -]

    [1] *The date indicated is 21/16 of Agrippa II =* A.D. *76.*
    [2] *Year 28 of Agrippa II (later system) =* A.D. *88.*

360. A.D. 80, Alexandria (Egypt). *CIL*, III, 6603.

leg. III Cyr. 7 Iuli Saturnini imp. Tito VIII cos. a.[1] XXII
T. Cominius Bassus Damasco militavit annos XXII vixit annos
XXXX h.e.s.

    [1] a(nno).

361. Near Genava. *ILS*, 2118.

M. Carantius Macrinus centurio coh. primae urbanae factus
miles in ead. cohorte Domitiano II cos. beneficiar. Tettieni Sereni
leg. Aug. Vespas. x cos.[1] cornicular. Corneli Gallicani leg. Aug.
equestrib. stipendis Domit. VIIII cos. item Minici Rufi legati Aug.
evocatus Aug. Domit. XIIII cos. centurio imp. Nerva II cos. t.p.i.[2]

    [1] x *is a mistake: Vespasian died in his ninth consulship.*
    [2] t(estamento) p(oni) i(ussit).

362. A.D. 82–3, Acoris (Egypt). *IGRR*, I, 1138; *SB*, 8802.

(*a*) ἔτους β' [αὐτο]κρ[άτο]ρος Κ[αίσαρος Δομιτιανοῦ Σεβαστοῦ Γερμανικοῦ] - - - *a few scattered letters* - - -

(*b*) ὑπὲρ σωτηρίας [καὶ] νείκης αὐτοκρ[άτορος] Δομιτιανοῦ [Κα]ίσ[αρος] Σεβαστοῦ [Γερμανικοῦ] Διὶ μεγίστῳ εὐχ[ήν]

Τίτος Ἰγνάτιος Τιβεριαν[ὸς] (ἑκατόνταρχος) λεγεῶνος γ' Κυρη-νιακ[ῆς] ὁ ἐπὶ τῆς λατομίας - - - - - πό[λ]ε[ω]ς Ἀλεξανδρείας

363. Theveste (Africa). *ILS*, 9089.

Sex. Sulpicius Sex. f. Quir. Senilis mil. leg. III Aug. 7 Caesoni benef. Tetti Iuliani et Iavoleni Prisci leg. Aug. v.a. XXV mil. ann. VI h.s.e. M. Aurelius Candidus 7 leg. III Aug. heres eius posuit

364. A.D. 86, Rome. *ILS*, 1985.

dis manibus L. Vafrio Epaphrodito manumisso testament. L. Vafri Tironis centurionis leg. XXII Primig. x K. Apr. imp. Domi-tiano Aug. Germanico XII cos. annorum XXX vix. ann. XXXI d. x Helius M. Clodi Valentis evocati Aug. ser. fratri benemeren. fecit

365. A.D. 89–96, near Lobith (Germania Inferior). *Ant. Class.* XIX (1950), pp. 166–7; *Rev. Ét. Anc.* LVII (1955), p. 291.

Or. Avius o. b. cen. I m[i]l. le. Do. x [a. ex] ius. D. Va[l.] do. s. x op.

Interpreted as: Or(atius) Avius o(ptio) b(allistariorum) cen(turio) I mil(itavit) le(gione) Do(mitiana) x a(nnos tantos) ex ius(su) D(ecimus) Val(erius) do(natus) s(estertiis) x op(tio) [eius posuit].

366. Perinthus-Heraclea (Thracia). *CIL*, III, 7397.

M. Iulius Avitus V⟨o⟩ltinia Reis Apollinar. 7 leg. XV Apol. item 7 leg. V Mac. et leg. XVI Fl. Fir. bis donis donatus bello Dacic[o] et bello Germanico. Sorores fratri optimo . . . i pientissimo

367. Philippi. *BCH*, LVI (1932), pp. 213–20.

L. Tatinio L.f. Vol. Cnoso militi cohortis IIII pr.[1] singulari et benef.[2] trib. optioni benef.[2] pr. pr.[3] evoc. Aug. donis donato torquibus armillis phaler. corona aurea [*ab imp. Domitiano Caes. Aug. Germ.*] ꝛ[4] cohor. IV vigil. ꝛ[4] stator. ꝛ[4] cohor. XI urbanae veterani qui sub eo in vigilib. militaver. et honesta missione missi sunt

[1] pr(aetoriae).   [2] benef(iciario).
[3] pr(aefecti) pr(aetorio).   [4] c(enturioni).

368. Philippi. *BCH*, LVI (1932), pp. 220–2.

Quieti Aug. col. Philippiens. L. Tatinius L.f. Vol. Cnosus ⟨ɔ.⟩
statorum sua pecunia posuit

369. Between A.D. 84 and 96, Mt. Beiouk-Dagh (near Baku). *Vestnik
Drevnei Istorii* 1950, no. 1, pp. 177–8; *Epigraphica*, XVI (1954), pp. 118–20.

imp. Domitiano Caesare Aug. Germanic. L. Iulius Maximus 7
leg. XII Ful.

370. Aquincum. *Raccolta di scritti in onore di Antonio Giussani* (1944),
pp. 147–55; *CIL*, III, 14349[2] revised.

C. Castricius C.[f.] Off. Victor Como mil. leg. II Ad.[1] 7 M.
Turbonis ann. XXXVIII stip. XIIII h.s.e. L. Lucil⟨i⟩us fr. et he.
posuit p.p.[2]

> [1] Ad(iutricis).
> [2] fr(ater) et he(res) posuit p(ro) p(ietate).

371. Colonia Flavia Sirmium (Pannonia Inferior). *ILS*, 9193.

T. Cominius T.f. Volt. Severus Vienna 7 leg. II Adiutric. donis
donat. ab imp. Caesare Aug.[1] bello Dacico torquibus armill⟨i⟩s
phaleris corona vallari vixit ann. XXXXV. T. Caesernius Macedo
proc. Aug. her. ex test. p.

> [1] *Almost certainly Domitian.*

372. Heliopolis (Baalbek). *ILS*, 9200.

C. Velio Sal|vi f. Rufo p.p. leg. XII | Fulm., praef. vexillari|-
orum leg. VIIII: I Adiut., II Adiut., ‖ II Aug., VIII Aug., VIIII Hisp., 5
XIIII Ge|m., XX Vic., XXI Rapac., trib. co|h. XIII urb., duci exercitus
Africi et | Mauretanici ad nationes quae | sunt in Mauretania con-
primendas, do‖nis donato ab imp. Vespasiano et imp. | Tito bello 10
Iudaico corona vallar. | torquibus fa[le]r[is] armillis, item | donis
donato corona murali | hastis duabus vexillis duobus, et bel‖lo 15
Marcommannorum Quadorum | Sarmatarum adversus quos
expedi|tionem fecit per regnum Decebali | regis Dacorum corona
murali has|tis duabus vexillis duobus, proc. imp. Cae‖saris Aug. 20
Germanici provinciae Panno|niae et Dalmatiae, item proc. pro-
vinciae | Raetiae ius gla[d]i. Hic missus in Parthiam Epipha|nen et
Callinicum regis Antiochi filios ad | imp. Vespasianum cum ampla
manu tribu‖tariorum reduxit. M. Alfius M.f. Fab. O|lympiacus 25
aquili[f]e[r] vet. leg. XV Apol[l]inar|is

373. Reate. *CIL*, IX, 4688.

dis man. C. Valeri C.f. Stell. Caratini Aug. Taurinor. mil. coh.
VI pr. 7 Egati milit. ann. VII vix. ann. XXVII t.p.i.[1]

       [1] t(estamento) p(oni) i(ussit).

374. Aquileia. *NdS*, 1951, pp. 1–6.

L. Pellartius C.[f.] Lem. Celer Iulius Montanus stipendior. XLIII
missus ex evocato et armidoctor leg. XV Apol. ab imp. Domitiano
Caesare Aug. et accepit pro commodis HS XXX quod ante illum
nemo alius acce⟨p⟩it ex hac militi⟨a⟩ item bello Iudaeico donis
donatu⟨s⟩ et corona aurea ab divo Tito tulit annos secum LXXIII.
Hoc sepulcr. cum suo titulo donavit et filiab. L. Pellartius Anthus
cui et aditus datur. Loc. mon. in fr. p. LV, in ag. p. XLV[1]

       [1] Loc(us) mon(umenti) in fr(onte) p(edes) LV in ag(ro) p(edes) XLV.

375. Rome. *ILS*, 2034; III, 2, p. clxxvi.

C. Vedennius C.f. Qui. Moderatus Antio. milit. in leg. XVI Gal. a.
X tran⟨s⟩lat. in coh. IX pr. in qua milit. ann. VIII missus honesta
mission. revoc. ab imp. fact. evoc. Aug. arcitect. armament. imp.
evoc. ann. XXIII donis militarib. donat. bis ab divo Vesp. et imp.
Domitiano Aug. Germ. - - - - - -

376. A.D. 82, Rome. *ILS*, 2092.

Asclepio et saluti commilitonum Sex. Titius Alexander medicus
cho. V pr. donum dedit [*imp. Domitiano*] Aug. VIII T. Flavio
Sabino cos.

377. Samian bowl, *c.* A.D. 80, Upper Thames St., London. *JRS*, XXXVIII
(1948), pp. 103–4; *Ant. Journ.* XXIX (1949), p. 84.

    - - - - ima.[1] leg. IX

       [1] ima(ginifer).

378. Reate. *ILS*, 2460.

dis manibus C. Iulio C.f. Longino domo Voltinia Philippis
Macedonia veteranus leg. VIII Aug. deductus ab divo Augusto
Vespasiano Quirin. Reate se vivo fecit sibi et Iuliae C. libert.
Helpidi coniugi suae et C. Iulio C. libert. Felici et ⟨lib.⟩ posterisque
suis fec. et C. Iulio C.l. Decembro et Iuliae C.l. Veneriae et C. Iulio
C.l. Prosdoxo

379. Aquileia. *CIL*, v, 889.

L. Arrio Macro veterano milit. ann. XXXVI in aere inciso ab divo
Vespasiano decurioni Aquileiae Arria [L.] lib. Trophime patrono
v.f. sibiq. et suis C. Vario Arriano annor. xv ab amico deceptus

380. Prostaenna (Pisidia). *ILS* 9475; L. Robert, *Hellenica*, x, pp. 75–6;
SEG, VI, 597.

"Αρη 'Ἐννιαλίῳ Λούκιος Καλπούρνιος Λ.υ. Κολλείνᾳ Λόγγος
οὐετρανὸς ἐκ πραιτωρίου Αὐγούστου [Δομιτιανο]ῦ καὶ θεοῦ Τίτου
καὶ θεοῦ Οὐεσπασιανοῦ

381. Rome. *ILS*, 2035.

d.m. Q. Manlius Q.f. Cam. Severus Alba Pompeia veter. v.a.
XLII m. II d. VII tra⟨n⟩slatus ex leg. XXII Primig. in praet. chor. VII in q.
permilitavit ann. xv missus honesta missione Q. Manlius Epaphroditus lib. patrono pientissimo bene merenti fecit et sibi et suis
posterisq. eorum

382. Rome. *ILS*, 2036.

C. Atilius C.f. Rom. Crescens militavit leg. IV[1] annis VIIII
traiectus in praetorium coh. v pr. militavit ann. III

　　　　　　　[1] *Legio IV Macedonica.*

383. Tarraco. *CIL*, II, 4157.

C. Iulio Reburro mil. leg. VII G.f.[1] d.[2] Segisama Brasaca an. LII a.
XXIIII[3] Licinius Rufus miles leg. eiiusde[m h.f.c.]

[1] G(eminae) f(elicis).　　　　　　　[2] d(omo).
[3] an(norum) LII a(erum) XXIIII.

384. Lindum. *CIL*, VII, 185.

T. Valerius T.f. Cla. Pudens Sav.[1] mil. leg. II A.p.f.[2] 7 Dossenni
Proculi a. xxx Afra[n.] h.d.s.p. H.s.e.[3]

[1] Sav(aria).　　　　　[2] A(diutricis) p(iae) f(idelis).
[3] a(nnorum) xxx Afran(ius) h(eres) d(e) s(uo) p(osuit). H(ic) s(itus) e(st).

385. Deva. R. P. Wright, *Cat. Grosvenor Museum, Chester*, no. 29.

- - - inus eque[s leg.] II Ad. p.f.[1] 7 Petroni Fidi stipendiorum XI
annorum xxv hic sep[*uls.*] est

　　　　　　　[1] Ad(iutricis) p(iae) f(idelis).

386. A.D. 69, Veleia. *ILS*, 2284.

[- - - militi leg.] IIII Mac. ann. xxv stip. II vexillari leg. trium leg.
IIII Mac. leg. XXI Rap. leg. XXII Pri. p.d.s.[1]

　　　　　　　[1] p(osuerunt) d(e) s(uo).

387. Near Bonna. *ILS*, 2279.

L. Magius L. Ouf. Dubius Mediolani mil. leg. I F.M.p.f.D.[1]
armorum custos ↄ[2] Aufidi Martialis ann. XXXI stip. XIII h.f.c.

[1] mil(es) leg(ionis) (primae) F(laviae) M(inerviae) p(iae) f(idelis) D(omitianae).
[2] centuria.

388. Tile, territory of Lingones (Mirebeau-sur-Bèze). *ILS*, 2285.

vexil. legionum I VIII XI XIIII XXI

389. A.D. 81, Lambaesis. *Libyca*, I (1953), pp. 190–7.

imp. T. Caesare divi Vespasiani f. Aug. pon. max. trib. pot. p.p.
cos. VIII (*two lines erased*) L.Tettio Iuliano leg. Aug. pr. pr. [*leg. III*]
Aug. muros et castra a solo fecit

The original version probably read:
imp. T. Caesare divi Vespasiani f. Aug. pon. max. trib. pot. XI cos. VIII
imp. XV cens. p.p. et Caes. divi f. Domitiano cos. VII L. Tettio Iuliano *etc.*
as above.

390. A.D. 77, Günzburg (on R. Danube). *Röm.-Germ. Korr.* IV (1911),
pp. 25–6.

[- - - T. Caesare i]mp. Aug. f. [pontifice tribunicia potes]tate VII
im[p. XII cos. VI censore Domitiano C]aesare A[ug. f. cos. V
principe iuventutis p]roc. C. Sa[turio - - - - - - pr]ae(f). eq. a[lae
- - - - -]

391. Between Dienheim and Ludwigshöhe. *ILS*, 2497.

Silius Attonis f. eq. alae Picent.[1] an. XLV stip. XXIV h.f.c.

[1] *Tac. H. IV, 62; cf. nos. 399 and 402.*

392. Aquae Mattiacae (Germania Superior). *ILS*, 2507; III, 2, p. clxxviii.

Muranus eq. ala ⟨I F⟩lavia Androuri f. civis Secuanus stip. XXII
- - n - - -

393. Augusta Taurinorum. *ILS*, 2544.

C. Valerio C.f. Stel. Clementi primipilari IIvir. quinquennali
flamini divi Aug. perpetuo patrono coloniae decuriones alae
Gaetulorum quibus praefuit bello Iudaico sub divo Vespasiano
Aug. patre honoris causa. Hic ob dedicationem statuarum equestris
et pedestris oleum plebei utrique sexui dedit

394. Aquae Mattiacae (Germania Superior). *ILS*, 2566.

Q. Vibius Agustus Raetus mil. coh. II Raet. ann. XXX stip. XIII
h.f.c.

395. Vindobona. *ILS*, 9140.

T. F.[1] Draccus eq⟨u⟩es alae I F. D. Brit. m.c.R.[2] civis Sequanus
an. xxxxv stupendiorum xxII

[1] F(lavius).
[2] eques alae (primae) F(laviae) D(omitianae) Brit(annicae) m(iliariae) c(ivium)
R(omanorum).

396. Military Diploma, 22 Dec., A.D. 68, Stabiae. *CIL*, xvi, 7; *ILS*, 1988.

Ser. Galba imperator Caesar Augustus, | pontif. max., trib. pot.,
cos. des. II, | veteranis, qui militaverunt in legione | I Adiutrice,
honestam missionem et ‖ civitatem dedit, quorum nomina sub|- 5
scripta sunt, ipsis liberis posterisque | eorum, et conubium cum
uxoribus, | quas tunc habuissent, cum est civitas | iis data, aut siqui
caelibes essent, cum ‖ iis, quas postea duxissent dumtaxat | singuli 10
singulas. a.d. | xi K. Ian., | C. Bellico Natale, | P. Cornelio Scipione
cos.[1] ‖
      Diomedi Artemonis f. | Phrygio ⟨L⟩audic.[2] | 15
Descriptum et recognitum ex tabula ae|nea quae fixa est Romae
in Capitolio | in ara gentis Iuliae. ‖ Ti. Iulius Pardala Sard. | —C. 20
Iuli Charmi Sardian. | —Ti. Claudi Qui. Fidini Maonian. | —C.
Iuli C.f. Col. Libon. Sard. | —Ti. Fonteius Cerialis Sard. ‖ —P. 25
Gralti P.f. Aem. Provincial. Ipesius[3] | —M. Arri Rufi Sardi⟨an⟩.[4,5]

[1] *In CIL, xvi, 9 the cognomen Asiaticus is added to Scipio.*
[2] ⟨L⟩audic(ea). *On the outside of the tablet only.*
[3] ? Ephesius.   [4] *Tablet reads* Sardimi.
[5] *Lines 1–19 repeated on outside, 20–6 on outside only.*

397. Military diploma, 7 March, A.D. 70, near Breznik (Thracia). *CIL*,
xvi, 10.

imp. Vespasianus Caesar Aug., trib. | potest., cos. II, | causari,
qui militaverunt in leg. II | adiutrice pia fidele, qui bello in‖utiles 5
facti ante emerita sti|pendia exauctorati sunt et dimissi | honesta
missione, quorum | nomina subscripta sunt, ipsis | liberis posteris-
que eorum ‖ civitatem dedit et conubium | cum uxoribus, quas tunc 10
habu|issent, cum est civitas is data, aut, | siqui caelibe{n}s essent, cum
is, | quas postea duxissent dumtaxat ‖ singuli{s} singulas. | Imp. 15
Vespasiano Aug. II, Caesare Aug. f. cos. | non. Martis.[1]

Descriptum et recogni|tum ex tabula ahenea,[2] quae fixa est |
Romae in Capitolio ad aram gen‖tis Iuliae latere dextro ante 20
si|gnum Liberi patris tabula I, pag. I. | loco xxv. | Dule Datui f.,
natione Bessus. | P. Carulli P.f. ⟨G⟩al. Sabini dec. Philippiensis ‖

[1] 'non. Martis' *omitted on outside of tablet.*
[2] 'ahenea' *omitted on outside of tablet.*

25 —C. Vetidi C.f. Vol. Rasiniani dec. Philippiensis | — L. Novelli
Crispi veterani Philipp. | —P. Lucreti P.f. Vol. Apuli mil. coh. ix
pr. Philippiens. | —Ti. Iuli Pudentis Philippiensis | —M. Ponti
30 Pudentis veter. ‖ —C. Iuli Aquil⟨a⟩e Aprensis[3]

> [3] *Lines 1–23 repeated on outside, 24–30 on outside only.*

398. Military diploma, 9 Feb., A.D. 71, Dalgodeltzi (Moesia Superior).
CIL, xvi, 13.

imp. Caesar Vespasianus Aug., | pont. max., trib. pot. ii, imp.
vi, p.p., cos. iii | veteranis, qui militaverunt in[1] | classe Misenensi
5 sub Sex. Lu‖cilio Basso, qui sena et vicena sti|pendia aut plura
m[er]uerunt et | sunt deducti Paestum, quorum | nomina subscripta
10 sunt, ipsis | liberis posterisque eorum civi‖tatem dedit et conubium
| cum uxoribus, quas tunc habu|issent, cum est iis civitas data,
au|t, siqui caelibes essent, cum iis, quas | postea duxissent dumtaxat
15 sin‖gul(i) sing(ulas).

A.d. v idus Febr. imp. Caesare | Vespasiano Aug. iii, M. Cocceio
Ner|va cos. Tutio Buti f., Dacus. Tab(ula) i, pag⟨i⟩na | v, loco xi.

Descriptum et recognitum | ex tabula aenea, quae fixa est
20 Romae ‖ in Capitolio in podio parte exteriore | arae gentis Iul(iae)
contr(a) sig(num) Lib(eri) patris[2]

> [1] *Wrongly repeated twice on outside of tablet.*   [2] *Lines 1–9 repeated on inside.*

399. Military diploma, 21 May, A.D. 74, Sikator (Pannonia Superior).
CIL, xvi, 20; *ILS*, 1992.

imp. Caesar Vespasianus Augustus, pontifex | maximus,
tribunic. potestat. v, imp. xiii, p.p., | cos. v designat. vi, censor, |
5 equitibus et peditibus, qui militant in alis ‖ sex et cohortibus
duodecim, quae appella|ntur (1) i Flavia Gemina et (2) i Cannene-
fatium | et (3) ii Flavia Gemina et (4) Picentiana et (5) Scubu|-
lorum et (6) Claudia nova; et (1) i Thracum et (2) i As|turum et (3)
10 i Aquitanorum veterana et (4) i Aqui‖tanorum Biturigum et (5) ii
Augusta Cyrenaica | et (6) iii Gallorum et (7) iii et (8) iiii Aqui-
tanorum et | (9) iiii Vindelicorum et (10) v Hispanorum et (11) v
Da|lmatarum et (12) vii Raetorum, et sunt in Ger|mania[1] sub Cn.
15 Pinario Cornelio Clemen⟨te⟩,[2] ‖ qui quina et vicena stipendia aut
plura | meruerant, quorum nomina subscri|pta sunt, ipsis liberis
posterisque eorum | civitatem dedit et conubium cum uxoribus, |
20 quas tunc habuissent cum est civitas iis ‖ data, aut, siqui caelibes
essent, cum iis quas | postea duxissent dumtaxat singuli sin|gulas.

> [1] = Germania superior.   [2] *Cf. no. 50.*

A.d. XII K. Iunias, | Q. Petillio Ceriale Caesio Rufo II, | T. Clodio Eprio Marcello II cos. ‖

alae Scubulorum, cui praest | Ti. Claudius Sp. f. Atticus, | 25 ⟨g⟩regali | Veturio Teutomi f. Pannon. |

Descriptum et recognitum ex tabula ‖ aenea, quae fixa est Romae 30 in Capitolio intro euntibus | ad sinistram, in muro inter duos arcus.[1] | L. Caecili L.f. Quir. Iovini | —L. Cannuti Luculli Clu. Tuder. | —L. Iuli C.f. Silvini Carthag. ‖ —Sex. Iuli C.f. Fab. Italici Rom. | 35 —P. Atini Rufi Pal. | —C. Semproni Secundi | —M. Salvi Norbani Fab.[2]

[1] 'intro euntibus ... duos arcus' *omitted on inside of tablet.*
[2] *Lines 1–30 repeated on outside, 31–9 on outside only.*

400. Military diploma, 2 Dec., A.D. 76, Tomi. *CIL*, XVI, 21; *ILS*, 1993.

imp. Caesar Vespasianus Augustus, | pontifex maximus, tribunic. potestat. | VIII, imp. XVIII, p.p., censor, cos. VII design. VIII, | nomina speculatorum, qui in praetorio ‖ meo militaverunt, item 5 militum, qui | in cohortibus novem praetoriis et quat|tuor urbanis, subieci, quibus fortiter | et pie militia functis ius tribuo conu|bi dumtaxat cum singulis et primis ‖ uxoribus, ut, etiamsi peregrini 10 iu|ris feminas matrimonio suo iunxe|rint, proinde liberos tollant ac si ex | duobus civibus Romanis natos. |

A.d. IIII non. Decembr. ‖ Galeone Tettieno Petroniano, | M. 15 Fulvio Gillone cos. | coh(ors) VI pr(aetoria). | L. Ennio L.f. Tro. Feroci, Aquis Statellis. |

Descriptum et recognitum ex tabula ‖ aenea, quae fixa est Romae 20 in Capitolio | in basi Iovis Africi[1]

[1] *Lines 1–11* (feminas) *repeated on inside of tablet.*

401. Military diploma, 8 Sept., A.D. 79, perhaps in or near the Arsinoite Nome. *CIL*, XVI, 24; *JRS*, XVI (1926), pp. 95–101.

imp. Titus Caesar Vespasianus | Augustus, pontifex maximus, | tribunic. potestat. VIIII, imp. XIIII, | p.p., censor, cos. VII, ‖ vete- 5 ranis, qui militaverunt in | classe, quae est in Aegypto, emeri|tis stipendiis senis et vicenis | pluribusve dimissis honesta | missione, quorum nomina sub‖scripta sunt, ipsis liberis pos|terisque eorum 10 civitate[m de]|dit et conubium cum uxo[ribus], | quas tunc habuissen[t, cum est] | civitas [iis] data, aut, siqui cae‖libes esse[nt], 15 c[u]m iis, quas postea | duxissent d[u]mtaxat singuli | singulas.

A.[d. VI] idus Sept. | T. Rubrio Aelio Nepote, | M. [A]r[r]io Flacco cos. ‖ ex remigibus | M. Papirio M.f., Arsen., | et Tap[ai]ae 20 Tryphonis filiae uxori eius | et Carpinio f. eius. |

25 Descriptum et recognitum ex tabu‖la aenea, quae fixa est Romae
in | Capitolio in basi Pompil[i regis ad] | aram gentis Iuliae. | P. Atini
30 Rufi | —[M.] Stlacc⟨i⟩ Phileti ‖ —L. Pulli Sperati | —Q. Muci Au-
gustalis | —L. Pulli Verecundi | —L. Pulli Ianuari | —T. Vibi Zosimi[1]

> [1] *Lines 1–25 repeated on outside of tablet, 26–34 on outside only.*

402. Military diploma, 20 Sept., A.D. 82, Debelec (Moesia Inferior). *CIL*,
XVI, 28; *ILS*, 1995.

imp. Caesar, divi Vespasiani f., Domitianus | Augustus, pontifex
maximus, tribunic. po|testat. II, imp. II, p.p., cos. VIII designat.
5 VIIII, | iis qui militaverunt equites et pedites in a‖lis quinque et
cohortibus novem, quae ap|pellantur (1) I Flavia Gemina et (2) I
Canne|nefatium et (3) II Flavia Gemina et (4) Scubu|lorum et (5)
Picentiana; et (1) I Germanorum | et (2) I Aquitanorum et (3) I
10 Asturum et (4) I Thra‖cum et (5) II Raetorum et (6) II et (7) III et
(8) IIII Aquitano|rum et (9) VII Raetorum, et sunt in Germania[1] |
sub Q. Corellio Rufo, item in ala Claudia | nova et cohortibus dua-
15 bus (1) III Gallo|rum et (2) V Hispanorum, quae sunt in Moe‖sia
sub C. Vettuleno Civica Ceriale, | quinis et vicenis pluribusve
stipen|diis emeritis dimissis honesta missi|one, quorum nomina
20 subscripta sunt, | ipsis liberis posterisque eorum civ⟨i⟩‖tatem dedit
et conubium cum uxoribus, | quas tunc habuissent, cum est civitas |
iis data, aut, siqui caelibes essent, cum | iis quas postea duxissent
25 dumtaxat sin|guli singulas. A.d. XII K. Octobr. ‖ M. Larcio Magno
Pompeio Silone, | T. Aurelio Quieto cos. |
    cohort. I Aquitanorum, cui praest | M. Gennius M.f. Cam.
30 Carfinianus, | ex peditibus ‖ L. Valerio L.f. Pudenti, Ancyr. |
    Descriptum et recognitum ex tabula ae|nea, quae fixa est Romae
in Capitolio in tribuna|li Caesarum Vespasiani, T., Domitiani. | Q.
35 Muci Augustalis ‖ —C. Pompei Eutrapeli | —C. Iuli Clementis |
40 —L. Pulli Sperati | —P. Atini Rufi | —C. Lucreti Modesti ‖ —P.
Atini Amerimni[2]

> [1] = Germania superior.
> [2] *Lines 1–32 (as far as* Capitolio) *repeated on outside of tablet, 32–40 on outside only.*

403. Military diploma, 27 Oct., A.D. 90, Mogontiacum. *CIL*, XVI, 36;
ILS, 1998.

imp. Caesar, divi Vespasiani f., Domitianus Augus|tus Germani-
cus, pontifex maximus, tribunic. | potestat. X, imp. XXI, censor
5 perpetuus, | cos. XV, pater patriae, ‖ equitibus, qui militant in alis
quattuor (1) I Flavia | Gemina, (2) I Cannenefatium, (3) I singu-

larium, (4) Scubu|lorum, et peditibus et equitibus, qui in cohorti-
bus | decem et quattuor (1) I Flavia Damascenorum mil|liaria, (2) I
Biturigum, (3) I Thracum, (4) I Aquitanorum ‖ veterana, (5) I 10
Asturum, (6) II Aquitanorum, (7) II Cyrenaica, | (8) II Raetorum,
(9) III Delmatarum, (10) III et (11) IIII Aquitanorum, | (12) IIII
Vindelicor., (13) V Delmatarum, (14) VII Raetorum, quae | sunt in
Germania superiore sub L. Iavoleno | Prisco,[1] item dimissis
honesta missione quinis ‖ et vicenis pluribusve stipendiis emeritis, | 15
quorum nomina subscripta sunt: ipsis libe|ris posterisque eorum
civitatem dedit et conu|bium cum uxoribus, quas tunc habuissent, |
cum est civitas iis data, aut, siqui caelibes essent, ‖ cum iis, quas 20
postea duxissent dumtaxat sin|guli singulas. A.d. VI K. Novembr. |
Albio Pullaieno Pollione, | Cn. Pompeio Longino cos. |

cohort. I Aquitanorum veteranae, cui praest ‖ M. Arrecinus 25
Gemellus, | equiti | Mucapori Eptacentis f. Thrac. |

Descriptum et recognitum ex tabula aenea, | quae fixa est Romae
in muro post templum ‖ divi Aug. ad Minervam. | Q. Muci 30
Augustalis | —L. Pulli Verecundi | —C. Lucreti Modesti | —C.
Pompei Eutrapeli ‖ —C. Iuli Clementis | —Q. Vetti Octavi | —L. 35
Pulli Ianuari[2]

[1] *Cf. no. 309.*
[2] *Lines 1–29 (as far as* Romae) *repeated on outside of tablet (from which the la-
cunae in the inside text are here supplied): lines 30 (from* in muro)–*37 on outside only.*

Excerpts from other Flavian diplomas

   1. (*a*) *Emperor and recipient:* Vespasianus. Platori Veneti f.,
centurioni, Maezeio.
   (*b*) *Reference and where found: CIL,* XVI, 14; Salonae.
   (*c*) *Date:* 5 April, A.D. 71.
   (*d*) *Class of soldiers or corps and place of service:* Classis
Ravennas (deducti in Pannoniam).
   (*e*) *Name of commander:* Sex. Lucilius Bassus.
   (*f*) *Minimum number of years of service:* 26.
   (*g*) *Consuls:* Domitianus, Cn. Pedius Cascus.
   2. (*a*) Vespasianus, gregali M(arco) Damae f., Suro Garaseno.
(*b*) *CIL,* XVI, 15; Pompeii. (*c*) 5 April, A.D. 71. (*d*) Classis
Misenensis (deducti Paestum). (*e*) Sex. Lucilius Bassus. (*f*) 26.
(*g*) Domitianus, Cn. Pedius Cascus.
   3. (*a*) Vespasianus, pediti Perasi Publi f., Aeg(is); cohort(is)
Cilicum, cui praest P. Seppienus P.f. Pol. Aelianus. (*b*) *CIL,* XVI,
22; Mihailovgrad. (*c*) 7 Feb., A.D. 78. (*d*) Pedites et equites *of eight*

cohorts: I Cantabrorum, I Thracum Syriaca, I Sugambrorum tiro-
num, II Lucensium, III et VIII Gallorum, Cilicum, Mattiacorum
(Moesia). (*e*) Sex. Vettulenus Cerialis. (*f*) 25. (*g*) L. Ceionius
Commodus, D. Novius Priscus.

4. (*a*) Vespasianus, gregali Tertio Marci f., Trevir(o); alae
Moesicae, cui praest T. Staberius T.f. Qui. Secundus. (*b*) *CIL*,
XVI, 23; Aquae Mattiacorum. (*c*) 15 April, A.D. 78. (*d*) Equites et
pedites *of six* alae: Noricorum, singularium, Moesica, Afrorum
veterana, Siliana, Sulpicia; *and of one cohort:* I Flavia Hispanorum
(Germania Inferior). (*e*) Q. Iulius Cordinus Rutilius Gallicus.
(*f*) 25. (*g*) D. Novius Priscus, L. Ceionius Commodus.

5. (*a*) Titus, ex peditibus Soioni Muscelli f., Besso; cohort(is) I
Montanorum, cui praest Sex. Neranius Sex. f. Clu. Clemens. (*b*)
CIL, XVI, 26; near Vindobona. (*c*) 13 June, A.D. 80. (*d*) Equites et
pedites, *honourably discharged, of four* alae: I Arvacorum, I civium
Romanorum, II Arvacorum, Frontoniana; *and of thirteen cohorts:*
I Alpinorum, I Montanorum, I Noricorum, I Lepidiana, I Augusta
Ituraeorum, I Lucensium, I Alpinorum, I Britannica, II Asturum et
Callaecorum, II Hispanorum, III Thracum, V Breucorum, VIII
Raetorum. *Also* equites et pedites, *still serving, of two* alae: I civium
Romanorum, II Arvacorum; *and of one cohort:* VIII Raetorum
(Pannonia). (*e*) T. Atilius Rufus. (*f*) 25. (*g*) L. Lamia Plautius
Aelianus, C. Marius Marcellus Octavius Publius Cluvius Rufus.

6. (*a*) Domitianus, pediti Dasio Dasentis f., Dalmat(ae);
cohort(is) I Montanorum, cui praest Nipius Aquila. (*b*) *CIL*, XVI,
30; Carnuntum (?). (*c*) 3 Sept., A.D. 84. (*d*) Equites et pedites *of five*
alae: I civium Romanorum, I et II Arvacorum, Frontoniana, Siliana;
and of thirteen cohorts: I Noricorum, I Britannica, I Montanorum,
I Lusitanorum, I et I et II Alpinorum, II Hispanorum, III Thracum,
V Gallorum, V Callaecorum Lucensium, VI Thracum, VIII Raetorum
(Pannonia). (*e*) L. Funisulanus Vettonianus. (*f*) 25. (*g*) C. Tullius
Capito Pomponianus Plotius Firmus, C. Cornelius Gallicanus.

7. (*a*) Domitianus, equiti Domitio Domiti f., Philad(elphia);
cohort(is) II milliariae sagittar(iorum), cui praest Ti. Claudius
Pedo. (*b*) *CIL*, XVI, 159; Valentia Banasa. (*c*) 9 Jan., A.D. 88.
(*d*) Equites et pedites *of five* alae: I Augusta, I Hamiorum, III
Asturum, Gemelliana, Tauriana; *and two cohorts:* II milliaria
sagittariorum, V Delmatarum. *Also those honourably discharged
from the same* alae *and five cohorts:* I Lemavorum, I Bracaror(um),
II milliaria sagittaria, IIII Gallorum, V Delmatarum (Mauretania

Tingitana). (*e*) L. Vallius Tranquillus. (*f*) 25. (*g*) Domitianus XIIII,
L. Minicius Rufus.

8. (*a*) Domitianus, pediti Bitho Seuthi f., Besso; cohort(is)
Musulamiorum, cui praest M. Caecilius September. (*b*) *CIL*, XVI,
35; near Muhowo (Thracia). (*c*) 7 Nov., A.D. 88. (*d*) Equites et
pedites *of three* alae: II Pannoniorum, III Augusta Thracum,
veterana Gallica; *and of seventeen cohorts:* I Flavia civium
Romanorum, I milliaria, I Lucensium, I Ascalonitanorum, I Sebas-
tena, I Ituraeorum, I Numidarum, II Italica civium Romanorum,
II Thracum civium Romanorum, II classica, III Augusta Thracum,
III Thracum Syriaca, IIII Bracaraugustanorum, IIII Syriaca, IIII
Callaecorum Lucensium, Augusta Pannoniorum, Musulamiorum
(Syria). (*e*) P. Valerius Patruinus. (*f*) 25. (*g*) M. Otacilius Catulus,
Sex. Iulius Sparsus.

9. (*a*) Domitianus, pediti Veneto Diti f., Davers(o); cohort(is)
III Alpinorum, cui praest C. Vibius Maximus, et Madenae
Plarentis filiae uxori eius, Deramist(ae), et Gaio f. eius. (*b*) *CIL*,
XVI, 38; Salonae. (*c*) 13 July, A.D. 93.[1] (*d*) Pedites et equites, qui
militant in cohorte III Alpinorum et in VIII voluntariorum civium
Romanorum, qui peregrinae condicionis probati erant (Delmatia).
(*e*) Q. Pomponius Rufus. (*f*) 25. (*g*) M. Lollius Paullinus Valerius
Asiaticus Saturninus, C. Antius Iulius Quadratus.

10. (*a*) Domitianus, pediti L. Cassio Cassi f., Larisen(o); co-
hort(is) I Cisipadensium, cui praest L. Cilnius L.f. Pom. Secundus.
(*b*) *CIL*, XVI, 39; near Bononia (Moesia Superior). (*c*) 16 Sept., A.D.
93. (*d*) Equites and pedites *of three* alae: II Pannoniorum, Claudia
Nova, praetoria; *and of nine cohorts:* I Cilicum, I Cisipadensium,
I Cretum, I Flavia Hispanorum milliaria, I Antiochensium, II Gallorum Macedonica, IIII Raetorum, V Gallorum, V Hispanorum
(Moesia Superior). (*e*) Cn. Aemilius Cicatricula Pompeius Longinus. (*f*) 25. (*g*) T. Pomponius Bassus, L. Silius Decianus.

[1] *But Domitian's titulature indicates A.D. 92 as the date; cf. R. Syme*, Tacitus
(*1958*), *p. 637, note 1.*

404. A.D. 88–9, Philadelphia Arsinoitica. *CIL*, XVI, p. 146, no. 12; *FIR*,
I, 76; *ILS*, 9059.

A. Scriptura exterior.[1]

L. Nonio Calpurnio Torquato Asprenate T. Sextio Magio |
Laterano cos., VI non. Iulias, anno XIII imp. Caesaris Domitiani |

[1] *In left-hand margin are inscribed the names of the nine witnesses who sealed the
tablet.*

Aug. Germanici mense Epip die VIII[1] Alex(andreae) ad Aegyptum, |
M. Valerius M.f. Pol(lia) Quadratus vet(eranus) dimmissus
5 honesta || missione ex leg(ione) x Fretense testatus est se descrip-
tum | et recognitum fecisse ex tabula aenea, quae est fixa | in
Caesareo Magno, escendentium scalas secundas | sub porticum
dexteriorem secus aedem Veneris mar|moreae, in pariete, in qua
scriptum est {et} id, quod infra scriptum es[t]: ||
10 imp(erator) Caesar divi Vespasiani f. Domitianus Aug. Germani-
cus | pontifex maximus trib(unicia) potest(ate) VIII imp(erator) XVI
censor perpetuus | p(ater) p(atriae) dicit: Visum est mihi edicto
significare universoru[m] | vestrorumv⟨e⟩ veterani milites omnibus
vectigalib[us] | portitoribus publicis liberati immunes esse deben[t]
15 || ipsi coniuges liberique eorum parentes qui conubia [eo]|rum
sument omni optumo iure c(ives) R(omani) esse possint et om[ni] |
immunitate liberati apsolutique sint, et omnem i[mmu]|nitatem
q(ui) s(upra) s(cripti) s(unt) parentes liberique eorum idem iuri[s] |
20 idem condicionis sint, utique praedia domus tabern[ae] || invitos
intemniqui[2] veteranos s. . .onis - - - - -

<hr />

¹ 2 July, A.D. 94.   ² = indemnique.

B. Scriptura interior.

[- - - - - v]eteranorum cum uxoribus et liberis s(upra) s(criptis)
in aere in|cisi aut si qui caelibes sint cum is quas postea duxissent |
dumtaxat singuli singulas, qui militaverunt Hierosolym{n}is |
in leg(ione) x Fretense dim{m}issorum honesta missione stipendis
5 eme||ritis per Sex(tum) Hermetidium Campanum legatum Aug(usti)
pro praetore | v K(alendas) Ian(uarias) Sex. Pompeio Collega Q.
Peducaeo Priscino co(n)s(ulibus), qui militare | coeperunt P. Galerio
Trachalo Ti. Catio et T. Flavio Cn. Aruleno co(n)s(ulibus) |
ex permissu M. Iuni Rufi praefecti Aegypti L. Nonio Calpurnio
| Torquato Asprenate T. Sextio Magio Laterano co(n)s(ulibus)
10 K(alendis) Iulis, anno || XIII imp(eratoris) Caesaris Domitiani
Aug(usti) Germanici mense Epip die VII[1] |
ibi M. Valerius M.f. Pol(lia) Quadratus coram ac praesentibus
eis, | qui signaturi erant, testatus est iuratusque dixit per I(ovem)
O(ptimum) M(aximum) et Genium | sacratissimi imp(eratoris)
Caesaris Domitiani Aug(usti) Germanici in militia | sibi L. Vale-
15 rium Valentem et Valeriam Heraclun et Valeriam || Artemin omnes
tres s(upra) s(criptos) natos esse, eosque in aere incisos civitatem |
Romanam consecutos esse beneficio eiusdem optumi principis

<hr />

¹ 1 July, A.D. 94.

405. A.D. 81–96. Egypt. Fragments of military accounts, nominal roll and daily parade state of the IIIrd (Cyrenaica) or XXIInd (Deiotariana) legion. Pap. Geneva 1.

RECTO

I

a		*b*	
.. L ASINIO COS			
Q IVLIVS PROCVLVS̲ OMT. (?)		C. VALERIVS GERMANVS CYR	
[Accepit] stip ī an ī̄ī̄ do		Accepit stip ī an ī̄ī̄ do	
	dr ccxlviii		dr ccxlviii
Ex eis		Ex eis	
5 [faen]aria	dr x	faenaria	dr x
in [vic]tum	dr lxxx	in [vi]ctum	dr lxxx 5
calig[a]s fascias	dr xii	caligas fascias	dr xii
[saturna]licium k	dr xx	saturnal[iciu]m k	dr xx
[in vesti]torium	dr lx	in vestime[ntum]	dr c
10 [Expen]sas	dr clxxxii	Expensas	dr ccxxii
[reliqua]s deposuit	dr lxvi	reliquas deposuit	dr xxvi 10
et ha[b]uit ex prio[re]	d[r c]xxxv	et habuit	dr [xx]
fit su[mm]a ... dr ccii		fit summa omnis	dr [x]lvi
Accepit stip ī̄ī anni eiusd		Accepit stip ī̄ī anni eius[d]	
	[dr cc]xlviii		dr cclxviii
15 [Ex] eis		Ex eis	
faenaria	dr x	faenaria	[dr x] 15
in victum	dr [l]xxx	in victum	[dr lxxx]
caligas fascias	dr xii	caligas fascias	dr xii
[ad s]igna	dr iv	ad signa	d[r i]v
20 [E]xpensas	[dr cvi]	[E]xpensas	dr cvi
reliquas deposuit	dr cxlii	r[eliqua]s deposuit	dr cxl[ii] 20
et habuit ex prio[re]	dr [cc]ii	habuit ex [pr]iore	dr xlvi
fit summa omnis	dr ccxl[iv]	fit summa omnis	dr [clxxxviii]
A[c]ce[pit stip] ī̄ī a[nni] eius[d		Accepit stip ī̄ī ann[i eiusd]	
	dr cc]xlviii		dr ccxlviii
25 [Ex eis]		Ex eis	
faenaria	[dr x]	fae[n]aria	[dr x] 25
[in vict]um	[dr lxxx]	in victum	[dr lxxx]
[caligas fascias]	[dr xii]	[cali]gas fascias	dr xii
[in vestimentis]	[dr cxlvi]	in vestimentis	dr cxlvi
30 [E]xpensa[s	dr c]cxlviii	habet in deposito	dr clxxxviii 29
31 habet in deposito	dr ccc[xlvi]		
32 T. ENNIVS INNOCENS			

III

IMP DOMITIANO X̄V̄ COS AV[G]

C AEMILIVS C F POL PROCVLVS

Q IVLIVS Q F COL PONTICVS...

C VALERIVS C F POL BASSVS...

M ANTONIVS [.] F POL ALB[IN]VS.

7 VESPASIAN'S CIVIL *ADVENTUS*, A.D. 70

8 A DOMITIANIC *PROFECTIO*, A.D. 92–3 (?)

RECTO

II

A.   M PAPIRIVS RVFVS C -
Exit ad frumentum Neapoli exep[tor - - - - - - - - - T. Suedi.]
Clementis praef. castrorum anno III [imp. Tito - - - - - - -]
Octobres R¹ anno eodem xii K. Februaria[s - - - - - - - - - - -]
Exit ad frumentum Mercuri anno I imp. Domitiano - - - - -
R anno eodem III idus Iulias. Exit cu[m - - - - - - - - - - - -]
- - -a anno IV Domitiani xi K. Maias [R anno eodem - - - - -]
- - -ma- - -as. Exit ad frumentum Neapoli [anno - - - Domit]
- - - R anno eodem nonis Iulis - - - - - - - - - - - - - - - - - - -

¹ R(edit).

- -

B.   T FLAVIVS SATVR[NINVS -]
Exit ad hormos confodiendos [anno - - - - - - - - - - - - - - -]
xix K. Febrarias R ann[o eodem - - - - - - - - - - - - - - - - - -]
Exit cum Timinio pr[- - - anno - - - - - - - - - - - - - - - - R]
anno eodem iv K. Dece[mbres - - - - - - - - - - - - - - - - - - -]
Exit cum Maximo Liber[ali anno - - - - - - - - - - - - - - - - -] [F]ebru
                                                                        [arias]
C.   T FLAVIVS VA[LENS -] Domiti
Exit ad chartam comfici[endam anno - - - - - - - - - - - - - -]
xiix K. Febrarias R ann[o eodem - - - - - - - - - - - - - - - - -]
Exit ad moneta anno [- - - - - - - - - - - - - - - - - - - R anno]
eodem xvi K. Februarias. [Exit ad - - - - - - - - - - - anno - -]
imp. Domitiano idibus a [- - - R anno eodem - - - - - - - - -]
Exit ad frumentum Mercur[i anno - - - - - - - - - - - - - - - -]
R anno eodem pr. idus Iulias. [Exit ad - - - - - - - - - - - - - -]
chora anno vii Domitiani xiii K. Octob[res]

D.   T FLAVIVS CELER -
Exit ad frumentum Nea[poli anno - - - - - - - - - - - - - - - -]
III idus Februarias R anno e[odem - - - - - - - - - - - - - - - -]
Exit cum potamofulacide [anno - - - - - - - - - - - - - - - - -]
R anno eodem ix K. Iunias. [Exit ad - - - - - - - - - - - - - - -]
anno I imp. Domitiano vii [- - - - - - - - - R anno eodem (?)]
x K. Martias. Exit cum frum[entariis anno - - - - Domit - - -]
xvii K. Iulias R anno III Do[mitiani - - - - - - - - - - - - - - -]

Recto IV is too fragmentary for inclusion.

V

	1 K domitia	2 VI nonas domitiani	3 v nonas domitia	4 IV no dom	5 III no dom	6 pr no do	7 nonis domiti	8 VIII idus domitiani	9 VII idus dom	10 VI idus d
I C DOMITIVS [c]E[l]e]R	harena	ornatus	heli	ad cal	armamenta	armamenta	goss	armamenta	b pref com	[hel]
II C AEMILIVS VALE[n]s	—	phal	ad clinici	ne	in 7	ballio	bal[l]io	galeariatu	ballio[1]	bal[l]io
III C IV[li]VS VAL[en]s							sta princ[ipis][2]	vianico	in 7	pr....
IV L IVLIVS OC[ta]VIA[nus]							stapor[2]			
V P CLODIVS [s]ECVN[dus]	pro	quin	ta	phal	[clo]	strigis	strigis	calcem	calhel	str[igis]
VII M ARRIVS NIGER	stapor	signis	in [7]	ne	strigis	d decri 7	d decri 7	strigis	strigis	d de[cri 7]
VII L SEXTILIV[s]		phal	ballio		d d[ecri] 7	sereni 7	d decri 7	d decri 7	d decri 7	se[reni 7]
VIII G[e]R[m]a]N[ius]	insula	phal	specula		sereni 7	in 7 heli	sereni 7	sereni 7	sereni 7	cal.....
IX C IVLIVS F	pro	quin	ta		sereni 7					in 7
X Q CASSIVS RV[f]VS	—		exit cum asin		[sco]					
XII C IVLIVS LONG[u]S SIPO					stati[o] ad serenu					
XII C IVLIVS LONGVS MISO										
XII T FLAVIVS PRISCV[s]										
XIII T FLAVIVS NIGE[r]	de...e	tri[b]	[in 7]	pagane cultus	in 7	—	[com....]	—	—	
XIV M ANTO[n]I[u]S CRI[sp]I[V]s	ballio	fercla		cultus	in 7	in 7	quin	vianico	—	
XV .N[um]...s....v		...n princi [pr...us amenta]						tan	quin	
XVI Q PETR[oni]...v[s]				[ballio]	ballio	pro	quin	t [d]ec[ri 7 ane [sc]	quin	
XVII .CAR.......MO....	com[es]	...ones]	...nic					d [d]ec[ri 7		
XVIII C AEMILIVS.........SVS	com pili	...cus					d decri 7	[bal]lio]	d decri 7	
XIX C VALER[I]V[s]......SVS			pha[l]			pro	papili bal[l]io			
XX T FLAVIVS.........	[b]a[l]lio			b[a][l]lio	ba[l]lio	d [d]ec[ri 7	d decri 7			
XXI Q FABIVS [f]IABE[r]	exit vino	stapor		b[a]l]io	ba[l]lio	ballio	papili bal[l]io			
XXII M MA[r]c[ius] CL[e]MEN[s]	gel[]	[cum......rel...]		....		[b....] in 7	ar[ma]-[m]en[ta] [sta....]	...ir		
XXIII C VALERIVS FELIX					sta[p]o[r] i[n 7]					
XXIV C CERFICIVS FVSCVS										
XXV [T] FV[fr]IV[s].......]RVS				....			stap[or]	[vianico]	stap[or]	
XXVI L GALL.........										
XXVII Q ANN[ius]....	st[a]prin	scoparius	exit					—		
XXVIII Q v[a....]v......CO						....	stap[or]			
XXIX [M] LONGINV[s ruf]VS					men]tu					
XXX M DOMITIVS.....ISO				ad [fru		m neap in stercuss stapor	oli	—	oli	
XXXI M LONginus au......										
XXXII M iulius felix	[co]mess									
XXXIII t flavius valen[s]										
XXXIV C SOSSIVS celer										
XXXV L vi....leius serenus										
XXXVI M i[uli]us longus	—	—	—	—	—	—	—	—		

---

[1] Ballio. *The meaning is uncertain: perhaps for ballistario, i.e., in the detachment operating the ballistae.*   [2] Sta(tio) principis.   [3] Sta(tio) por(tae) or por(tus).

In the above texts the following conventional signs have been used in accordance with the text established by J. Nicole and C. Morel. Capital letters are used where the papyrus shows uncials, and small letters where the papyrus shows minuscules. Letters between square brackets are either uncertain or lost in the original, but were supplied by the editors. The numerals above and on the left are inserted

XIII

PUBLIC WORKS

See also nos. 59, 86, 105, 117, 122, 165, 335, 337, 339, 359, 463, 469, 470, 477.

408. (*a*) A.D. 71, (*b*) A.D. 81, Rome, on the Aqua Claudia. *ILS*, 218.

(*a*) imp. Caesar Vespasianus August. pontif. max. trib. pot. II imp. VI cos. III desig. IIII p.p. aquas Curtiam et Caeruleam perductas a divo Claudio et postea intermissas dilapsasque per annos novem sua impensa urbi restituit

(*b*) imp. T. Caesar divi f. Vespasianus Augustus pontifex maximus tribunic. potestate X imperator XVII pater patriae censor cos. VIII aquas Curtiam et Caeruleam perductas a divo Claudio et postea a divo Vespasiano patre suo urbi restitutas cum a capite aquarum a solo vetustate dilapsae essent nova forma reducendas sua impensa curavit

409. A.D. 79, on arch of Marcian aqueduct over the *via Tiburtina*, Rome. *CIL*, VI, 1246.

imp. Titus Caesar divi f. Vespasianus Aug. pontif. max. tribuniciae potestat. IX imp. XV cens. cos. VII desig. IIX p.p. rivom aquae Marciae vetustate dilapsum refecit et aquam quae in usu esse desierat reduxit

410. A.D. 84, Lilybaeum. *ILS*, 5753.

imp. Caesari [*Domitiano*] Aug. Germanico pont. max. trib. pot. III imp. VII cos. X p.p. opus aquae ductus exstructum supra terram et lapidibus quadratis a novo tectum - - - - - - -

411. A.D. 90, Coptos. *CIL*, III, 13580, revised.

imp. Caesar Do[*mitianus Au*]g. G[*ermanicu*]s pontif. maximus trib. potest. cos. XV censor perpetu⟨u⟩s p.p. pontem a solo fecit [*One line containing the name of the Prefect of Egypt*[1] *erased*] Q. Licinio Ancotio Proculo praef. cast. L. Antistio Asiatico praef. Beren. cura C. Iuli Magni 7 leg. III Cyr.

[1] M. Mettius Rufus.

412. A.D. 71, Rome. *ILS*, 245.

imp. Caesari Vespasiano Aug. pont. max. tr. pot. III imp. IIX p.p.

cos. III des. IIII s.c. quod vias urbis neglegentia superior. tempor. corruptas inpensa sua restituit

413. Milestone, A.D. 76 and 97. Via Appia, Rome. *ILS*, 5819.

I.[1] imp. Caesar Vespasianus Aug. pontif. maxim. trib. potestat. VII imp. XVII p.p. censor cos. VII design. VIII. imp. Nerva Caesar Augustus pontifex maximus tribunicia potestate cos. III pat. patriae refecit

    [1] *The first milestone of the Via Appia.*

414. A.D. 77, Viterbium (Etruria). *CIL*, XI, 2999.

Ti. Cl[au]dius Cae[s]ar Aug. fecit
imp. Caesar Aug. Ve[s]pasianus pontifex max. tribunic. potestat. [IX] imp. XVIII p.p. cos. VIII censor restituit

415. Milestone, A.D. 78, Pola. *Inscr. Ital.* x, 1, 705; *ILS*, 5831.

imp. Caes[ar] Vespasianu[s Aug.] pontif. ma[x. trib.] pot. x imp. - - censor cos. [VIII des.] VII[II] viam Flavi[am - - -]

416. *Circa* A.D. 73–4, Milestone, Offenburg. *ILS*, 5832.

- - - - - Caesar[e Aug. f. Domitia]no cos. [III ?] Cn. Cor[nelio Clemen]te leg. [Aug. pro pr.] iter de[rectum ab Arge]ntorate in R[aetiam ?[1] - - - - - -] a[b Argentorate m.p. . .]

    [1] *Or in r[ipam Danuvii]: cf.* C.A.H. *xi, p. 160.*

417. Milestone, A.D. 80, Almázcara (Spain). M. Gómez-Moreno, *Catálogo monumental de España: provincia de León (1906–8)*, p. 88; cf. *ILS*, 5833.

imp. Tito Caes. divi Vespas. f. Vespas. Aug. p.m. tr. pot. VIIII imp. XV p.p. cos. VIII Caes. divi Vespas. f. *Domitiano cos. VII* via nova facta ab Asturica Bracar. C. Calp. Rant. Quir. Valerio [Festo leg. Aug. pro pr.] m.p. XXIII

418. A.D. 79, Gualmasón (Baetica). *ILS*, 5867.

imp. Caesar Vespasianus Aug. pontif. max. trib. pot. x imp. XX cos. IX p.p. censor viam Aug. ab Iano ad Oceanum refecit pontes fecit veteres restituit

419. Milestone, A.D. 76, between Theveste and Hippo Regius. *CIL*, VIII, 10119; *ILA*, I, 3885.

[i]mp. T. C[aesa]r[e] Vespasia[no] Aug. f. imp. x p[on]t. tri[b. p]ot. [v] c[os. v] Caesar[e Au]g. [f.] Domitiano c[os.] IIII [l]e[g. I]I[I] Au[g. Q.] E[gnati]o Cato [leg. Aug. pr]o pr. XX[XI?]

420. A.D. 92–3, by the cataracts of the lower Danube, near Taliata (Moesia Superior). *Rev. Arch.* 1895 (2), p. 382.

imp. Caesar divi Vespasiani f. [Domitian.] Aug. Germ. pont. maximus trib. pot. XII imp. XXII cos. XVI censor perpetuus p.p. [it]er Scrofularum vetustate et incursu Danuvi c[or]ruptum operib[us novis a] Toliatis re[fecit et dilatavit] leg. [VII Claudia p.f.]

421. A.D. 77–8, near Prusa (Bithynia). *ILS*, 253.

imp. Caesar Vespasianus Aug. ponti⟨f⟩. max. trib. pot. VIIII imp. XIIX p.p. cos. IIX design. VIIII imp. T. Caesar Aug. f. cos. VI desig. V[II] Domitianus Caesar Aug. f. cos. V desig. VI vias a novo munierunt per L. Antonium Nasonem proc. eorum

422. Milestone, A.D. 92, Thyatira (Asia). *IGRR*, IV, 1194a; *CIL*, III, 7191.

[imp. Caesa]r divi Vespa[siani f. *Domitianus*] Aug. [Germanic. p]ontife⟨x⟩ max. [trib. pot. XI] imp. XXII [cos. XVI cens. pe]rpe. [p.p. vias] restituit

[αὐτοκράτωρ Καῖ]σ[αρ θεοῦ Οὐεσπασιανοῦ υἱὸς Δομιτιανὸς Σεβασ-τὸς Γερμανικὸς ἀρ]χιερε[ὺς] μέγισ[τος δ]ημ[α]ρχικῆς [ἐξ]ου[σί]ας τὸ ι[α′] αὐτοκρ[άτωρ τὸ κβ′] ὕπατος τὸ ις′ τειμητὴς [α]ἰ[ώ]νιο[ς] πατὴ[ρ πατρ]ίδος τ[ὰ]ς ὁδο[ὺς ἀπο]κ[ατ]έστησεν. [Θ]υ[α]τειρ[η]νῶν μίλ.[1] α′

[1] μίλ(ιον).

423. Milestone, A.D. 82, Ancyra. *ILS*, 268.

imp. Caesar divi Vespasiani [*f. Domitianus*] Aug. po[n]t. max. trib. potest. cos. VIII desig. VIII[I] p.p. per A. Caesennium [G]allum leg. pr. pr. vias provinciarum Galatiae Cappadociae Ponti Pisidiae Paphlagoniae Lycaoniae Armeniae minoris stravit. VIII η′

424. Milestone, A.D. 75, near Erek. *Syria*, XIII (1932), pp. 276–7.

[impp. Vespasianus Caesar Au]g. [pontif. max. tribun. pot]est. VI [imperat. . .] cos. VI [de]sig. VII [et T.] Caesar Aug. f. [Ve]spa-sian. [p]on. [tr. p. IV imp. . . co]s. IIII [sub M. Ul]pio [Tr]aiano leg. Aug. pro pr. XVI

425. As, A.D. 71. *BMC, Imp.* II, p. 133, no. 614.

Obv. Head of Vespasian, laureate. IMP. CAES. VESPASIAN. AVG. COS. III

Rev. Front view of temple of Jupiter Capitolinus, with six columns on a podium of four steps. S.C.

426. Aureus, A.D. 73. *BMC, Imp.* II, p. 17, no. 90.

Obv. Head of Vespasian, laureate. IMP. CAES. VESP. AVG. P.M.
COS. IIII CEN.

Rev. Round temple with statues. VESTA

427. Sestertius, A.D. 80–1. *BMC, Imp.* II, p. 262, no. 190.

Obv. Titus, togate, on curule chair, holding branch and roll (?).
IMP. T. [CA]ES. VESP. AVG. P.M. TR. P. P.P. COS VIII S.C.

Rev. View of the Colosseum.

428. Tetradrachm, A.D. 82. *BMC, Imp.* II, p. 351, no. 251.

Obv. Head of Domitian, laureate, bearded. IMP. CAES. DOMITIAN.
AVG. P.M. COS. VIII

Rev. Front view of temple; in centre, Jupiter seated holding
sceptre; to r. and l. of him Juno and Minerva standing, holding
sceptres. CAPIT. RESTIT.

429. Rome. *CIL*, VI, 814.

ex auctoritate imp. Caesaris T. Vespasiani Aug. in loco qui
designatus erat per Flavium Sabinum[1] operum publicorum cura-
tore⟨m⟩ templum extruxerunt negotiatores frumentari

[1] *See PIR*[2], III, F. *353–4.*

430. A.D. 75, Rome. *ILS*, 249; Gordon, 136.

imp. Caesar Vespasianus Aug. pontif. max. tribunic. potest. VI
imp. XIIII p.p. cos. VI desig. VII censor locum viniae publicae
occupatum a privatis per collegium pontificum restituit

431. Rome. *CIL*, VI, 940.

pro salute T. Caesaris Aug. f. imp. Vespasiani Ti. Claudius
Clemens fecit. T. Naevius Diadumen. cur. co[l]. subrutor. cultor.
Silvani p.s.r.[1]

[1] p(ecunia) s(ua) r(efecit?).

432. Rocca Giovine (Sabini). *ILS*, 3813.

imp. Caesar Vespasianus Aug. pontifex maximus trib. potestatis
censor aedem Victoriae vetustate dilapsam sua impensa restituit

433. A.D. 76, Herculaneum. *ILS*, 250.

imp. Caesar Vespasianus Aug. pontif. max. trib. pot. VII imp.
XVII p.p. cos. VII design. VIII templum Matris deum terrae motu
conlapsum restituit

434. A.D. 79, Verulamium. *Ant. Journ.* xxxvi (1956), pp. 8–10; *JRS*, xlvi (1956), pp. 146–7.

[imp. Titus Caesar divi] Vespa[siani] f. Ves[pasianus Aug. p.m. tr. p. viiii imp. xv cos. vii] desi[gn. viii censor pater patriae *et Caesar divi Vespas*]*ian*[*i f. Do*]*mi*[*tianus cos.* vi *design.* vii *princeps iuventu*]*ti*[*s collegiorum omnium sacerdos* Cn. Iulio A]gric[ola leg. Aug. pro pr. - - - - -] vei - - - - - nata

435. A.D. 71, Cyrene. *SEG*, ix, 166.

[imp. Caesar Vespasianus Au]g. p⟨o⟩nt. max. tribunic. p⟨o⟩t. iii imp. viii p.p. cos. iii desig. iv per Q. Paconium Agrippeinum legatum suum populo R. Ptolmaeum restituit

[αὐτοκράτωρ Καῖσαρ] Οὐε[σπα]σιανὸς ἀρχιε[ρεὺς] μέγιστος δημ[αρ]χικῆς ἐξουσίας τὸ γ΄ αὐτοκράτωρ τὸ η΄ πατὴρ πατρίδος ὕπατος τὸ γ΄ ἀποδεδειγμένος τὸ δ΄ διὰ Κ. Πακωνίου Ἀγριππείνου ἰδίου πρεσβευτοῦ δ. Ῥ.[1] τὸ Πτυλυμαῖον ἀποκατέστησεν

[1] δ(ήμῳ) Ῥ(ωμαίων).

436. A.D. 93–4, Megalopolis. *IG*, v, 2, 457; *CIL*, iii, 13691.

[imp. Caes. divi Vespasiani fil. Domitianus Aug. Germanicus] pontife[x maximus trib. pot. xiii imp. xxii] cos. xvi censor pe[rpetuus p.p. porticum Mega]lopolitanis incendio co[nsumptam funditus s.p. re]stituit

αὐτοκράτωρ Καῖσαρ θεο[ῦ Οὐεσπα]σιανοῦ υἱὸς [Δομετιανὸς Γερμανικὸς] ἀρχιερεὺς μέγιστος δημαρχικῆς ἐξουσίας τὸ ιγ΄ αὐτοκράτωρ τὸ κβ΄ ὕπατος τὸ ϛ΄ [τειμητὴς διὰ βί]ου πατὴρ πατρίδος στοὰν Μεγαλοπολείταις [πυρὶ ἐξουθε]νηθεῖσαν ἐκ θεμελίων ἰδίαις δαπάναις [ἐπεσκεύασεν]

437. Cadyanda (Lycia). *TAM*, ii, 651; *IGRR*, iii, 507.

αὐτοκράτωρ Καῖσαρ Φλάυϊος Οὐ⟨ε⟩σπασιανὸς Σεβαστὸς κατεσκεύ-ασεν τὸ βαλανεῖον ἐκ τῶν ἀνασ⟨ω⟩θέντων χρημάτων ὑπ᾽ αὐτοῦ τῇ πόλει

438. A.D. 77–8, Seleucea (Cilicia). *IGRR*, iii, 840.

αὐτοκράτωρ Καῖσαρ Οὐεσπασιανὸς Σεβαστὸς πατὴρ πατρίδος ὕπατος τὸ η΄ αὐτοκράτωρ Τίτος Καῖσαρ Σεβαστοῦ υἱὸς ὕπατος τὸ ⟨ϛ΄⟩ τειμηταὶ [τ]ὴν γέφυραν[1] κατεσκεύασαν ἐκ δημοσίων διὰ Λ. Ὀκταουίου Μέμορος πρεσβευτοῦ καὶ ἀντιστρατήγου ὑπάτου ἀποδεδειγμένου

[1] *Over the river Calycadnus.*

439. Pig of lead, A.D. 74, near Chester. *ILS*, 8710.

imp. Vesp. Aug. v T. imp. III cos. Deceangl.[1]

> [1] Deceangl(icum).

440. Two pigs of lead, Clausentum (Bitterne, near Southampton). *Proc. Soc. Antiq. Lond.* XXXI (1918–19), p. 37.

imp. Vespasian. Aug.

(*on side*) Brit. ex arg.[1] veb.[2, 3, 4]

> [1] (Plumbum) Brit(annicum) ex arg(entariis).
> [2] *Unexplained.* VE *and* V.ET.B *have been found on two other pigs from the Mendip mines near Charterhouse.*
> [3] *One pig is numbered* VI, *the other* VIII.
> [4] *Some small incuse letters can be seen on each,* NOVEG *on one, and* SOC NO *on the other, but the reading is uncertain.*

441. Pig of lead, A.D. 81, Hayshaw Moor (near Ripley). *CIL*, VII, 1207.

imp. Caes. Domitiano Aug. cos. VII

(*on side*) Brig.[1]

> [1] Brig(anticum).

442. Rome. *FIR*, III, 75; *ILS*, 4914; Bruns[7], 109.

haec area, intra hanc | definitionem cipporum | clausa veribus, et ara, quae | est inferius, dedicata est ab ‖ imp. Caesare Domitiano 5 Aug. | Germanico ex voto suscepto, | quod diu erat neglectum nec | redditum, incendiorum | arcendorum causa, ‖ quando urbs per 10 novem dies | arsit Neronianis temporibus. | Hac lege dedicata est, ne cui | liceat intra hos terminos | aedificium exstruere manere ‖ nego[t]iari arborem ponere | aliudve quid serere, | et ut praetor, 15 cui haec regio | sorti obvenerit, sacrum faciat | aliusve quis magistratus ‖ Volcanalibus x K(alendas) Septembres | omnibus 20 annis vitulo robeo | et verre r.[1] ac precationibus. | Infra scriptam aedi… K. Sept. | ianist - - - - - - ‖ - - dari - - - quaes- - | quod 25 imp. Caesar Domitianus | Aug. Germanicus pont(ifex) max(imus) | constituit q- - -[2] | fieri

> [1] r(obeo)?   [2] *Perhaps* q(uotannis).

443. Cippus, A.D. 73, Rome. *ILS*, 5927; cf. J. Le Gall, *Le Tibre*, pp. 138–9.

ex auctoritate imp. Caesaris Vespasiani Aug. p.m. tr. p. IIII imp. x p.p. cos. IIII desig. v censor. C. Calpetanus Rantius

Quirinalis Valerius Festus curator riparum et alvei Tiberis terminavit r.r.[1]

(*on one side*) prox. cipp. p. LIIS
(*on the other*) prox. cipp. p. CLXXIIII

[1] r(ecto) r(igore).

444. A.D. 77, Capua. *ILS*, 251.

imp. Caesar Vespasianus Aug. cos. VIII fines agrorum dicatorum
Dianae Tifat. a Cornelio Sulla ex forma divi Aug. restituit

445. Near Campomarino (Frentani). *ILS*, 5982.

C. Helvidius Priscus, arbiter | ex conpromisso inter Q. | Tillium
Eryllum, procurato|rem Tilli Sassi, et M. Paquium Aulanium, ||
5 actorem municipi Histoniensium, | utrisq. praesentibus iuratus
sententiam | dixit in ea verba, q. inf. s. s. |
    cum libellus vetus ab actoribus Histoniensium | prolatus sit,
10 quem desideraverat Tillius || Sassius exhiberi, et in eo scriptum
fuerit, | eorum locorum, de quibus agitur, fa|ctam determinationem
per Q. Coelium Gal|lum: M. Iunio Silano L. Norbano Balbo | cos.
15 VIII K. Maias[1] inter P. Vaccium Vitulum || auctorem Histoniensium
fundi Heriani|ci et Titiam Flaccillam proauctorem Til|li Sassi
fundi Vellani a.e.[2] in re praesenti | de controversia finium, ita ut
20 utrisq. | dominis tum fundorum praesentibus || Gallus terminaret,
ut primum palum | figeret a quercu pedes circa undec|im, abesset
autem palus a fossa—neque | apparet, qu⟨i⟩ pedes scripti
25 essent | propter vetustatem libelli interrupti || in ea parte, in qua
numerus pedum | scri⟨p⟩tus videtur fuisse—inter fos|sam autem et
palum iter commune{m} | esset, cuius prop⟨r⟩ietas soli Vacci
30 Vituli esset; | ex eo palo e regione ad fraxinum notatam pal||um
fixum esse a Gallo et ab eo palo e regione ad | superciliu⟨m⟩ ultimi
lacus Serrani in partem sinisterio|[rem d]erectam finem ab eodem
Gallo | - - - -

[1] *24 April, A.D. 19.*   [2] a(ctum) e(sse).

446. A.D. 74, on Col de la Forclaz between Chamonix and St. Gervais-les-
Bains. *ILS*, 5957.

ex auctoritat[e] imp. Caes. Vespasian[i] Aug. pontificis max.
trib. potest. V cos. V desig. VI p.p. Cn. Pinarius Cornel. Clemens
leg. eius pro pr. exercitus Germanici superioris inter Viennenses
et Ceutronas terminavit

447. A.D. 77, Arausio. *CRAI*, 1951, pp. 366–73; *Gallia*, XIII (1955), p. 9.

(*a*) [imperator Cae]sar Ve[spasianus A]ug. po[ntifex] max. trib. potestate VIII imp. [XVIII] p.p. cos. VII[I] censor

(*b*) [ad restit. loca publ]ica qu[ae divus Augustus milit. l]eg. II Gallicae dederat po[ssessa a priva]tis per aliquod annos

(*c*) [tabulam prop]oni [iussit adnotato] in sing[ulis centuriis] annuo vectigali [agente curam - - -]idio Basso[1] proco[nsule] provi[nciae - - -]

> [1] ? [Umm]idius Bassus.

448. Boundary stone, near Tigisis. *Libyca*, III (1955), pp. 289–92.

[ex auctoritate V]es. Caesar. Aug. agri pu[b]lici Cirt. adsig. Nicibibus et Suburburibus Regi. per Tulliu[m] Pomponianu[m] Capitone[m] leg. Aug.

449. Near Bou-Arada. *Bull. Arch.* 1934–5, pp. 391–2; cf. *ILS*, 5955.

ex auct. imp. Vespasiani Cae. Aug. p.p. fines provinciae novae et veter. derecti qua fossa regia fuit per Rutilium Gallicum cos. pont. et Sentium Caecilianum praetorem legatos Aug. pro pr.

450. A.D. 87, near Sirte. *IRT*, 854.

[ex a]uctorit. [i]mp. divi Vespasiani f. [*Domitiani*] Aug. Germ. pont. max. trib. pot. VI imp. XIIII cos. XIII cens. perpet. p.p. iussu Suelli Flacci leg. Aug. pro pr. terminus posit⟨us⟩ inter nationem Muduciuviorum e[t] Zamuciorum ex conventione utrarumque nationum

451. Near Asseria. *ILS*, 5951.

Ti. [Cl]audius L. . . . C. Avillius Clemen[s] L. Coelius Capella P. Raecius Libo P. Valerius Secundus iudices dati a M. Pompeio Silvano leg. Aug. pro pr.[1] inter rem p. Asseriatium et rem p. Alveritarum in re praesenti per [sententi]am suam determinaverunt

> [1] *Legatus Dalmatiae* A.D. *69, Tac.* H. *II, 86; III, 50.*

XIV

ADMINISTRATION OF THE EMPIRE

For other laws see nos. 1, 128, 442; cf. also nos. 29, 192 and 328.

453. Lex municipii Salpensani, A.D. 82–4, near Malaca (Baetica). A. D'Ors, *Epigrafía Jurídica de la España Romana* (1953), pp. 281–309. *FIR*, I, 23; *ILS*, 6088; Bruns[7], 30*a*.

[R.[1] Ut magistratus civitatem Romanam consequantur

XXI. - - Qui IIvir aed(ilis) quaestor ex h(ac) l(ege) factus erit,   Col. I
cives Romani sunto, cum post annum magistratu] | abierint, cum
parentibus coniugibusque {h}ac liberi⟨s⟩, qui legitumis nuptis
quae | siti in potestatem parentium fuer⟨i⟩nt, item nepotibus ac
neptibus filio | nat{al}is ⟨natabu⟩s, qui quaeque in potestate
parentium fuerint; dum ne plures c(ives) R(omani) | sint, qua⟨m⟩
quod ex h(ac) l(ege) magistratus creare oportet. ||

5 R. Ut qui civitat(em) Roman(am) consequantur,
maneant in eorundem m(ancipi)o m(anu) | potestate |

XXII. Qui quae{q}ve ex h(ac) l(ege) exve {ex}edicto imp(eratoris)
Caesaris Aug(usti) Vespasiani, imp(eratoris)ve Titi | Caesaris
Aug(usti), aut imp(eratoris) Caesaris Aug(usti) Domitiani p(atris)
p(atriae), civitatem Roman(am) | consecutus consecuta erit: is ea in
10 eius, qui c(ivis) R(omanus) h(ac) l(ege) factus erit, potestate || manu
mancipio, cuius esse deberet, si civitate Romana mutatus | mutata
non esset, esto idque ius tutoris optandi habeto, quod | haberet, si a
cive Romano ortus orta neq(ue) civitate mutatus mu|tata esset.

R. Ut qui c(ivitatem) R(omanam) consequentur, iura
libertorum retineant |

XXIII. Qui quaeve ⟨ex⟩ h(ac) l(ege) exve edicto imp(eratoris)
Caes(aris) Vesp(asiani) Aug(usti), imp(eratoris)ve Titi Caes(aris)
15 Vespasian(i) Au(gusti) || aut imp(eratoris) Caes(aris) Domitiani
Aug(usti) c(ivitatem) R(omanam) consecutus consecuta erit: is in |
libertos libertasve suos suas paternos paternas, qui quae in
c(ivitatem) R(omanam) ⟨n⟩on | venerit, deque bonis eorum earum
et is, quae libertatis causa inposita | sunt, idem ius eademque

---

[1] R(ubrica).

123

condicio esto, quae esset, si civitate mutat⟨u⟩s | mutata{e} non esset.

R. De praefecto imp(eratoris) Caesaris Domitiani Aug(usti) ‖

XXIIII. Si eius municipi decuriones conscriptive municipesve 20 imp(eratori) Caesari{s} Domitian(o) | Aug(usto) p(atri) p(atriae) IIviratum communi nomine municipum eius municipi de|tuler⟨i⟩nt, imp(erator)⟨q⟩ue Domitian⟨us⟩[1] Caesar{is} Aug(ustus) p(ater) p(atriae) eum IIviratum receperit | et loco suo praefectum quem esse iusserit; is praefectus eo ⟨i⟩u⟨r⟩e esto, quo | esset, si eum IIvir(um) i(ure) d(icundo) ex h(ac) l(ege) solum creari oportuisset, isque ex h(ac) l(ege) solus ‖ IIvir i(ure) d(icundo) creatus esset.   25

R. De iure praef(ecti), qui a IIvir(o) relictus sit |

XXV. Ex IIviris qui in eo municipio i(ure) d(icundo) p(raeerunt), uter postea ex eo municipio proficiscetur | neque eo die in id municip⟨i⟩um esse se rediturum arbitrabitur, quem | praefectum municipi non minorem quam annorum XXXV ex | decurionibus conscriptisque relinquere volet, facito ut is iuret per ‖ Iovem et 30 divom Aug(ustum) et div⟨o⟩m Claudium et divom Ves⟨p⟩(asianum) Aug(ustum) et divom | Titum Aug(ustum) et genium imp(eratoris) Caesaris Domitiani Aug(usti) deosque P⟨e⟩nates: | quae IIvir⟨um⟩[2] qui i(ure) d(icundo) p(raeest), h(ac) l(ege) facere oporteat, se, dum praefectus erit, d(um)⟨t⟩(axat) quae eo | tempore fieri possint facturum neque adversus ea ⟨f⟩acturum scientem | d(olo) m(alo); et cum ita iuraverit, praefectum eum eius municipi relinquito. ⟨E⟩i ‖ qui ita praefectus relictus erit, donec in id municipium 35 alteruter ex IIviris | adierit, in omnibus rebus id ius e⟨a⟩que potestas esto, praeterquam de praefec|to relinquendo et de c(ivitate) R(omana) consequenda, quod ius quaeque potestas h(ac) l(ege) | IIviri⟨s qu⟩i{n}[3] iure dicundo praeerunt datur. Isque dum praefectus erit quo|tiensque municipium egressus erit, ne plus quam singulis diebus abesto. ‖

R. De iure iurando IIvir(um) et aedil(ium) et q(uaestorum) | 40

XXVI. Duovir(i) qui in eo municipio ⟨i⟩(ure) d(icundo) p(raesunt), item aediles ⟨qui⟩ in eo municipio sunt, item | quaes-

---

[1] *Bronze reads* Domitiani.   [2] *Bronze reads* IIviri.
[3] *Bronze reads* IIviri in.

tores qui in eo municipio sunt, eorum quisque in diebus quinq(ue)
| proxumis post h(anc) l(egem) datam; quique IIvir(i) aediles
quaestoresve postea ex h(ac) l(ege) | creati erunt, eorum quisque in
45 diebus quinque proxumis, ex quo IIvir ‖ aedil⟨i⟩s quaestor esse
coeperit, priusquam decuriones conscriptive | habeantur, iuranto Col. 2
pro contione per Iovem et div⟨o⟩m Aug(ustum) et divom Claudi|um
et divom Vespasianum Aug(ustum) et divom Titum Aug(ustum)
et genium Domitiani | Aug(usti) deosque Penates: se, quodqu⟨o⟩m-
que ex h(ac) l(ege) exqu⟨e⟩ re communi m(unicipum) m(unicipi)
Flavi | Salpensani censeat, recte esse facturum, ne⟨q⟩ue adversus
50 h(anc) l(egem) remve commu‖ne⟨m⟩ municipum eius municipi
facturum scientem d(olo) m(alo), quosque prohi|bere possit pro-
hibiturum; neque se aliter consilium habiturum neq(ue) aliter |
daturum neque sent⟨e⟩ntiam dicturum, quam ut [ex] h(ac) l(ege)
exqu⟨e⟩ re communi | municipum eius municipi censeat fore. Qui
ita non iuraverit, is HS x (milia) | municipibus eius municipi d(are)
55 d(amnas) esto, eiusque pecuniae deque ea pecunia mu‖nicipum
eius municipi cui volet, cuique per hanc legem licebit, actio peti|tio
persecutio esto.

    R. De intercessione IIvir(um) et aedil(ium) ⟨et⟩
q(uaestorum) |

    XXVII. Qui IIvir(i) aut aediles aut quaestores eius municipi
erunt, his IIvir(is) inter | se et cum aliquis alterutrum eorum aut
utrumque ab aedile aedilibus | aut quaestore{s} quaestoribus ap-
pellabit, item aedilibus inter se, ⟨item quaestoribus inter se⟩, inter‖-
60 cedendi, in triduo proxumo quam appellatio facta erit poteritque |
intercedi, quod eius adversus h(anc) l(egem) non fiat, et dum ne
amplius quam semel | quisque eorum in eadem re appelletur, ius
potestasque esto, neve quis | adversus ea qui⟨d⟩, qu⟨o⟩m inter-
cessum erit, facito. |

    R. De servis apud IIvir(um) manumittendis ‖

65   XXVIII. Si quis municeps municipi Flavi Salpensani, qui
Latinus erit, aput IIvir(os), | qui iure dicundo praeerunt eius
municipi, servom suom servamve suam | ex servitute in libertate⟨m⟩
manumiserit, liberum liberamve esse iusserit, | dum ne quis pupillus
neve quae virgo mulierve sine tutore auctore | quem quamve
70 manumittat, liberum liberamve esse iubeat: qui ita ‖ manumissus
liberve esse iussus erit, liber esto, quaeque ita manumissa | liberave

⟨esse⟩ iussa erit, libera esto, uti qui optum⟨o⟩ iure Latini libertini li|beri sunt erunt; ⟨d⟩um is qui minor xx annorum erit ita manumittat, | si causam manumittendi iusta[m] esse is numerus decurionum, per quem | decreta h(ac) l(ege) facta rata sunt, censuerit.

R. De tutorum datione ‖

XXIX. Cui tutor non erit incertusve erit, si is e⟨a⟩ve municeps 75 municipi Flavi Salpensani | erit, et pupilli pupillaeve non erunt, et ab IIviris, qui i(ure) d(icundo) p(raeerunt) eius municipi, postu|-laverit, uti sibi tutorem det, ⟨et⟩ eum, quem dare volet, nominaverit: ⟨t⟩um is, | a quo postulatum erit, sive unum sive plures collegas habebit, de omnium colle|garum sententia, qui tum in eo municipio intrave fines municipi eius er⟨un⟩t, ‖ causa cognita, si ei videbitur, 80 eum qui nominatus erit tutorem dato. Sive | is eave, cuius nomine ita postulatum erit, pupil(lus) pupillave erit, sive is, a quo | postulatum erit, non habebit collegam, ⟨collega⟩{q}ve eius in eo municipio intrave | fines eius municipi nemo erit: ⟨t⟩um is, a quo ita postulatum erit, causa co|gnita in diebus x proxumis, ex decreto decurionum, quod, cum duae partes ‖ decurionum non minus 85 adfuerint, factum erit, eum, qui nominatus | erit, quo ne ab iusto tutore tutela {h}abeat, ei tutorem dato. Qui tutor h(ac) l(ege) | datus erit, is ei, cui datus erit, quo ne ab iusto tutore tutela {h}abeat, tam iustus | tutor esto, quam si is c(ivis) R(omanus) et ⟨ei⟩ adgnatus proxumus c(ivis) R(omanus) tutor esset

454. Lex municipii Malacitani, A.D. 82–4, near Malaca (Baetica). A. D'Ors, *Epigrafía Jurídica de la España Romana* (1953), pp. 311–41. *FIR*, I, 24; *ILS*, 6089; Bruns[7], 30*b*.

[R.[1] De nominatione candidatorum

Col. 1   LI. Si ad quem diem professionem] | fieri oportebit, nullius nomine aut | pauciorum, quam tot quod creari opor|tebit, professio facta erit, sive ex his, | quorum nomine professio facta erit, ‖ pauciores erunt quorum h(ac) l(ege) comitiis ra|tionem habere 5 oporteat, quam tot ⟨quot⟩ cre|ari oportebit: tum is qui comitia ha|bere debebit proscribito, ita u(t) d(e) p(lano) r(ecte) l(egi) p(ossint), | tot nomina eorum, quibus per h(anc) l(egem) ‖ eum 10 honorem petere licebit, quod de|runt ad eum numerum, ad quem cre|ari ex h(ac) l(ege) oportebit. Qui ita proscripti | erunt, ii si volent aput eum, qui ea co|mitia habiturus erit, singuli singu‖los 15

¹ R(ubrica).

eiiusdem condicion⟨i⟩s nominato, | ique item, qui tum ab is
nominati erunt, si | volent, singuli singulos aput eun|dem ea{n}-
demque condicione nomina|to; isque, aput quem ea nominatio
20 fac‖ta erit, eorum omnium nomina pro|ponito, ita ut {u} d(e)
p(lano) r(ecte) l(egi) p(ossint), deque is om|nibus item comitia
habeto, perinde | ac si eorum quoque nomine ex h(ac) l(ege) de |
25 petendo honore professio facta esset ‖ intra praestitutum diem
petereque | eum honorem sua sponte c⟨o⟩episset ne|que eo
proposito destitissent. |

R. De comitiis habendis |

30 LII. Ex IIviris qui nunc sunt, item ex is, qui ‖ deinceps in eo
municipio IIviri erunt, | uter maior natu erit, aut, si ei causa qu|ae
inciderit q(uo) m(inus) comitia habere pos|sit, tum alter ex his
comitia IIvir(is), item | aedilibus, item quaestoribus rogandis ‖
35 subrogandis h(ac) l(ege) habeto; utique ea dis|tributione curiarum,
de qua supra con|prehensum est, suffragia ferri debe|bunt, ita per
tabellam ferantur facito. | Quique ita creati erunt, ii annum unum ‖
40 aut, si in alterius locum creati erunt, | reliqua parte eiius anni in eo
honore | sunto, quem suffragis erunt consecuti. |

R. In qua curia incolae suffragia | ferant ‖

45 LIII. Quicumque in eo municipio comitia IIviris, | item
aedilibus, item quaestoribus rogan|dis habebit, ex curiis sorte
ducito unam, | in qua incolae, qui cives R(omani) Latinive
50 cives | erunt, suffragi⟨um⟩ ferant, eisque in ea cu‖ria suffragi
latio esto. |

R. Quorum comitis rationem habe|ri oporteat |

LIIII. Qui comitia habere debebit, is primum IIvir(os) | qui
55 iure dicundo praesi⟨n⟩t ex eo genere in‖genuorum hominum, de
quo h(ac) l(ege) cau|tum conprehensumque est, deinde proxi|mo
quoque tempore aediles, item quaesto|res ex eo genere ingenuorum
hominum, | de quo h(ac) l(ege) cautum conprehensumque est, ‖
60 creando⟨s⟩ curato; dum ne cuiius comi|tis rationem habeat, qui
IIviratum pet|et{et}, qui minor annorum xxv erit, qui|ve intra quin-
65 quennium in eo honore | fuerint; item qui aedilitatem quaesturam‖ve
petet, qui minor quam annor(um) xxv erit, | quive in earum qua
causa erit, propter | quam, si c(ivis) R(omanus) esset, in numero Col. 2
decurio|num conscriptorumve eum esse non lice|ret.

R. De suffragio ferendo ‖

LV. Qui comitia ex h(ac) l(ege) habebit, is municipes cu|riatim 7·
ad suffragium ferendum voca|to ita, ut uno vocatu omnes curias in |
suffragium vocet, eaeque singulae in | singulis consaeptis suffragium
per ta‖bellam ferant. Itemque curato, ut ad cis|tam cuiiusque 7·
curiae ex municipibus | eiius municipi terni sint, qui eiius cu|riae
non sint, qui suffragia custodiant, | diribeant, et uti ante quam id
faciant qu‖isque eorum iurent: se rationem suffra|giorum fide bona 8·
habiturum relaturum|que. Neve prohibito, q(uo) m(inus) et qui
hono|rem petent singulos custodes ad singu|las cistas ponant.
Iique custodes ab eo ‖ qui comitia habebit, item ab his positi | qui 8·
honorem petent, in ea curia quis|que eorum suffragi⟨um⟩ ferto, ad
cuiius cu|riae cistam custos positus erit, e⟨o⟩rum|que suffragia
perinde iusta rataque sun‖to ac si in sua quisque curia suffragium | 9·
tulisset.

R. Quid de his fieri oporteat, qui | suffragiorum
numero pares erunt |

LVI. Is qui ea comitia habebit, uti quisque curiae | cuiius plura
quam alii suffragia habue‖rit, ita priorem ceteris eum pro ea curia | 9·
factum creatumque esse renuntiat⟨o⟩, | donec is numerus, ad quem
creari opor|tebit, expletus sit. Qua{m} in curia totidem | suffragia
duo pluresve habuerint, ma‖ritum, quive maritorum numero erit, | 10·
caelibi liberos non habenti, qui mari|torum numero non erit;
habentem libe|ros non habenti; plures liberos haben|tem pauciores
habenti praeferto priorem‖que nuntiato ita, ut bini liberi post 10·
no|men inpositum aut singuli puberes amis|si v⟨i⟩rive potentes
amissae pro singulis | sospitibus numerentur. Si duo pluresve to|ti-
dem suffragia habebunt et eiiusdem ‖ condicionis erunt, nomina 11·
eorum in | sortem coicito, et uti cuiiusque nomen sor|ti ductum
erit, ita eum priorem alis renunti|at⟨o⟩.

R. De sortitione curiarum et is, qui cu|riarum numero
par{t}es erunt ‖

LVII. Qui comitia h(ac) l(ege) habebit, is relatis omnium | 11·
curiarum tabulis nomina curiarum in sor|tem coicito, singularum-
que curiarum no|mina sorte ducito, et ut cuiiusque curiae | nomen
sorte exierit, quos ea curia fecerit, ‖ pronuntiari iubeto; et uti quis- 12·
que prior | maiorem partem numeri curiarum con|fecerit, eum,
cum h(ac) l(ege) iuraverit caverit|que de pecunia communi, factum

125 crea|tumque renuntiato, donec tot magistra‖tus sint quod h(ac)
l(ege) creari oportebit. Si toti|dem curias duo pluresve habebunt, |
uti supra conprehensum est de is qui | suffragiorum numero pares
130 essent, ita | de is qui totidem curias habebunt fa‖cito, eademque
ratione priorem quem|que creatum esse renuntiato. |

R. Ne quid fiat, quo minus comitia ha|beantur |

135　LVIII. Ne quis intercedito neve quit aliut fa‖cito, quo minus in
eo mun⟨i⟩cipio h(ac) l(ege) | comitia habeantur perficiantur. | Qui
aliter adversus ea fecerit sciens | d(olo) m(alo), is in res singulas　Col. 3
140 HS x (milia) mu|nicipibus munic⟨i⟩pii Flavi Malacitani ‖ d(are)
d(amnas) e(sto), eiiusque pecuniae deque ea pecun(ia) | municipi
eius municipii qui volet, cuique | per h(anc) l(egem) licebit, actio
petitio persecutio esto. |

R. De iure iurando eorum, qui maiorem | partem
numeri curiarum expleverit ‖

145　LIX. Qui ea comitia habebit, uti quisque eorum, | qui IIviratum
aedilitatem quaesturam|ve petet, maiiorem partem numeri
curia|rum expleverit, priusquam eum factum | creatumque renun-
150 tiet, iusiurandum adi‖gito in contionem palam per Iovem et di|vom
Augustum et divom Claudium et divom | Vespasianum Aug(ustum)
et divom Titum Aug(ustum) | et genium imp(eratoris) Caesaris
D[omitia]ni Aug(usti) | deosque Penates, se e⟨a⟩ qu⟨a⟩e¹ ex h(ac)
155 l(ege) facere ‖ oportebit facturum, neque adversus | h(anc) l(egem)
fecisse aut facturum esse scientem | d(olo) m(alo).

R. Ut de pecunia communi munici|pum caveatur ab
is, qui IIviratum | quaesturamve petet ‖

160　LX. Qui in eo municipio IIviratum quaesturam|ve petent quique
propterea, quod paucio⟨ru⟩m | nomine quam oportet professio
facta | esset, nominatim in eam condicionem | rediguntur, ut de his
165 quoque suffragi‖um ex h(ac) l(ege) ferri oporteat, quisque eorum, |
quo die comitia habebuntur, ante quam | suffragium feratur
arbitratu eius qui ea | comitia habebit praedes in commune
170 mu|nicipum dato pecuniam communem eo‖rum, quam in honore
suo tractaverit, | salvam is fore. Si d(e) e(a) r(e) is praedibus
minu⟨s⟩ | cautum esse videbitur, praedia subsignato | arbitratu
eiiusdem. Isque ab iis praedes prae|diaque sine d(olo) m(alo)

¹ *Bronze reads* se eumque.

accipito, quoad recte cau‖tum sit, uti quod recte factum esse volet. | 175
Per quem eorum, de quibus IIvirorum quaes|torumve comitiis
suffragium ferri opor|tebit, steterit, q(uo) m(inus) recte caveatur,
eius qu⟨i⟩ co|mitia habebit rationem ne habeto. ‖

R. De patrono cooptando | 180

LXI. Ne quis patronum publice municipibus muni|cipii Flavi
Malacitani cooptato patrocini|umve cui deferto, nisi ex maioris
partis de|curionum decreto, quod decretum factum ‖ erit, cum 185
duae partes non minus adfue|rint et iurati per tabellam sententiam
tu|lerint. Qui aliter adversus ea patronum | publice municipibus
municipii Flavi Ma|lacitani cooptaverit patrociniumve cui ‖
detulerit, is HS x (milia) n(ummum) in ⟨p⟩ublicum munici|pibus 190
municipii Flavi Malacitani d(are) d(amnas) e(sto); e⟨t⟩ is, | qui
adversus h(anc) l(egem) patronus cooptatus cui|⟨ve⟩ patrocinium
delatum erit, ne magis | ob eam rem patronus municip{i}um
muni‖cipii Flavi Malacitani{tanii} esto. | 195

R. Ne quis aedificia, quae restitu|turus non erit,
destruat |

LXII. Ne quis in oppido municipii Flavii Malacita|ni quaeque
ei oppido continentia aedificia ‖ erunt, aedificium detegito destru- 200
ito demo|liundumve curato, nisi ⟨de⟩ decurionum con|scrip-
torumve sententia, cum maior pars | eorum adfuerit, quod
restitu⟨tu⟩rus intra proxi|mum annum non erit. Qui adversus ea
fece‖rit, is quanti e(a) r(es) e(rit), t(antam) p(ecuniam) municipibus 205
municipi | Flavi Malacitani d(are) d(amnas) e(sto), eiusque
pecuniae | deque ea pecunia municipi eius municipii, | qui
Col. 4   volet cuique per h(anc) l(egem) licebit, actio petitio | persecutio
esto. ‖

R. De locationibus legibusque locatio|num pro- 210
ponendis et in tabulas mu|nicipi referendis |

LXIII. Qui IIvir i(ure) d(icundo) p(raeerit), vectigalia ultroque
tributa, | sive quid aliut communi nomine munici‖pum eiius 215
municipi locari oportebit, lo|cato. Quasque locationes fecerit
quasque | leges dixerit, quanti quit locatum sit et ⟨qui⟩ prae|des
accepti sint quaeque praedia subdita | subsignata obligatave sint
quique prae‖diorum cognitores accepti sint, in tabu|las communes 220
municipum eius munici⟨p⟩i | referantur facito et proposita habeto

per | omne reliquom tempus honoris sui, ita ut | d(e) p(lano)
225 r(ecte) l(egi) p(ossint), quo loco decuriones conscripti‖ve pro-
ponenda esse censuerint. |

R. De obligatione praedum praediorum | cognitorum-
que |

LXIV. Quicumque in municipio Flavio Malacitano | in com-
230 mune municipum eiius municipi ‖ praedes facti sunt erunt,
quaeque praedia | accepta sunt erunt, quique eorum prae|diorum
cognitores facti sunt erunt, ii om|nes et quae cuiiusque eorum
tum ⟨fuerunt⟩ erunt, cum | prae{e}s cognitorve factus est erit,
235 quaeque pos‖tea esse, cum ii obligati esse coeper⟨u⟩nt c⟨o⟩epe|rint,
qui eorum soluti liberatique non sunt | non erunt aut non sine
d(olo) m(alo) sunt erunt, ea|que omnia, quae{que} eorum soluta
240 liberata|que non sunt non erunt aut non sine ‖ d(olo) m(alo) sunt
erunt, in commune municipum | eiius municipii item obligati
obligata{e}|que sunto, uti ii ea{e}ve p(opulo) R(omano) obligati
obli|gatave essent, si aput eos, qui Romae aera|rio praessent, ii
245 praedes i⟨i⟩que cognito‖res facti eaque praedia subdita subsigna|ta
obligatave essent. Eosque praedes eaque | praedia eosque cogni-
tores, si quit eorum, in | quae cognitores facti erunt, ita non erit, |
250 qui quaeve soluti liberati soluta libera‖taque non sunt non erunt
aut non sine | d(olo) m(alo) sunt erunt, iiviris, qui ibi i(ure)
d(icundo) prae|runt, ambobus alteri{us}ve eorum ex de|curionum
conscriptorumque decreto, qu|od decretum cum eorum partes
255 tertiae ‖ non minus quam duae adessent factum | erit, vendere
legemque his vendundis dicere | ius potestasque esto; dum ea⟨m⟩
legem is re|bus vendundis dicant, quam legem eos, | qui Romae
260 aerario praeerunt, e lege prae‖diatoria praedibus praedisque
vendun|dis dicere oporteret, aut, si lege praedia|toria emptorem
non inveniet, quam le|gem in vacuom vendendis dicere opor|teret;
265 et dum ita legem dicant, uti pecu‖nia{m} in for⟨o⟩ municipi Flavi
Malacitani | referatur luatur solvatur. Quaeque lex | ita dicta
⟨e⟩rit, iusta rataque esto. |

R. Ut ius dicatur e lege dicta praedibus | et praedis
vendundis ‖

270 LXV. Quos praedes quaeque praedia quosque cog|nitores
iiviri municipii Flavi Malaci|tani h(ac) l(ege) vendiderint, de iis
quicumque | i(ure) d(icundo) p(raeerit), ad quem de ea re in ius

aditum erit, | ita ius dicito iudiciaque dato, ut ei, qui ‖ eos praedes 275
cognitores ea praedia mer|cati erunt, praedes socii heredesque
eorum | i⟨i⟩que, ad quos ea res pertinebit, de is rebus | agere easque
res petere persequi rec|te possit.

R. De multa, quae dicta erit ‖

Col. 5   LXVI. Multas in eo municipio ab IIviris prae|fectove dictas, 280
item ab aedilibus quas aed|iles dixisse se aput IIviros ambo alter|ve
ex is professi erunt, IIvir, qui i(ure) d(icundo) p(raeerit), in |
tabulas communes municipum eiius mu‖nicipi referri iubeto. Si 285
cui ea multa dicta | erit aut nomine eiius alius postulabit, ut | de ea
ad decuriones conscriptosve refe|ratur, de ea decurionum con-
scriptorum|ve iudicium esto. Quaeque multae non ‖ erunt 290
iniustae a decurionibus con|scriptisve iudicatae, eas multas IIviri |
in publicum municipum eius muni|cipii redigunto. |

R. De pecunia communi municipum ‖ deque rationi- 295
bus eorundem |

LXVII. Ad quem pecunia communis municipum | eiius
municipi pervenerit, heresve ei|ius isve ad quem ea res pertinebit,
in die|bus XXX proximis, quibus ea pecunia ‖ ad eum pervenerit, in 300
publicum muni|cipum eiius municipi eam referto. Qui|que
rationes communes negotiumve qu|od commun⟨e⟩ municipum
eius munici|pi gesserit tractaverit, is, heresve eiius ‖ ⟨isve⟩ ad 305
quem ea res pertinebit, in diebus XXX | proximis, quibus ea negotia
easve ratio|nes gerere tractare desierit quibusque | decuriones
conscriptique habebuntur, | ra⟨t⟩iones edito redditoque decurioni‖-
⟨b⟩us conscriptisve cuive de his accipi|endis cognoscendis ex 310
decreto decurio|num conscriptorumve, quod decretum | factum
erit cum eorum partes non mi|nus quam duae tertiae adessent,
nego‖tium datum erit. Per quem steterit, q(uo) | m(inus) ita 315
pecunia redigeretur referre|tur quove minus ita rationes redde|-
rentur, is, per quem steterit q(uo) m(inus) rationes | redderentur
quove minus pecunia redige‖retur, referret[ur], heresque eius isque 320
ad qu|em ea res qua de agitur pertinebit, q(uanti) e(a) r(es) | erit,
tantum et alterum tantum munici|pibus eiius municipi d(are)
d(amnas) e(sto), eiusque pecuni|ae deque ea pecunia municipum
muni‖cipii Flavi Malacitani {eius ea pecunia | municipum municipii 325
Flavi Malacitani} | qui volet cuique per h(anc) l(egem) licebit,
actio pe|titio persecutio esto. |

330 R. De constituendis patronis causae, cum ‖ rationes
reddentur |

LXVIII. Cum ita rationes reddentur, ɪɪvir qui decurio|nes
conscriptosve habebit ad decuriones | conscriptosve referto, quos
335 placeat publi|cam causam agere, iique decuriones con‖scriptive per
tabellam iurati d(e) e(a) r(e) decer|nunto, tum cum eorum partes
non minus | quam duae tertiae aderunt, ita ut tres, qu|os plurimi
per tabellam legerint, causam | publicam agant, iique qui ita lecti
340 erunt tem‖pus a decurionibus conscripti⟨s⟩ve, quo cau|sam
cognoscant actionemque suam or|dinent, postulanto, eoque
tempore quod is | datum erit transacto, eam causam uti quod |
recte factum esse volet agunto. ‖

345 R. De iudicio pecuniae communis |

LXIX. Quod m(unicipum) m(unicipii) Flavi Malacitani nomine
pe|tetur ab eo, qui eius municipi munic⟨e⟩|p{e}s incolave erit,
quodve cum eo agetur | quod pluris HS (mille) sit neque tanti sit, ut ‖
350 [de ea re proconsulem ius dicere iudiciaque dare ex hac lege
oporteat: de ea re ɪɪvir praefectusve, qui iure dicundo praeerit
eius municipii, ad quem de ea re in ius aditum erit, ius dicito
iudiciaque dato - - - -]

455. Decree of the proconsul of Sardinia on a boundary dispute, A.D. 69,
Esterzili (Sardinia). *FIR*, ɪ, 59; *ILS*, 5947; Bruns[7], 71*a*.

imp. Othone Caesare Aug. cos. xv K. Apriles | descriptum et
recognitum ex codice ansato L. Helvi Agrippae procons(ulis), quem
protulit Cn. Egnatius | Fuscus scriba quaestorius, in quo scriptum
fuit it quod infra scriptum est tabula v c(apitibus) vɪɪɪ | et vɪɪɪɪ et x:
ɪɪɪ idus Mart. L. Helvius Agrippa proco(n)s(ul) caussa cognita
5 pronuntiavit: ‖ Cum pro utilitate publica rebus iudicatis stare
conveniat et de caussa Patulcensi|um M. Iuventius Rixa vir
ornatissimus procurator Aug(usti) saepius pronuntiaverit

fi|nes Patulcensium ita servandos esse, ut in tabula ahenea a M.
Metello ordinati | essent,

ultimoque pronuntiaverit:

Galillenses frequenter retractantes controver|sia⟨m⟩ nec parentes
decreto suo se castigare voluisse, sed respectu clementiae optumi ‖
10 maximique principis contentum esse edicto admonere, ut qui-
escerent et rebus | iudicatis starent et intra K. Octobr(es) primas de

praedis Patulcensium recederent vacu⟨a⟩m|que possessionem traderent; quod si in contumacia perseverassent, se in auctores | seditionis severe anima adversurum;

et post ea Caecilius Simplex vir clarissi|mus ex eadem caussa aditus a Galillensibus dicentibus: tabulam se ad eam rem ‖ pertinen- 15 tem ex tabulario principis adlaturos, pronuntiaverit:

humanum esse | dilationem probationi dari,

et in K. Decembres trium mensum spatium dederit, in|tra quam diem nisi forma allata esset, se eam, quae in provincia esset, secuturum:|

ego quoque aditus a Galillensibus excusantibus, quod nondum forma allata esset, in | K. Februarias quae p(roximae) f(uerunt) spatium dederim, et mora⟨m⟩ illis possessoribus intellegam esse iucun‖dam: 20

Galil⟨l⟩enses ex finibus Patulcensium Campanorum, quos per vim occupaverant, intra K. | Apriles primas decedant. Quod si huic pronuntiationi non optemperaverint, sciant | se longae contumaciae et iam saepe denuntiatae animadversioni obnoxios | futuros.

In consilio fuerunt: M. Iulius Romulus, leg(atus) pro pr(aetore), T. Atilius Sabinus, q(uaestor) | pro pr(aetore), M. Stertinius Rufus f(ilius) (*and five others*) - - - ‖ - - - Signatores: Cn. Pompei 25 Ferocis, Aureli | Galli (*and nine others*) - - - | - - -

456. S.C. Macedonianum, A.D. 69–79. Bruns[7], 57.

cum inter ceteras sceleris causas Macedo, quas illi natura administrabat, etiam aes alienum adhibuisset et saepe materiam peccandi malis moribus praestaret, qui pecuniam ne quid amplius diceretur incertis nominibus crederet: placere, ne cui, qui filio familias mutuam pecuniam dedisset, etiam post mortem parentis eius, cuius in potestate fuisset, actio petitioque daretur: ut scirent qui pessimo exemplo faenerarent, nullius posse filii familias bonum nomen exspectata patris morte fieri

457. Thasos. C. Dunant and J. Pouilloux, *Recherches sur l'histoire et les cultes de Thasos*, II, 1958, pp. 82–7, no. 186.

[Λ.?] Οὐεινούλειος Παταίκιος ἐπίτροπος αὐτοκράτο[ρος] | Καίσαρος Οὐεσπασιανοῦ Σεβαστοῦ, Θασίων ἄρχουσ[ι], | βουλῇ, δήμωι χαίρειν· (*vacat*) καὶ πρὸς τὴν κολωνείαν ἐδικα[ι]|οδότησα ὑμᾶς καὶ ἀπειλήφατε τὸ ὀφειλόμενον ἀργύριον ‖ καὶ τῆς ἀνγαρείας ὑμᾶς τὸ 5 λοιπὸν ἀπολύω παρὲξ ὧν ἂν | διὰ τῆς ὑμετέρας χώρας· (*vacat*) ἃ δὲ

Λούκιος Ἀντώνιος, ἀνὴρ | ἐπισημότατος, κέκρικε περὶ τοῦ παρῳχη-
κότος, οὐκ ἐδυν[άμην | ἀ]νασκευασθῆναι· στρατιώτην ἔδωκα ὑμεῖν
περὶ τῶν ὅρων, | ὅταν αὐτὸς γέν⟨ω⟩μαι κατὰ τόπον στήσσω καὶ
10 ἐν οὐδενὶ μέμψε‖[σ]θε· προθυμίαν γὰρ ἐκτενεστάτην ἔχω τοῦ ποιεῖν
εὖ πάντας ἐπὶ Θ[ρᾴ|κ]ην (?), ὑμᾶς δὲ δὴ καὶ σφόδρα

458. 27 Dec., A.D. 75, and A.D. 93–4, Pergamum. *Sb. Akad. Berlin*, 1935,
pp. 967–72; *FIR*, I, 77; cf. *TAPA*, LXXXVI (1955), pp. 348–9.

[αὐτοκράτωρ Καῖσαρ Οὐεσπασιανὸς Σεβαστός, | ἀρχιερεὺς μέγιστος,
δημαρχικῆς ἐξουσίας τὸ ς΄, | αὐτοκράτωρ τὸ ιδ΄, πατὴρ πατρίδος,
5* ὕπατος τὸ ε΄ | ἀποδεδειγμένος τὸ ς΄, τιμητὴς λέγει· ‖ ἐπειδὴ τὰ τοῖς
ἐλευθέροις πρέποντα ἐπιτηδεύματα | ταῖς τε πόλεσι κοινῆι καὶ ἰδίαι
χρήσιμα καὶ τῶν θεῶν | ἱερὰ νομίζεται, τὸ μὲν τῶν γραμματικῶν καὶ
9* ῥητόρων, | οἳ τὰς τῶν νέων ψυχὰς πρὸς ἡμερότητα καὶ πολιτικὴν |
1 ἀρετὴν παιδεύουσιν, Ἑρμοῦ καὶ Μουσῶν, Ἀπόλλωνος¹ | δὲ καὶ
Ἀσκληπιοῦ τὸ τῶν ἰατ[ρ]ῶν καὶ ἰατραλιπτῶν, εἴ|[περ ἄρα τοῖς
Ἀσκληπιάδα]ις μόνοις ἡ τῶν σωμάτων ἐ|[πιμέλεια ἀπονενέμ]ηται,
τοῦ τούτους ἱεροὺς καὶ ἰσοθέ|[ους προσαγορευθ]ῆναι, κελεύω μήτε
5 ἐπισταθμεύεσθαι ‖ [αὐτοὺς μήτε εἰσ]φορὰς ἀπαιτεῖσθαι ἐν μηδενὶ
τρόπωι. | [εἰ δέ τινες τῶν ὑπ'] ἐμὴν ἡγεμονίαν ὑβρίζειν ἢ κατεγγυ|[ᾶν
ἢ ἄγειν τινὰ τῶ]ν ἰατρῶν ἢ παιδευτῶν ἢ ἰατραλει|[πτῶν τολμήσουσιν],
ἀποτισάτωσαν οἱ ὑβρίσαντες Διὶ Κα|[πετωλίωι ✳ M̅.² ὃ]ς δ' ἂν
10 μὴ ἔχηι, πιπρασκέσθω, καὶ τῶι ‖ [θεῶι καθιερούσ]θω ἀνυπερθέτως
τὸ ἐπιτίμιον ὃ ἂν | [τάξηι ὁ ἐπὶ ταῦτα κ]αταστασθεὶς ἔπαρχος·
ὁμοίως δὲ καὶ ἐ|[ὰν λαθόντα ἀνεύρ]ωσιν, ἀγέτωσαν αὐτὸν ὅπου
ἂν αἱρῶν|[ται, καὶ μὴ κωλυέσ]θωσαν ὑπὸ μηδενός. ἐξὸν δὲ αὐτοῖς |
15 [ἔστω καὶ συνόδου]ς ἐν τοῖς τεμένεσι καὶ ἱεροῖς καὶ ‖ [ναοῖς συνάγειν
ὅ]που ἂν αἱρῶνται ὡς ἀσύλοις· ὃς δ' ἂν | [αὐτοὺς ἐκβιάζητα]ι,
ὑπόδικος ἔστω δήμωι Ῥωμαίων | [ἀσεβείας τῆς εἰς τ]ὸν οἶκον τῶν
Σεβαστῶν. αὐτοκρά|[τωρ Καῖσαρ Οὐεσπα]σιανὸς ὑπέγραψα καὶ
ἐκέλευσα | [προτεθῆναι ἐν λε]υκώματι. Προετέθη ἔτους ς΄ μηνὶ ‖
20 [Λώωι x, ἐν Καπετωλί]ωι πρὸ ἐξ κα(λανδῶν) Ἰανουαρίων |

[imp. Caesar Domitia]nus tribuniciae potestatis XIII | [imp. XXII
cens. perp. p.p.] A. Licinio Muciano et Gavio Prisco: | [Avaritiam
medicorum atqu]e praeceptorum quorum ars, | [tradenda ingenuis
25 adulesc]entibus quibusdam, multis ‖ [in disciplinam cubiculariis]
servis missis inprobissime | [venditur non humanitatis sed aug]en-
dae mercedis gratia, | [severissime coercendam] iudicavi. | [Quis-

¹ *The first nine lines indicate the general sense of the preamble; they are not a
restoration.*
² = 10,000 drachm. or denarii, *i.e. a fine of this amount.*

quis ergo ex servorum disciplin]a mercedem c[apiet, | ei immunitas
a divo patre meo indulta], proinde ac [si ‖ in aliena civitate artem 30
exerceat, adim]enda [est]

459. 10 May, A.D. 90, Coptos (Egypt). *IGRR*, I, 1183; *OGIS*, II, 674.

ἐξ ἐπιταγῆς [Μεττίου Ῥούφου ἐπάρ|χου Αἰγύπτου]. Ὅσα δεῖ
τοὺς μισθω|τὰς[1] τοῦ ἐν Κόπτωι ὑποπείπτον|τος τῆι Ἀραβαρχίᾳ
ἀποστολίου πράσ‖σειν κατὰ τ[ὸ]ν γνώμονα τῆδε τῇ | στήληι 5
ἐνκεχάρακται διὰ Λουκίου | Ἀντιστίου Ἀσιατικοῦ ἐπάρχου | ὄρους
Βερενείκης[2] |

κυβερνήτου Ἐρυθραικοῦ δρα‖χμὰς ὀκτώι . . . . δραχμὰς | ἔξ.— 10
Πρωρέως δραχμὰς δέκα. | —[Φυλ]άκου δραχμὰς δέκα. | —[Ν]αύτου
δραχμὰς πέντε. |—Θεραπεύτου ναυπηγοῦ δραχμὰς ‖ πέντε.—Χειρο- 15
τέχνου δραχμὰς | ὀκτώι.—Γυναικῶν πρὸς ἑταιρισ|μὸν δραχμὰς
ἑκατὸν ὀκτώ. | —⟨Γ⟩υναικῶν εἰσπλεουσῶν δρα|χμὰς εἴκοσι.—
Γυναικῶν στρατι‖ωτῶν δραχμὰς εἴκοσι. | —Πιττακίου καμήλων 20
ὀβολὸν ἔνα. | —Σφραγισμοῦ πιττακίου ὀβολοὺς δύο. | —Πορείας
ἐξερχομένης ἑκάστου | πιττακίου τοῦ ἀνδρὸς ἀναβαίνον‖τος δραχμὴν 25
μίαν. —Γυναικῶν | πασῶν ἀνὰ[3] δραχμὰς τέσσαρας. | —Ὄνου
ὀβολοὺς δύο. —Ἁμάξης ἐχού|σης[3] τετράγωνον δραχμὰς τέσσαρες.
| —Ἱστοῦ δραχμὰς εἴκοσι. —Κέρατος δρα‖χμὰς τέσσαρες.—Ταφῆς 30
ἀναφερομέ|νης καὶ καταφερομένης δραχμὴν μί|αν τετρώβολον.
(Ἔτους) θ′ αὐτοκράτορος Καίσαρος | [Δομιτιανοῦ] Σεβαστοῦ
[Γερμανικοῦ], Παχὼν ιε′

----

[1] = publicanos.   [2] *Cf.* CIL, III, 13580.
[3] Γυναικῶν πασῶν ἀνὰ and ἐχούσης written in rasura.

460. ?A.D. 77, Letter of Vespasian to the Vanacini, North Corsica. *FIR*, I,
72; Bruns[7], 80.

imp. Caesar Vespasianus Augustus | magistratibus et senatoribus
| Vanacinorum salutem dicit: |

Otacilium Sagittam, amicum et procu‖ratorem meum, ita vobis 5
praefuisse, | ut testimonium vestrum mereretur, | delector. | De
controversia finium, quam ha|betis cum Marianis, pendenti ex ‖ is 10
agris, quos a procuratore meo | Publilio Memoriale emistis, ut |
finiret Claudius Clemens procu|rator meus, scripsi ei et mensorem
| misi ‖

beneficia tributa vobis ab divo | Augusto post septimum con- 15
sula|tum, quae in tempora Galbae reti|nuistis, confirmo |

egerunt legati ‖ Lasemo Leucani f. sacerd(os) Aug(usti), | Eunus 20

Tomasi f. sacerd(os) Aug(usti). | C. Arruntio Catellio Celere M. |
Arruntio Aquila cos. IIII idus Octobr.

461. 29 July, A.D. 77, Letter of Vespasian to the Saborenses, Cañete
(Spain). *FIR*, I, 74; *ILS*, 6092; Bruns[7], 81.

   imp. Cae⟨s⟩. Vespasianus Aug. pon|tifex maximus, tribuniciae |
potestatis VIIII, imp. XIIX, consul | VIII, p.p., salutem dicit
5 IIIIviris et ‖ decurionibus Saborensium |
   cum multis difficultatibus infirmita|tem vestram premi indicetis,
per|mitto vobis oppidum sub nomine meo, ut | voltis, in planum
10 extruere. Vecti‖galia, quae ab divo Aug. accepisse dici|tis, custodio;
si qua nova adicere vol|tis, de his proco(n)s(ulem) adire debebitis;
ego | enim nullo respondente constitu|ere nil possum. Decretum
15 vestrum ‖ accepi VIII Ka. August.; legatos dimi|si IIII Ka. easdem.
Valete |
   IIviri C. Cornelius Severus et M. Septimi|us Severus publica
pecunia in aere | inciderunt

462. A.D. 82, Letter of Domitian to the Falerienses, Falerio (Picenum).
FIR, I, 75; Bruns[7], 82.

   imp. Caesar divi Vespasiani f. | [*Domitianus*] Augustus | pontifex
max., trib. potest., imp. II, | cos. VIII designat. VIIII, p.p., salutem
5 dicit ‖ IIIIviris et decurionibus Faleriensium ex Piceno |
   quid constituerim de subsicivis cognita causa | inter vos et
Firmanos, ut notum haberetis, | huic epistulae subici iussi |
10 P. Valerio Patruino - - - -[1] cos. ‖ XIIII K. Augustas |
   imp. Caesar divi Vespasiani f. [*Domitianus*] | Aug. adhibitis
utriusque ordinis splen|didis viris cognita causa inter Fale|rienses et
15 Firmanos pronuntiavi quod ‖ suscriptum est |
   et vetustas litis, quae post tot annos | retractatur a Firmanis
adversus | Falerienses, vehementer me movet, | cum possessorum
20 securitati vel mi‖nus multi anni sufficere possint, | et divi Augusti,
diligentissimi et in|dulgentissimi erga quartanos[2] suos | principis,
25 epistula, qua admonuit | eos, ut omnia subpsiciva sua collige‖rent
et venderent, quos tam salubri | admonitioni paruisse non dubito; |
propter quae possessorum ius confirmo. | Valete
   d(atum) XI K. Aug. in Albano, | agente curam T. Bovio Vero, ‖
30 legatis P. Bovio Sabino, | P. Petronio Achille.—D(ecreto) d(ecuri-
onum) p(ublice)

---

[1] *The other consul's name erased.*   [2] *Soldiers of Legio IV.*

463. Delphi. *SIG*³, 821; cf. also *BCH*, LXVIII–LXIX (1944–5), pp. 75–93.

(*a*) A.D. 84. *Fouilles de Delphes*, III, iv, no. 120; *ILS*, 8905.

imp. [C]aesar di[vi Ves]pasiani f. [D]omitianus Aug. [Germ]anic[u]s p[ont. max]im. tr[ib. po]test. III p.p. imp. VII cos. x des. [XI] tem[plu]m Apo[llinis] sua im[p]ensa refecit

(*b*) Decree of Delphians, A.D. 90, concerning the letters of Domitian and the proconsul of Achaia (*c–e*).

θεός. τύχαι ἀγαθᾶι. [ἔδοξε τᾶι πό]λει τῶν Δελφῶν τὰς περὶ τοῦ ἀγῶνος τοῦ Πυθι[κοῦ πεμφθείσα]ς αὐτοῖς ἐπιστ[ο]λὰς ἐν τὸν ἐπισαμότατο[ν τόπον τοῦ ἱεροῦ ἐν λιθίναν] στάλαν ἐνχαράξαι

(*c*) Letter of Domitian, A.D. 90.

αὐτοκράτωρ Καῖσαρ, θεοῦ Οὐεσπασια[νοῦ] υἱός, Δομετιανὸς Σεβαστό[ς Γ]ερμανικός, ἀρχιερεὺς μέγιστος, δημαρχικῆς ἐξουσίας τὸ θ΄, αὐτοκρά[τωρ] | τὸ κα΄, ὕπατος τὸ ιε΄, τειμητὴς διὰ β[ίο]υ, πατὴρ πατρίδος, Δελφῶν ἄρ[χου]σι καὶ τῇ πόλει χαίρειν· φύσει δίκαιόν ἐστιν καὶ εὐσεβές, τὴν προθε[σμίαν] | τοῦ Πυθικοῦ ἀγῶνος ἀκολούθως τοῖ[ς Ἀ]μφικτυονικοῖς νόμοις φυλά[σσε]σθαι, μηδενὸς μέρους τ[ῶν] ἀρχαίων ἐθῶν παρενχειρουμένου· ὃ ἵν[α γένη]|ται ἀκολούθως τῇ προαιρέσει μου, ἔγραψ[α ..... ¹⁰⁻¹³ .....]ΙΕΝ . ᶜ·⁵ . .Ν ἀνθυπάτῳ. [πρεσβευταὶ] ἦσαν Ἐπίνεικ[ος] Εὐδώρου, Ῥούστικος Εὐδάμου, ΘΥΣΙΛΙΑ =ΥΛΛ[.... ‖ πρε]σβείας ἀξίους κρε[ίνετε - - -] 5 (*The rest is too mutilated for restoration*)

(*d*), (*e*) Letters of the proconsul of Achaea to the Delphians (*d*) and the Amphictyons (*e*), A.D. 90.

(*d*) [- - ἀνθύπατος Ἀχαιᾶς - - Δελφῶν τοῖς ἄρ]χουσι χαίρειν. τοῦ κυρίου ἡμῶ[ν θειοτάτου] αὐτοκράτορο[ς] Δομετιανοῦ Καίσαρος [Σεβα]στοῦ Γερμανικοῦ, προνοοῦντος τοῦ κατὰ τὴν ἀρ|[χ]αίαν τάξιν ἀγομένου Πυθικοῦ ἀγῶνος - -, ἣν κατὰ τὴ]ν ἱερωτάτην αὐτοῦ ἐπιταγὴν ἔγραψα τῷ τῶ[ν Ἀμφικτυό]νων συ[ν]εδ[ρ]ίῳ ἐπιστ[ολὴ]ν διεπεμψάμην τῷ [ἐπιμ]ελητῇ αὐτῶν Μεγαλείνῳ. ἵνα μέντοι εἰδῆτε, ὅτι ὅ τε κύριος | [διατέτακται - -, ἔ]πεμψα τὸ ἀντίγρα]φον ὑμεῖν τῆς τε τοῖς Ἀμφικτύοσιν ἐπιστολ[ῆς καὶ ταύτῃ] τῇ ἐπιστολῇ ὑπέ[ταξα] τῆς τοῦ Μεγαλείνο[υ]. ἔρρωσθε

(*e*) [- - ἀνθύπατος Ἀχαιᾶς - - τῷ συνεδρίῳ τῶν] Ἀμφικτυόνων χαίρειν γράψαντ[ος ἐμοὶ τοῦ] κυρίου ἡμῶν κ[αὶ ἐπι]φανεστάτου αὐ[τοκρ]άτορος [Δομετιανοῦ] Καίσαρος Σεβαστοῦ Γερμανικοῦ, ἵνα | [φυλάσσησθε τοὺς περὶ τοῦ Πυθικοῦ ἀγῶνος ἀπὸ τοῦ παντὸς αἰῶνος μέχρι]

τοῦ δεῦρο γεγενημένους 'Αμφικτυονικοῦ[ς νόμους, καὶ(?) ταῦτα]
ἀνανκαῖον ἦ[ν γρά]ψαι ὑμεῖν, ἵνα κατὰ τοὺ[ς αὐτ]οὺς νόμους,
καθὼς ὁ αὐτοκράτωρ διατέτακται, ὁ ἀγὼν ἄγηται. ὑπέταξα δὲ |
[- - ὑμεῖν τὸ ἀντίγραφον τῆς ἐπιστολῆς, ἣν] ὁ κύριός μοι ἔπεμψεν, ἵνα
εἰδῆτε καὶ ἐξ αὐτοῦ [τὴν ἱερωτάτην ἐπιταγήν, καὶ ὁ ἀγὼν ἐφε]ξῆς (?)
κατὰ τοὺς ἀπὸ [τοῦ παν]τὸς αἰῶνος μέχρι τοῦ δεῦρο καὶ τετηρημένους
καὶ ὑπό σου κεκυρωμέ|[νους 'Αμφικτυονικοὺς νόμους ἄγηται - -]
φυλασσομένου τοῦ διωρισμένου ἐν - -. [ἔρρωσθε]

464. *Circa* A.D. 93, Antioch (Pisidia). *TAPA*, LV (1924), pp. 5–20; *JRS*,
XIV (1924), pp. 179–84; XV (1925), pp. 255–8; XVI (1926), pp. 114–18; cf.
Martial IV, 75 and IX, 30.

Col. 1

L. Antistio [L.]f. | Gal. Rustico cos. | leg. imp. Caes. [*Domi*|*tiani*]
5 Aug. [*Germanici*] ‖ pro pr. provinciarum | Capp. Galat. Ponti Pisid.
| Paphl. Arm. Min. Lyca. praef. | aer. Sat. procos. provinc. Hisp. |
10 [u]lt. Baetic. leg. divi Vesp. et divi Titi ‖ et imp. Caesaris [*Domitiani*]
Aug. | [Germanici] leg. VIII Aug. cura|tori viarum Aureliae et Cor-
15 ne|liae adlecto inter praetorios | a divo Vespasiano et divo Tito ‖ donis
militaribus donato ab isdem | corona murali cor. vallari | corona
aurea vexillis III | hastis puris III trib. mil. leg. II | [A]ug. xvir. stliti-
20 bus iudicand. ‖ patrono coloniae quod | [ind]ustrie prospexit annon.

Col. 2

L. Antistius Rusticus leg. | imp. Caesar⟨i⟩s Domitiani | Aug.
5 Germ. pro pr. dic.: | Cum IIvir. et decurion. ‖ splendidissim. Col.
Ant. | scripserint mihi propter | hiemis asperitatem an|nonam
10 frumenti ex|arsisse petierintque ut ‖ pleps copiam emendi haberet,
| B.⟨F.⟩[1] omnes, qui Ant. Col. aut | coloni aut incolae sunt, | profite-
15 antur apud IIviros Col. | Antiochensis intra tri‖censimum diem
quam | hoc edictum meum pro|positum fuerit quantum | quisque
20 et quo loco fru|menti habeat et quan‖tum in semen aut in | cibaria
annua familiae | suae deducat, et reliqui | omnis frumenti copiam |
25 emptoribus Col. Antiochens. ‖ faciat. Vendendi au⟨t⟩em |
tempus cons⟨t⟩ituo in K. Aug. | primas. Quod si quis non |
30 paruerit, sciat me, quid|quid contra edictum me‖um retentum
fuerit, | in commissum vindica|turum delatoribus prae|mi nomine
35 octava por|tione constituta. Cum ‖ autem adfirmatur mihi ante |
hanc hibernae asperitatis per|severantiam octonis et | novenis

1 B (*in margin*), et (W. M. Ramsay). B.F. (R. Cagnat, *CRAI*, 1925, p. 227;
D. M. Robinson, *JRS*, 1925, p. 256) = b(onum) f(actum) *or* b(onae) f(ortunae).

assibus modium fru|menti in Colonia fuisse ‖ et iniquissimum sit 40
famem | civium suorum praedae cui|quam esse, excedere sing. | *¹
sing. modios pretium | frumenti veto

Col. 3

- - - - - Rufo proc. Aug. (*Below*) Tiberia Platea

¹ *I.e.* denarios.

465. A.D. 93, Chios. *IGRR*, IV, 931.

[αὐτοκράτωρ Καῖσαρ θεο]ῦ Οὐεσπασιανοῦ υἱὸ[ς Δομιτιανὸς
Σεβαστὸς] Γερμανικὸς ἀρχιερε[ὺς μέγιστος δημαρχι]κῆς ἐξουσίας τὸ
ιγ′ [αὐτοκράτωρ τὸ κβ′ ὕπ]ατος τὸ ι[ς′] τειμητὴς [διὰ βίου πατὴρ
πατρίδ]ος Χίων ἄρχουσι βουλῇ δ[ήμῳ χα]ίρειν - - - - - αθην
ἠξίωσαν τὰ ἀπὸ τῆς - - - - -

466. Hama (Syria). Letter of Domitian to the procurator Claudius
Athenodorus. *IGLS*, v, 1998; *SEG*, XVII, 755.

ἐξ ἐντολῶν αὐτοκρά|τορος [Δομ]ιτιανοῦ Καίσ[α]|ρος Σεβαστοῦ
υἱοῦ Σεβασ[τοῦ], | πρὸς Κλαύδιον Ἀθηνόδωρον ‖ ἐπίτροπον · ἐν τοῖς 5
ἐξαιρέτοις | καὶ μεγάλης χρῄζουσιν φρον|τίδος, ὑπὸ τοῦ θεοῦ πατρὸς
Οὐε[σ]‖πασιανοῦ Καίσαρος ἐπιμελείας τετ[υ]‖χέναι γεινώσκω τὰ
τῶν πόλεων φι‖λάνθρωπα· οἷς ἐνατενίσας, ἐκέλευ[σε] | μήτε 10
ὑποζυγίων μισθώσεσιν μείτε ξέ[νων] | ὀχλήσεσιν βαρύνεσθαι τὰς
ἐπαρχείας. | ἀλλ᾽ ὅμως, ὑπεί[ξ]ει ἢ οὐ ἐπ{π}ιδιορθώσεως | τυχόν, οὐ
τοῦτο πεφύλακται· μένει γὰρ ‖ μέχρι νῦν παλαι⟨ὰ⟩ καὶ εὔτονος 15
συνήθεια, | κατ᾽ ὀλίγον χωροῦσα εἰς νόμον, εἰ μὴ ἰσχύε[ιν] |
κωλυθείη δυνάμει. ἐντέλλομαι δὴ καὶ σοὶ φροντί[δα] | ποιήσασθαι
ὅπως μηδεὶς ὑποζύγιον λάβῃ εἰ [μὴ] | ὁ ἐμὸν ἔχων δίπλωμα·
ἀδικώτατον ⟨γ⟩άρ ἐστι[ν], ‖ ἢ χάριτί τινων ἢ ἀξι[ώ]⟨σ⟩ει τὸ γραφὰς 20
γεινέσθαι, ἃς [μη]‖δενὶ ἔξεστιν διδόναι ἢ ἐμοί· μηδὲν οὖν γε[ινέσ]‖θω
ὃ τὴν ἐμὴν ἐντολὴν καταλύσει καὶ τὴν συμ[φο]‖ρωτάτην ταῖς
πόλεσιν γνώμην φθερεῖ· βοη[θεῖν] | γὰρ δίκαιόν ἐστιν ἀτονούσαις
ταῖς ἐπαρχε[ίαις] ‖ αἳ μόγις τοῖς ἀναγκαίοις ἐξαρκοῦ⟨σιν⟩· μηδ[ὲ] | 25
βιαζέσθω τις αὐτὰς παρὰ τὴν ἐμὴν βο[ύ]|λησιν· ὁδηγόν τε μηδεὶς
λαμβανέτω εἰ μ[ὴ] | ὁ ἐμὸν ἔχων δίπλωμα· ἐναποσπωμένω[ν] | γὰρ
τῶν ἀγροίκων, ἀγεώργητοι μενοῦ[σιν] ‖ αἱ χῶραι. σύ τε ἢ ἰδίοις 30
χρησάμενος ὑπο[ζυγί|ο]ις ἢ μισθωσάμενος, κάλλιστα ποιήσει[ς
- - - -|- - - -]πέμ[ψαι ἐ]πώ[νυμ]α σοὶ διπλώματα μετακ. | (*Two
further fragmentary lines*)

XV

CITIES OF THE EMPIRE

For dedications on statues, temples, etc. and for other building activities by cities see nos. 87, 94–6, 111, 133–4, 136–44, 147–9, 171, 177–8, 230, 237–8, 243–4, 268, 272, 280, 306, 310, 314, 317–18, 330–1, 343; for magistracies nos. 56, 65, 132, 146, 150, 153–4, 156–7, 188, 191, 239, 270, 281, 286, 299–300, 320, 329, 338, 341, 344, 353–4, 379, 393, 453–4; for patrons of colonies nos. 239, 255, 266, 277, 288, 303, 311, 315, 338, 354, 393; see also nos. 33, 54, 75, 121, 128–9, 192, 273, 301, 328, 339.

468. Rome. *ILS*, 6045.

imp. T. Caesari divi f. Vespasiano Aug. pleps urbana quae frumentum publicum accipit et tribus [xxxv]

469. A.D. 78, Castelnuovo (near Peltuinum). *ILS*, 9368.

Sex. Vitulasius L.f. Qui. Nepos cos. aquam Augustam adiect. fontibus novis sua pec. perduxit et arcus novos fecit

470. Amphitheatre, Puteoli. *Memorie dell'Accademia di Archeologia, Lettere e Belle Arti di Napoli*, n.s. III (1955), pp. 88–9.

[C]olonia [Fl]avia A[ug. P]uteola[na] pe[cu]n[ia su]a

471. *Circa* A.D. 71, Naples. *IG*, XIV, 758; *IGRR*, I, 451.

Ὀκτάουιος Καππάριος Ὀκταουίωι | Καππαρίωι υἱῶι εὐσεβεστάτωι κατὰ τὸ τῆς | βουλῆς ψήφισμα · ι΄ πρ(ὸ) καλαν(δῶν) Ἰανουαρίων, | γραφομένων παρῆσαν Πετρώνιος Σκάπλας, Μαννείος || Πρεῖσκος, Ποππαῖος Σεουῆρος · περὶ οὗ προσανήνεγκαν τῆι | βουλῆι Πάκκιος Κάληδος καὶ Οὐείβιος Πολλίων οἱ ἄρχοντες, περὶ | τούτου τοῦ πράγματος οὕτως ἔδοξεν · παντὶ μὲν πολείτηι | συνάχθεσθαι δεῖν ἐπὶ τέκνου τελευτῆι, μάλιστα δὲ Ὀκταουίωι Καππα|ρίωι ἀνδρὶ ἀξιολόγωι, βιοῦντι ἐπ(ι)εικῶς καὶ ἀγορανομήσαντι σεμνῶς, ἀποβα||λόντι υἱὸν Καππάριον νεώτερον, μεμαρτυρημένον ὑφ᾽ ἡμῶν | διά τε τὴν τῶν τρόπων κοσμιότητα καὶ διὰ τὴν ὁμοίαν τῶι πατρὶ | ἐπιτελεσθεῖσαν αὐτῶι ἀγορανομίαν · παραμυθεῖσθαι οὖν αὐτὸν | δημοσίαι καὶ δίδοσθαι τόπον εἰς κηδείαν ὃν ἂν ὁ πατὴρ αὐτοῦ ἕληται. | (Locus) d(atus) p(ublice) d(ecreto) d(ecurionum)

472. A.D. 71, Naples. *IG*, XIV, 760; *IGRR*, I, 453.

Τεττίαι Κάσται ἱερείαι τ[οῦ . . . . .] | τῶν γυναικῶν οἴκου διὰ βίου ψη[φίσματα] · | ἐπὶ ὑπάτων Καίσαρος Σεβαστοῦ υἱοῦ Δομιτι[ανοῦ

καὶ Γαΐου] | Οὐαλερίου Φήστου ιδ′ Ληναιῶνος· γραφ[ομένων
παρῆσαν] ‖ Λούκιος Φροῦγι, Κορνήλιος Κεριᾶλις, Ἰούνιος. - - - - - - | 5
περὶ οὗ προσανήνεγκεν τοῖς ἐν προσκλήτωι Τρανκουίλλιος Ῥοῦφος ὁ
ἀντάρχων, περὶ τού[του τοῦ πράγματος οὕτως εὐηρέστησεν]· | τὴν
γνώμην ἁπάντων ὁμολογοῦντας κοινὴν εἶναι λύπην τὴν πρόμοιρον
Τεττίας Κά[στας τελευτήν, γυναικὸς φιλοτιμησαμέ]‖νης εἴς τε τὴν
τῶν ἁπάντων εὐσέβειαν καὶ εἰς τὴν τῆς πατρίδος εὔνοιαν, ἀργυρῶν
ἀνδριάντων ἀνε[κλείπους ἀναστάσεις τοῖς θεοῖς ποιη]‖σαμένης
πρὸς τὸ μεγαλοψύχως εὐεργετῆσαι τὴν πόλιν, τιμᾶν ἀνδριάντι καὶ
ἀσπίδι ἐγγ[εγραμμένηι Τεττίαν Κάσταν καὶ θάπτειν αὐτήν] ‖
δαπάνῃ μὲν δημοσίαι, ἐπιμελείᾳ δὲ τῶν προσηκόντων, οὓς δυσχερές
ἐστιν παραμυθήσασθαι δι[ὰ - - - - - - - - καὶ τό]‖πον εἰς κηδείαν
δίδοσθαι καὶ εἰς ταῦτα ἐξοδιάζειν

ἐπὶ ὑπάτων Καίσαρος Σεβαστοῦ [υἱοῦ Δομιτιανοῦ καὶ Γ.
Οὐαλερίου Φήστου - - πρὸ καλ(ανδῶν)] | Ἰουλίων· γραφομένων
παρῆσαν Γράνιος Ῥοῦφος, Λούκιος Πούδης, Ποππαῖ[ος Σεουῆρος]· |
περὶ οὗ προσανήνεγκεν τοῖς ἐν προσκλήτωι Φούλβιος Πρόβος ὁ
ἄρχων, περὶ τούτου τοῦ πρ[άγματος οὕτως εὐηρέστησεν· τὴν μὲν εἰς
τὸν ἀνδριάντα] | δημοσίαν δαπάνην, ἣν ἡ βουλὴ συμπαθοῦσα
ἐψηφίσατο Τεττίᾳ Κάστᾳ, εὖ [ἔχειν· ἄξιον δὲ καὶ ἐπαινέσαι αὐτὴν
καὶ στεφανῶσαι] ‖ χρυσῶι στεφάνῳ μαρτυροῦντας αὐτῆς τῶι βίωι
δημοσίωι ἐπαίνωι - - - - - - |

ἐπὶ ὑπάτων Λουκίου Φλαουίου Φιμβρία καὶ Ἀτειλίου Βαρβάρου
[- - - - - - γραφομένων παρῆσαν] | Ἀρίστων Βύκκου, Ἀουίλλιος
Ἀρριανός, Οὐέρριος Λειβ[εραλις - - - - - - - - - - · | περ]ὶ οὗ
προσανήνεγκεν τοῖς ἐν προσκλήτωι Ἰούλιος Λειουεια[ν]ὸ[ς ὁ - - - -,
περὶ τούτου τοῦ πράγματος οὕτως εὐηρέστησεν· | Τεττ]ίᾳ τόπον
εἰς κηδείαν ἀπὸ τοῦ τείχους ἐν μετώπωι μέχρι [- - - - - - - - -
‖ . . .]κοντα ἐξοικοδομεῖν ἐπιτρέπειν καὶ ἀπὸ τῆς στ[ήλης εἰς - - - - - -
πανταχόσε ἄλλῳ μηδενὶ κηδείαν | ἐπὶ] τῶι αὐτῶι τόπῳ δίδοσθαι. | . . .
Δομίτιοι Λέπιδ[ος καὶ - - - - -] | τῆι μητρὶ καὶ Λ. Δομ[ίτιος - - - - -
τῆι γυναικὶ ἐποίησαν]

473. *Circa* A.D. 90, Naples. *IG,* XIV, 746; *SEG,* XIV, 605; *IGRR,* I,
445; cf. *AJP,* LXVIII (1947), pp. 353–62.

Τ. Φλάουιος Ἀρτεμιδώρου | υἱὸς Κυρείνᾳ Ἀρτεμίδωρος |
Ἀδανεὺς ὁ καὶ Ἀντιοχεὺς ἀπὸ | Δάφνης, νεικήσας τὸν ἀγῶνα τῶν ‖
μεγάλων Καπετωλείων τὸν πρώτως ἀχθέντα[1] | ἀνδρῶν παγκράτιον,
Ὀλύμπια β′, Πύθια β′, Νέμεια β′, | Ἄκτια, Νέαν πόλιν ἀνδρῶν

[1] A.D. 86.

παγκράτιον, Ἴσθμια ἀγε|νείων παγκράτιον, κοινὸν Ἀσίας ἐν
Ζμύρνῃ ἀγενεί|ων παγκράτιον καὶ τῇ ἑξῆς πενταετηρίδι ἀνδρῶν ‖
πάλην καὶ παγκράτιον καὶ πάλι ἀνδρῶν παγκράτιον | πρῶτος
ἀνθρώπων, κοινὸν Ἀσ(ίας) ἐν Περγάμῳ | ἀνδρῶν παγκράτιον, ἐν
Ἐφέσῳ Βαλβίλληα παῖδω[ν | παγκρά]τι[ον κα]ὶ πάλι κατὰ τὸ
ἑξῆς ἀνδρῶν παγκρά|[τιον], ἐν Ἀλεξανδρείᾳ τὸν ἱερὸν πενταετη‖-
5 [ρικόν], κοινὸν Συρίας, Κιλικίας, Φοινείκης ἐν Ἀν|τιοχείᾳ β' ἀνδρῶν
παγκράτιον, Ἔφεσ[ον], Τράλ|[λεις] δ', Σάρδεις ε', Λαυδίκειαν
ε', [- -|τὴ]ν ἐξ Ἄργους ἀσπίδα καὶ ἄλλους [π]εν[ταετη|ρικ]οὺς
0 ἀγῶνας ιδ' - - - - - - - ‖ Ἀρτεμίδωρον Ἀθηνοδώρου Λ[- - - ἐπι|-
μελ]ηθέντος Ἀθηνοδώρ[ου - - - - -]

474. A.D. 93-4, Naples. *ILS*, 6322.

[i]mp. Caesar[i] divi Vespasiani [f.] Domitiano Au[g.] Germ.
pont. ma[x.] trib. potest. XIII imp. XXII cos. XVI censori perpet.
p.[p.] reg. vici Vestoriani et Calpurniani

475. Pompeii. *AJP*, LXVIII (1947), p. 389.

pro salute [imp. Vespasiani] Caesaris Augu[sti] li[b]e[ro]rum-
qu[e eius ob] dedicationem arae [fam. gladiat.] Cn. [All]ei Nigidi
Mai flami[nis] Caesaris Augusti pugn.[1] Pompeis sine ulla dilatione
IIII non. Iul. venatio [sparsiones] vela erunt

[1] pugn(abit).

476. Pompeii. *ILS*, 6438*d*.

M. Epidium Sabinum d. i. dic. o. v. f. dig. est defensorem
coloniae ex sententia Suedi Clementis sancti iudicis consensu
ordinis ob merita eius et probitatem dignum reipublicae faciat.
Sabinus dissignator cum plausu facit

477. A.D. 83, Carales (Sardinia). *ILS*, 5350.

imp. Caesari div[i Aug.] Vespasiani f. Do[mitiano] Aug. pont.
max. tr. pot. II imp. III p.p. [c]os. VIIII des. x Sex. Laecanius Labeo
pro[c.] Aug. praef. provinci[ae] Sardin. plateas et c... itinera
municipii C[aralit.] sternenda et cloa[cas f]aciendas et t[e]g[endas]
p.p. et privata [curavit]

478. A.D. 76, Baesucci (Tarraconensis). *CIL*, II, 3250.

Tit. Caesari Aug. f. Vespasiano imp. pont. trib. pot. VI cos. des.
VI censori d.d.[1]

[1] d(ecreto) d(ecurionum).

479. Mulva (Baetica). *ILS*, 256.

divo Caesari Aug. Vespasiano censori municipium M[u]niguense d.d. L. Aelius Fronto dedicavit

480. Iluro (Baetica). *ILS*, 1982.

imp. Domitiano Caesari Aug. Germanico L. Munius Quir. Novatus et L. Munius Quir. Aurelianus [L.]f. c. R. per h[ono]rem IIvir.[1] consecuti d.s.p.d.d.[2]

>   [1] c(ivitatem) R(omanam) per honorem (duoviratus).
>   [2] d(e) s(uis) p(ecuniis) d(ono) d(ederunt).

481. A.D. 75, Igabrum (Baetica). *ILS*, 1981.

Apollini Aug. municip[es] Igabrenses beneficio imp. Caesaris Aug. Vespasiani c.R.c.[1] cum suis p[er honore]m Vespasiano VI cos. M. Aelius M. fil. Niger aed. d.d.

>   [1] c(ivitatem) R(omanam) c(onsecuti).

482. A.D. 74–6, Icosium (Mauretania Caesariensis). *CIL*, VIII, 20853.

[i]mp. Caesari Vespasiano A[u]g. [p.]m. tr.[p.] VI[1] im[p. XIII] cos. V .... p.[p.T.] Flaviu[s .....]ñi[n]us aed. IIvi[r qui]nq[u]enna. pontife[x p]rimus in colonia ex [d.]d. ob honorem pontificatus epulo dato d.d.   [1] *Or* VII.

483. A.D. 74, Tubusuctu (Mauretania Caesariensis). *Bull. Arch.* 1934–5, pp. 94–5.

imp. Caesari Aug. Vespa[s.] p.m. trib. [pot.] VI imp. XII p.[p.] cos. V desig. VI cen[s]ori col. col. Iuli. Tubusuctitanae leg. VII immunis p.p.p.c.[1]

>   [1] p(ecunia) p(ublica) p(onendum) c(uraverunt).

484. A.D. 72, Lepcis Magna. *IRT*, 300.

imp. Caesare Vespasiano [Aug. pont. m]ax. trib. potest. III imp. X cos. IIII des[ig. V p.p.] Q. Manlius Ancharius Tarq[uitius Saturni]nus procos. patronus d[edicavit]. Volumnius Memor Felix [legatus] pro pr[aetore - - - - -] Iddibal Balsillecis [f.] Annobalis n. Asmunis pro[nepos - - - - -]us templum Matris Magna[e - - - - -] et exor[navit e]x HS CC m.n.d.s.p.d.[1] - - - - -is et Passienus Maris e - - - -

>   [1] m(ilibus) n(ummum) d(e) s(ua) p(ecunia) d(edit).

485. A.D. 77–8, Lepcis Magna. *IRT*, 342(*a*); cf. *Libyca*, II (1954), pp. 383–4.

imp. Caesa[r]i Vespasian[o Aug. p]ont. max. [trib.] pot. [VIIII imp. XVIIII p.p.] cos. V[III T. Imp.] Caes[ari Vespasi]ano Aug. f.

pont. [imp. ?] cos. vi [C. Pa]ccius Africanus¹ pon[tif.] cos. [pr]ocos.
Africae patronu[s] per Cn. Dom[itium] Ponti[c]um pr. leg. pro
[pr. pat]ronum municipi dedic.

¹ *Tac.* Hist. *iv, 41.*

486. A.D. 82, Rome. *ILS,* 6105; *Annuaire du Musée National Archéologique, Plovdiv,* i (1948), p. 59.

imp. Domitiano [Aug. viii] | T. Flavio Sabi[no cos.] | idibus
Iu[n.]¹ | in colonia Flavia Pacis Deultensium i[n curia ? - - -]‖
5 talca² et C. Occeius Niger iiviri verba fec[erunt - - - - Avi]‖dio
Quieto leg. Aug. ornatissimo viro [deferendum patrocinium] |
coloniae nostrae esse, q.d.e.r. fie[ri p., d.e.r.i.c.]³ | Cum militaverimus in leg. viii Aug. et emer[itis xxv stipendiis] | a sacratissimo imp.
10 in coloniam Deultum [deducti simus, peten]‖dum ab eo ut secundum summam human[itatem suam digne|tur pat]rocinium succipere coloniae n[ostrae, tabulamque | de ea re con]scriptam in
domu sua poni per[mittat, ut ita | ipse gaudeat] humanitate sua
15 incrementi[que nostri | status ita officia]que eius nota sint. ‖ [Scri]-
bendo adfuerunt (*followed by names*)

¹ Or Iu[l].   ² *Some Thracian name, e.g.* [Si]talca *or* [Roime]talca.
³ q(uid) d(e) e(a) r(e) fieri p(laceret), d(e) e(a) r(e) i(ta) c(ensuerunt).

487. A.D. 79, Delphi. *Fouilles de Delphes,* iii, iv, no. 34; *SIG³,* 817.

θεός. τύχαι ἀγαθᾷ. | Δελφοὶ ἔδωκαν Μ. Τουρρανίῳ Ἑρμονείκῳ
Που|τιολανῷ κιθαρῳδῷ νεικήσαντι Πύθια ἐνδόξως | πολειτείαν
5 αὐτῷ καὶ ἐκγόνοις προμαντείαν προ‖ξενίαν προδικίαν ἀσυλίαν
προεδρίαν ἀτέλειαν γᾶς | καὶ οἰκίας ἔνκτησιν καὶ τἆλλα τείμια ὅσα
τοῖς κα|λοῖς κἀγαθοῖς ἀνδράσιν δίδοται, ἄρχοντος Τίτου | Καίσαρος
Σεβαστοῦ βουλευόντων Ἀγάθωνος κα[ὶ] Ἀντιγόνου

488. A.D. 69–79, Athens. *IG,* ii², 3283 *b.*

[Δομετιανὸν] Οὐεσπασιανοῦ Καίσαρος υἱὸν νε(ώτερον) ἡ ἐξ
Ἀρείου πάγου βουλὴ καὶ ἡ βουλὴ τῶν ἑξακοσίων καὶ ὁ δῆμος

489. Bronze coin, Corinth. *BMC, Corinth,* p. 72, no. 580.

Obv. Head of Domitian, laureate. IMP. CAES. DOMITIAN. AVG. GER.
Rev. Horseman with couched spear, galloping. COL. IVL. FLAV.
AVG. CORINT.

490. Rhodes. *IG,* xii, i, 58; *IGRR,* iv, 1129.

Ἑρμαγόραν Φαινίππου Κλάσιον, | πάντα πράξαντα καὶ συνβουλεύσαντα | τῷ δάμῳ τὰ συνφέροντα τᾷ πατρίδι {τὰ} ἐν τῷ τᾶς |

πρυτανείας χρόνῳ καὶ διαδειξάμενον ‖ ἂν ἔχει ἁ πόλις ποτί τε τὸν 5
αὐτοκράτορα | Τίτον Φλάουιον Καίσαρα Οὐεσ|πασιανὸν καὶ τὸν
σύνπαντα οἶκον αὐτοῦ καὶ | τὰν ἱερὰν σύνκλητον καὶ τὸν δᾶμον τὸν
Ῥωμαί|ων εὔνοιαν καὶ πίστιν, καὶ τυχόντα τῶν καλλίσ‖των 10
γραμμάτων ἀπὸ τοῦ θεοῦ Σεβαστοῦ ἐν | τῷ τᾶς πρυτανείας καιρῷ
καὶ διὰ τὰν ποτὶ τὰν πατρί|δα εὔνοιαν ποτιτάξαντος τοῦ δάμου καὶ
τειμὰς αὐτοῦ | εἰσγραφήμειν, καὶ ταμιεύσαντα καὶ στεφανωθέντα
ὑπὸ τᾶν | βουλᾶν πλεονάκις χρυσέοις στεφάνοις καὶ ἀνδριάν‖των καὶ 15
προσώπων ἀργυρέων ἀναθέσεσι, καὶ ἱεροταμι|εύσαντα Λινδίων δὶς
καὶ τιμαθέντα ὑπ᾽ αὐτῶν μετὰ | τοῦ υἱοῦ Φιλίππου πάσαις ταῖς
τειμαῖς καὶ τυχόντα τῶν | παρ᾽ αὐτοῖς καλλίστων ψαφισμάτων
πλεονάκις καὶ ἀνδρι|άντων ἀναθεσίων, καὶ νεικήσαντα Ἄλεια ἵππῳ
στ..... ‖ καὶ στρατευσάμενον ἐν τριημιολίᾳ ᾇ ὄνομα Εὐδ.....|τα 20
καὶ στεφανωθέντα ὑπὸ ἀμφοτέρων [π]ο[λίων] | πλεονάκις καὶ ὑπὸ
Λινδίων καὶ Ἰαλυσίων, [καὶ ὑπὸ | τοῦ δ]άμ[ου τ]οῦ Ἀμίων Δρακω-
νει[τᾶν (?) .....|..... Ἑ]ρμαγόρα Κλασία τὸν π[ατέρα]

491. Brycus (Carpathus). *IG*, XII, 1, 995; *IGRR*, IV, 1152.

Δομειτίαν θεὰν Σεβα[στὰν] γυναῖκα{ν} αὐτοκράτορος Καίσαρος
Δο[μειτιανοῦ Οὐεσ]πασιανοῦ υἱοῦ Σεβαστοῦ τὰν ἑ[αυτῶν εὐεργέτιδα]
ὁ δᾶμος ὁ Βρυκουντίων καὶ τοὶ κα[τοικεῦν]τες ἐν Βρυκοῦντι πάντες
[ὑπὲρ τοῦ δ]άμου τοῦ Ῥοδίων

492. Aphrodisias. *SEG*, XIV, 731.

θεᾷ Ἀφρο[δείτῃ κα]ὶ αὐτο[κράτ]ορι Δομιτιανῶι Καίσαρι Σεβαστῶι
Γερμανικῶι | καὶ τῶι σ[ύμπαν]τι οἴκωι [τῶν Σε]βαστῶν καὶ τῶι δή-
μωι [τῶι Ἀφροδισιέων] | Ἄδραστος Ἀπο[λλωνί]ου τοῦ Ὑψ[ικλέου]ς
τοῦ Μενάνδρου τοῦ Ζήνωνος ὁ γενόμενος | ἱερεὺς Ἡλίου καὶ ἀρχ[ιερ]εὺς
Οὐεσπ[ασιανο]ῦ Καίσαρος Σεβαστοῦ τὰ ὑδρεγδοχεῖα καὶ τὰ[ς] ‖ ἐν 5
αὐτοῖς δεξαμενὰς καὶ τὰ ὕδα[τα κα]θ᾽ ὅλην ῥέοντα τὴν πόλιν
ὠνησάμενος [τοὺς] | περικειμένους τόπους πάντας [καὶ τ]ὰ ἄμφοδα
καὶ ἀποκαταστήσας τῇ πόλει κ[αὶ] | κατασκευάσας τὰ ἐν αὐτοῖς
[ἔργα σὺν] Ἀμμίᾳ Ἀδράστου τοῦ Ἀπολλωνίου τῇ ἰδ[ίᾳ] | (vacat) |
θυγατρὶ ἀνέθηκε τοῖς προγεγρ[αμμένοις θεοῖς καὶ τῶι] δήμωι ἐκ τῶν
ἰδίων ‖ ὑπαρχόντων ἐπιμελη[θείσης καὶ] Ἀμμίας τῆς θυγατρὸς αὐτοῦ 10

493. Aphrodisias. *CR*, XLIX (1935), pp. 216–17.

[Τι]βέριος Κάτιος Ἀσκώνιος Σείλιος Εἰταλικὸς ἀνθύπατος λέγει·
κα[ὶ] ψηφισμάτων ὄντων καθὰ κωλύεται συλλαμβάν[ειν] τρέφειν
σοβεῖν [......ἐ]ν τῇ πόλει τὰς [περιστερὰ]ς τῆς τε θρησ[κείας τῆς
πε]ρὶ τὴν θεόν - - - -

494. Bronze coin, Nysa. *BMC, Lydia*, p. 176, n. 31.

Obv. Head of Eirene. ΔΟΜΙΤΙΑΝΟΥ ΑΥΤΟΚΡΑΤΟΡΟC ΕΙΡΗΝΗ

Rev. Rape of Persephone. ΝVCΑΕωΝ

495. Ephesus. *BCH*, VI (1882), pp. 286–7; Newton, 195.

αὐτοκράτορι θεῷ Καίσαρι Σεβαστῷ Οὐεσπασιανῷ ἐπὶ ἀνθυπάτου
Μάρκ[ου] Φουλουίου Γίλλων[ος] ὁ Φιλόκαισαρ Ἀφροδεισ[ιέων]
δῆμος ἐλεύθερος ὢν καὶ αὐτόνομος ἀπ᾽ ἀρχῆς τῇ τῶν Σ[εβασ]τῶν
χάριτι ναῷ τῷ ἐν Ἐφέσῳ τῶν Σεβαστῶν κοινῷ τῆς Ἀσίας ἐπὶ
ἀρχιε[ρέως] τῆς Ἀσίας Τιβερίου Κλαυ[δίου] Φησείνου

496. Ephesus. *ILS*, 8797; *SIG*³, 818.

ὑπὲρ τῆς τοῦ [κυρίου ἡμῶν] αὐτοκράτορος Τ[ίτου Καί]σαρος
ὑγιήας καὶ διαμονῆς τῆς Ῥωμαίων ἡγεμονίας ἀποκατεστάθη τὸ
βλαβὲν περιτείχισμα τοῦ Αὐγουστήου διατάξαντος Μάρκου Οὐλπίου
Τραϊανοῦ τοῦ ἀνθυπάτου ἐπιμεληθέντος Πομπωνίου Βάσσου τοῦ
πρεσβευ[τοῦ] τῆς ἐπιχορηγίας γενομένης ἐκ τῶν [ἱερῶ]ν προσόδων
γραμματεύοντος Λου[κίου] Ἐρεννίου Περεγρείνου ἁγνοῦ τὸ β′

497. Ephesus. *J. Oest. Arch.* XXVIII (1933), *Beiblatt*, col. 43.

[κατὰ τὴν αὐτοκράτορος Καίσαρος Δομετιανοῦ] Σεβα[στοῦ Γερ-
μαν]ικοῦ δ[ιαταγ]ὴν ὅρος ἱεροῦ χωρ[είου] τῆς Ἀρτέμιδος τεθεὶς [ἐ]πὶ
Ποπλίου Νωνίου Ἀσπρήνα Καισίου Κα[σ]σ[ι]ανοῦ ἀνθυπ[άτ]ου
παρόντος ἐπὶ τοὺς τόπους

498. Bronze coin, Ephesus. *BMC, Ionia*, p. 110, no. 405.

Obv. Head of Domitian, laureate, with aegis. ΔΟΜΙΤΙΑΝΟC ΚΑΙCΑΡ
CΕΒΑCΤΟC ΓΕΡΜΑΝΙΚΟC

Rev. Statue of Ephesian Artemis between two figures of
Nemesis. ΕΠΙ ΑΝΘΥΠΑΤΟΥ ΡΟVCωΝΟC ΟΜΟΝΟΙΑ ΕΦΕ. ΣΜVΡ.

499. Bronze coin, Tabae. *BMC, Caria*, p. 168, no. 69; L. and J. Robert,
La Carie, II, p. 119, coin *a*.

Obv. Head of Domitian, laureate. ΔΟΜΙΤΙΑΝΟC ΚΑΙCΑΡ CΕΒΑCΤΟC

Rev. Artemis huntress, in short chiton, with bow and quiver.
ΔΙΑ ΟΡΘΡΙΟΥ ΙΕΡωΝΟC ΤΑΒΗΝωΝ

500. A.D. 85, Acmonia (Asia). *SEG*, XIII, 542; XV, 803; *IGRR*, IV, 661.

[- - - τῆς] διανομῆς με[τ]έχειν καὶ ἰσ[ομοιρεῖν (?) καθ|εστα]μένους
ὑπὸ τοῦ Πραξίου πρὸς τῷ μνημείῳ αὐτοῦ ἀπε[λευ|θέ]ρους ἕξ ·

ἀνταριθμεῖσθαι δ᾽ εἰς τὸν τῶν τελευτώντων [τόπον] | τοὺς ἐξ αὐτῶν
{αυ}τῶν ἐπιγεννωμένων μέχρι τῶν ἔξ, γείν[εσ]‖θαι δὲ τὴν κατάκλισιν 5
μηνὸς Πανήμου ἡμέρᾳ εὐδαιμοσύνης | καὶ ἀπὸ τῆς προσόδου ταύτης
ἐπὶ τὸ μνημεῖον τοῦ Πραξίου ἀ[πο]‖φέρεσθαι ὑπὸ τῶν ἀρχόντων
τῆς πόλεως καὶ τοῦ γραμματέως | τῆς βουλῆς ῥόδα δηναρίων δέκα
δύο· προνοεῖν δὲ τήν τε [β]ουλ[ὴν] καὶ | τοὺς κατ᾽ ἐνιαυτὸν ἰς τὰς
ἀρχὰς καθισταμένους πάντας τῶν τ[ε] ‖ ἀπελευθέρων, καὶ ὅπως 10
μηδὲν τοῦ μνημείου τούτου ἢ τῶν περὶ [αὐ]‖τὸ φυτειῶν ἢ οἰκοδομιῶν
ἐλασσωθῇ ἢ ἐξαλλοτριωθῇ κατὰ μηδέ|να τρόπον· τοῦτο δὲ τὸ
ψήφισμα νενομοθετῆσθαι τῷ αἰῶνι τῆς Ῥω|μαίων ἡγεμονίας
φυλαχθησόμενον, μηδενὸς ἐξουσίαν ἔχοντος | ἀλλάξαι τι τῶν
δεδογμένων ἢ μεταποιῆσαι ἢ εἰς ἑτέραν τινὰ ‖ χρείαν μετενενκεῖν 15
κατὰ μηδένα τρόπον· πάντας δὲ κοινῇ | καὶ καθ᾽ ἕνα προνοεῖσθαι
ὑπὲρ τοῦ φυλαχθῆναι τὰ ἐψηφισμένα | κοινὰ καὶ ἀνεπιχείρητα πρὸς
τῇ Τίτου Πραξίου διαταγῇ· κ[αὶ] ἐμοὶ | μόνῳ ἐξεῖναι τῶν ἐν τῷ
ψηφίσματι γεγραμμένων ἀ[λλ]άξα[ι] | τι ἢ διορθῶσαι ἢ τοῖς γεγραμ-
μένοις προσδιατάξασθαι· εἶν[αι] ‖ δὲ τοῖς δεδογμένοις πᾶσι καὶ 20
μάλιστα ἵνα μόνοι οἱ παρόντες | καὶ κατακλεινόμενοι βουλευταὶ λαμ-
βάνωσι τὴν διανομὴν | [τα]ύτην, ἐπι[σ]κό[που]ς καὶ μάρτυρας θεοὺς
Σ[εβ]αστοὺς καὶ θε[οὺς] πατρίου[ς] καὶ Δία Στοδμηνὸν καὶ
Σωτῆρα Ἀσκληπιὸν καὶ Ἀρ[τέ|μιδα] Ἐφεσίαν κοινῇ τε ὑπὸ
πάντων καὶ καθ᾽ ἕνα ἐπικεκλημέ[νοι τῶν ‖ οὕτω]ς ἐψηφισμένων 25
φύλακας· παρακεκλῆσθαι δὲ τὸν γραμ|[ματέα τῆς] βουλῆς καὶ
ἱερέα Ἀσκληπιάδην, ὅπως καὶ μετὰ τὸν | [ἐφ᾽ ἔτος ἐνι]αυτὸν
πρόνοιαν ποιῆται τῶν ὑπὸ τοῦ Πραξίου | [δεδομένων(?)] καὶ
διατεταγμένων εἰς τὸ διηνεκές, καθὼς καὶ | [ὑπὸ τοῦ Πραξί]ου
παρεκλήθη· λαχόντων δογματογράφων Πον[τικοῦ ‖ Διο]φάντου 30
Ἑκατέου τοῦ Ποντικοῦ Ἀλεξάνδρου | .... ἐκυριώθη πρὸ τ[ριῶν]
Νωνῶν Μαρτίων [αὐτοκρά|τορι Δομι]τιανῷ Καίσαρι Σεβαστῷ
Γερμανικῷ τῷ αι΄, | [ἔτους ρξ]θ΄, μηνὸς Ξανδικοῦ τρισκαι[δεκάτου, |
ἐγράφη δ]ιὰ Ἑρμογένου δημοσίου

501. Bronze coin, Apamea. *BMC, Phrygia,* p. 95, no. 150.

Obv. Head of Vespasian, laureate.   ΑΥΤΟΚΡΑΤWΡ ΚΑΙΣΑΡ ΣΕΒΑΣΤΟΣ
ΟΥΕΣΠΑΣΙΑΝΟΣ

Rev. Sheaf of five ears of corn.   ΕΠΙ ΠΛΑΝΚΙΟΥ ΟΥΑΡΟΥ ΚΟΙΝΟΝ
ΦΡΥΓΙΑΣ ΑΠΑΜΕΙΣ

502. Bronze coin, Blaundus. *BMC, Lydia,* p. 51, no. 69.

Obv. Head of Vespasian, laureate.   ΟΥΕCΠΑCΙΑΝΟC ΚΑΙCΑΡ CΕΒΑCΤΟC

Rev. Apollo Citharoedus in long chiton, resting lyre on column.

ΤΙ. ΚΛΑΥΔΙΟC ΦΟΙΝΙΞ ΒΛΑΟΥΝΔΕΩΝ ΜΑΚΕΔΟΝΩΝ ΕΠΙ ΙΤΑΛΙΚΟΥ

503. Bronze coin, Sala-Domitianopolis. *BMC, Lydia*, p. 231, n. 28.

Obv. Bust of Domitia.   ΔΟΜΕΤΙΑ [C]ΕΒΑCΤΗ

Rev. Cybele, turreted, holding phiale and resting left arm on tympanum.   ΔΟΜΕΤΙΑΝΟΠΟΛΕ[Ι]ΤΩΝ CΑΛΗΝΩΝ

504. A.D. 79, Laodicea ad Lycum. *IGRR*, IV, 845.

[αὐτοκρ]ά[τορι] Τίτῳ Καίσαρι Σεβαστῷ Οὐεσπασιανῷ ὑπάτῳ τὸ
ζ′ αὐτοκράτορος θεοῦ Οὐεσπασιανοῦ υἱῷ καὶ τῷ δήμῳ Νεικόστρα-
τος Λυκίου τοῦ Νεικοστράτου τ[ὸ στάδιον ἀνφι]θέατρον λευκόλιθον
ἐκ τῶν ἰδίων ἀνέθηκεν τὰ προσλείψαντα τοῦ ἔργου τελειώσαντος
Νεικοστράτου τοῦ κληρονόμου αὐτοῦ καθιερώσαντος Μάρκου
Οὐλπίου Τραϊανοῦ τοῦ ἀνθυπάτου

505. A.D. 80–1, near Aperlae (Lycia). *ILS*, 8796; *IGRR*, III, 690.

[αὐτο]κράτορι Τίτῳ θεοῦ Οὐεσπασιανοῦ υἱῷ Καίσαρι | [Οὐεσ]-
πασιανῷ Σεβαστῷ, ἀρχιερεῖ μεγίστῳ, δημαρχικῆς | [ἐξου]σίας τὸ ι′,
5 αὐτοκράτορι τὸ ιε′, ὑπάτῳ τὸ η′, πατρὶ πατρίδος, | τειμητῇ,¹ ‖ ἐπὶ
Τίτου Αὐρηλίου Κυήτου, πρεσβευτοῦ καὶ ἀντιστρα|[τήγο]υ τοῦ
Σεβαστοῦ, καὶ Γαΐου Βιην[ί]ου Λόγγου, ἐπιτρόπου | [τοῦ] Σεβαστοῦ,
Ἀπερλειτῶν καὶ τῶν συνπολιτευομένων | ἡ βουλὴ καὶ ὁ δῆμος τὸ
βαλανεῖον καὶ τὸ πρόστοον κατε|σκεύασεν ἐκ θεμελίων

¹ *Rest of line erased.*

506. Bronze coin, A.D. 90–1, Flaviopolis. *BMC, Cilicia*, p. 78, no. 1.

Obv. Head of Domitian, laureate.   [Δ]ΟΜΕΤΙΑΝΟC ΚΑΙCΑΡ
Rev. Dioscuri.   ΦΛΑΥΙΟΠΟΛΕΙΤΩΝ ΕΤΟΥC ΖΙ

507. A.D. 69, Tafas, near Tell-el-Achari (Syria). *IGRR*, III, 1164.

ἔτους βλρ′ ὑπὲρ τῆς αὐτοκρά[τορος Σεβα]στοῦ Μάρκου
Ὄθωνος σωτη[ρίας Ἀπολ]λοφ[άν]ης Διογένους πατὴρ π[όλεως
τὴν] στοὰν σὺν [τ]αῖς δυσὶ ψαλίσι οἰκ[οδόμησεν] ἐκ [τῶν ἰδίων
εὐσε]β(ε)ίας χάριν τ - - - -

508. A.D. 80–1, Schedia (Egypt). *IGRR*, I, 1098; *OGIS*, II, 672.

ἔτους τρίτου αὐτοκράτορος Τίτου Καίσαρος Οὐεσπασιανοῦ
Σεβαστοῦ ἐπὶ Γαΐου Τεττίου Ἀφρικανοῦ Κασσιανοῦ Πρίσκου
ἡγεμόνος ὠρύγη Ἀγαθὸς Δαίμων ποταμὸς ἐπὶ τὰ τρία στερεὰ καὶ
ἐπὶ τὸ ἀρχαῖον ἀπεκατεστάθη ἕως τῆς πέτρας καὶ ἐτέθησαν παρ′
ἑκάτερα τῶν τειχῶν πλάκες ἐπιγεγραμμέναι δεκατέσσαρες

XVI

VARIA

513. 17 Nov., ?A.D. 71, Rome. *ILS*, 6049.

Paci aeternae | domus | imp. Vespasiani | Caesaris Aug. ‖
liberorumq. eius | sacrum, | trib. | Suc. iunior.[1] (*On left side*) 5
dedic. xv K. Dec. | L. Annio Basso | C. Caecina Paeto cos.

(*On right side*)

7[2] Ti. Claudi Niciae: | C. Acilius Abascantus, | D. Annius
Crescens, | T. Asinius Apollonius | (*followed by more than a
hundred names*)

7 D. Roeti Secundi: | L. Albius Auctus, | M. Antonius
Fortunatu[s], A. Aemilius Eutychu[s] (*followed by more than ninety
names*)

Θ[3]7 Cn. Pompei Pelatis: | Sex. Aemilius Ampliatus, | M.
Aemilius Fortunatus, | A. Atinius Callinicus | (*followed by more
than eighty names*)

(*On the back*)

7 Cn. Corneli Successi: | Θ P. Annius Urbanus, | C. Allienus
Epigonus, | Q. Aelius Communis | (*followed by more than seventy
names*)

7 L. Rubri Secundi: | Sex. Avonius Saturninus, | P. Attius
Primigenius | (*followed by more than eighty names*)

7 Ti. Iuli Primigeni: | C. Albanius Speratus, | L. Antistius
Faustus | (*followed by more than eighty names*)

7 M. Caeli Lesbi: | M'. Otacilius Idmon., immun., | T. Artidius
Theagen., | P. Annius Stephanus | (*followed by more than eighty
names*)

7 Sex. ...ti Iuvenis: | P. A[n]nius Ampliatus, | C. [A]ebutius
Restitutus | (*followed by more than ninety names*)

[1] Trib(us) Suc(usana) iunior(um).   [2] Centuria.
[3] *Deceased.*

514. Rome. *ILS*, 6050.

Paci August. sacrum L. Caesilius Tauriscus Tarquinies. C.
Portumius Phoebus ɪɪ L. Silius Carpus L. Statius Patroclus ɪɪ D.
Novius Priscus P. Suillius Celer Ti. Claudius Hermetis l. Helius P.

Agrasius P.f. Marcellus curatores trib. Suc. iunior. s.p.d.d. permissu
M. Arricini Clementis.¹ (*On the left side*) ponend. cur. L. Faenius
Euanthes iunior

> ¹ *Cf. Tac.* H. iv, *68, and nos. 109 and 519.*

515. Rome. *ILS*, 6051.

Fortunae reduci domus August. sacrum trib. Suc. corp. foeder.:
M. Allius Tyrannus C. Furinius Faustus C. Fulvius Phoebus
aurar. L. Vennonius Zosimus C. Aurelius Primus immunes
perpetuo d.d. (*On the side*) dedicatum III idus Octobr.

516. Rome. *ILS*, 6052.

Victoriae imp. Caesaris Vespasiani Augusti sacrum trib. Suc.
corp. Iuliani C. Iulius Hermes mensor bis hon. in curat. functus et
nomine C. Iuli Regilli fili de suo fecit: cui populus eius corporis
inmunitatem sex centuriarum decrevit

517. Rome. *CIL*, VI, 10,062; cf. Suet. *Dom.* 7, Dio 67, 4, 4.

d.m. Epaphroditus agitator f.r.¹ vic.² CLXXVIII et at purpureum
liber vic.² VIII Beia Felicula f. coniugi suo merenti

> ¹ f(actionis) r(ussatae).   ² vic(it).

518. June, A.D. 70, Herculaneum (house of L. Cominius Primus). *PdP*,
VIII (1953), p. 459.

imp. Caesare Aug. Vespasiano [II Tito] Caesare Aug. f. Vespasiano co[s... K.] Iulias Felix [Ul]p[iae] P[lotinae] ser. scripsi me
perciper[e] ab L. Co[m]inio Primo in solutum d[en]a[rios - - -] I.
Act. H[erculani]. Felicis Ulpiae Plotina[e] A. Furi Saturnini M.
Ulpi Moschionis M. Noni [Fa]c[undi] Felicis Ulpiae Plo[tinae]

519. ? A.D. 85, Nemausus. *CIL*, XII, 3637.

[M.] Arrecino Clemente II L. Baebio Honorato cos. [I]ulius
Graptus mag. ma⟨u⟩soleum excoluit et ut esset fru[...... ?
ornavi]t positis arboribus vitibus rosa[riis idem ?] oblata sibi a
collibertis immunitate et titulo [q]uo ben⟨e⟩volentia eius conti-
neretur [ne] qua parte utilitatibus eorum [gr]avis videretur immuni-
tatem [re]mis{s}it et titulo quem de suo [posu]it contentus fuit

520. Palaea Isaura (Isauria). *ILS*, 1979.

T. Flavio Castoris f. Cyr.¹ Alexandro civitate donato ab imp.
Caes. Vespasiano f. Hermes lib.

> ¹ = Quirina.

521. 18 March, A.D. 72, Thebes (Egypt). *CIL*, III, 32; Bernand, 4.

L. Iunius Calvinus praef. montis Berenic. audivi Memnonem cu[m] Minicia Rustica uxore xv K. Apriles hor. II anno IV imp. n. Vespasiani Augus.

522. A.D. 80–1, near Thebes (Egypt). *ILS*, 8759*b*; Bernand, 7.

L. Tanicius L.f. Vol. Verus Viennae | 7 leg. III Cyr. audi Mem{m}none⟨m⟩ VII idus | Novembr. ann. III T. imp. n., et VII K. Ianuar. | et XVIII K. Febr. et IV non. easdem et v idus ‖ eas. et XIII 5 K. Mart. et VIII K. Mart. et VII id. Mar. | et VII idus Ian. bis anno III T. imp. Aug. | et xv K. Mart. et VII idus easdem h. II | et VIII idus Apriles ann. eiusdem h. I, item IV non. Iunias anni eiusdem h. IV

523. A.D. 92, near Thebes (Egypt). *ILS*, 8759*d*; *IGRR*, I, 1198; Bernand, 13.

imp. Domitiano | Caesare Aug. German. XVI c(os.) | T. Petronius Secundus pr. Aeg. | audit Memnonem hora I pr. idus Mart. ‖ et honoravit eum versibus Graecis | infra scriptis | 5

φθέγξαο Λατοΐδα—σὸν γὰρ μέρος ὧδε κάθηται—| Μέμνων, ἀκτεῖσιν βαλλόμενος πυρίναις |

curante T. Attio Musa prae[f.] coh. II ‖ Thebaeor.   10

524. Amphora, A.D. 72, Pompeii. *ILS*, 8586.

Sur. Fabian.[1] imp. Vesp. IV cos.

[1] Sur(rentinum) Fabian(um).

525. Amphorae, A.D. 75, Pompeii. *ILS*, 8587.

(*a*) Vesvini imp. Vesp. VI cos.
(*b*) Vesuvini imp. Vesp. VI cos.

526. Bronze vase (Congius Farnesianus), A.D. 75, Rome. *ILS*, 8628.

imp. Caesare Vespas. VI T. Caes. Aug. f. IIII cos. mensurae exactae in Capitolio p.[1] X

[1] p(ondo).

527. Modius, A.D. 90–1, Carvoran (Hadrian's Wall). *Arch. Ael.* 3rd Series, XIII (1916), pp. 84–102.

imp. [*Domitiano*] Caesare Aug. Germanico XV cos. exactus ad Ꞩ XVII S[1] habet p.[2] XXXIIX

[1] sextarios XVII semis.   [2] p(ondo).

528. Mass of marble, A.D. 75, Rome. Newton, 328.

imp. Vespasiano VI Tito Caes. IIII cos.

(*On other side*) ex rat.¹ Laet. ser. n. LXXXV

¹ rat(ione).

529. Tessera gladiatoria, 13 Jan., A.D. 74, Rome. *ILS*, 5161*i*.

Maximus Valeri sp. id. Ian. T. Caes. Aug. f. III Aelian. II

530. Tessera gladiatoria, 5 Oct., A.D. 88, Rome. *ILS*, 5161*k*.

Moderatus Luccei sp. III non. Oct. L. Minic. L. Plotio

531. Pliny, *Ep.* VI, 10; IX, 19; Dio 68, 2, 4; cf. A. Stein, *Röm. Inschr. in d. ant. Lit.* (1931), p. 54.

hic situs est Rufus, pulso qui Vindice quondam
imperium adseruit non sibi sed patriae

532. Denarius, A.D. 69–70, Illyricum. *BMC, Imp.* II, p. 86, no. 423.

Obv. Head of Vespasian, laureate. IMP.CAESAR VESPASIANVS AVG.

Rev. Roma in military dress seated and holding Victory. ROMA
PERPETVA

COMPARATIVE TABLE

A. INSCRIPTIONS

Africa Italiana
VII (1940)
  pp. 99–100   MW 31

AJA
XXXIX (1935)
  pp. 588–9   331
LV (1951)   347–9   313

AJP
LXVIII (1947)
  pp. 353–62   473
LXVIII (1947) 389   475

Annales du Service des Antiquités de l'Égypte
XXXIX (1939)
  p. 605   137

Ann. ép.

Year	no.	MW
1893	128	436
1896	18	420
	129	411
	130	459
1897	91	463
	115	314
	133	477
1902	96	500
1904	99	316
1911	87	185
	182	78
	228	390
1912	221	225
1913	140	139
1914	131	132
	247	298
	262	315
	267	286
1915	100	191
1916	68	527
	69	268
1919	93	435
1920	72	317
1921	91	440
1924	p. 17	142
1925	no. 121	359
	126	464
1926	155	485
1927	93	380
1928	82	244

Year		MW
1929	178	417
1930	172	138
	52	211
	86	199
1932	78	269
	84	256
1933	87	367
	88	368
	123	497
	205	424
1934	39	483
	248	265
1936	1	331
	28	449
	128	458
1937	6	313
	236	332
1939	55	134
	60	334
1940	70	450
	92	65
	195	133
1941	2	137
	73	140
	79	277
	140	182
1945	112	216
1946	100	214
1947	40	302
	69	129
1948	3	31
	202	370
1949	9	475
	103	377
	161	157
1950	4	486
	5	177
	31(a)	183
	31(b)	184
	122	297
1951	15	365
	263	369
1952	97	332
	153	374
	172	153
1954	14	143
	137	389
	248	316
1955	25	226
	198	518

Year		MW
1956	28	238
1956	57	335
	84–5	447
	141	470
	218	235
1957	11	492
	169	434
	175	448

Annuaire du Musée National Archéologique, Plovdiv
I (1948)   p. 59   486

Annuar. Scuol. Arch. Atene
XXVII–XXIX (1949–51)
  p. 283   143

Ant. Class.
III (1934)
  pp. 121–61   261
XIX (1950) 166–7   365

Antioch-on-the-Orontes, I, Excavations of 1932
  p. 53   265

Ant. Journ.
XXIX (1949) p. 84   377
XXXVI (1956) 8–10   434

Anzeiger d. Akad. d. Wiss. in Wien, Phil.-Hist. Klasse
LXXII (1935)
  pp. 83–90   313

Arch. Ael. 3rd series
XIII (1916)
  pp. 84–102   527

Arch. Értes.
LII (1939)
  pp. 103–7   274

Athenaeum
n.s. XVIII (1940)
  pp. 145–63   302
n.s. XXXI (1953)
  256–8   226

BCH
VI (1882)
  pp. 286–7   495
XII (1888)   281   264

BCH (cont.)	MW			MW				MW
LVI (1932) 213–20	367		1964	454	VI	20	376
LVI (1932) 220–2	368		2224	341		196	515
LXVIII–LXIX			2477	87		198	516
(1944–5) 75–93	463		3250	478		199	514
			3732	103		200	513
Bernand			4157	383		235	179
no. 4	521		4212	344		328	170
7	522		4251	342		369	163
13	523		4697	418		398	180
Berytus			4721	122		449	145
IX (1948–9) p. 46	183		5264	104		471	30
47	184	III	32	521		472	66
			34	522		525	172
Bruns7			37	523		541	150
no. 29	128		250	319		597	174
30a	453		306	86		621	176
30b	454		312	423		732	229
56	1		318	105		798	347
[57	456]		335	288		814	429
71a	455		2864	309		826	442
80	460		2917	358		929	81
81	461		4013	307		930	1
82	462		6120	181		931	412
109	442		6603	360		932	84
180	175		6785	520		933	430
BSA			6993	421		934	151
XLII (1947)			7191	422		940	431
pp. 208–12	177		7397	366		943	468
			8702	73		944	53
Bull. Arch.			9938	451		945	108
1934–5 pp. 94–5	483		9960	309		948a	101
391–2	449		10224	371		1238	443
			12218	117		1246	409
Bull. Comm.			13524	112		1257	408a
LXIII (1935) p. 171	154		13580	411		1258	408b
LXVII (1939) App.			13691	436		1347	60
45–56	140		14203²⁴	463		1348	292
LXVIII (1940)			14349²	370		1359	291
188–9	214		14387a	239		1402	40
			14387ff, fff, k	355		1495	296
Bulletin du Musée de Beyrouth			14387i	49		1528	257
I (1937) p. 78	134		15197	395		1877	346
80–2	334	IV	768	476		1887	208
			1180	475		1962	206
Bull. de la Soc. des Antiq. de			2556	524		1984	152
France			2557	525a		2051	2–3
1929 pp. 173–9	211		2559	525b		2052	4
			2560	275		2053	5
Chronique d'Égypte		V	531	266		2054	6
XXIX (1954)			875	336		2055	7
pp. 284–6	335		889	379		2056	8
CIL			2819	279		2057	10
			2829	146		2059	11
I no. 774	529		5702	23		2060	12
II 1049	479		5812	255		2064	13
1423	461		6988	304		2065	14
1610	481		6990	306		2066	15
1945	480		7007	393		2067	16
1963	453		7987	415		2068	17

CIL (cont.)	MW
2069	18
2069a	19
2070	20
2071	21
2072	22
2558	382
2649	381
2725	375
3538	340
3580	357
3828	486
8410a	217
8434	204
8499	201a
8500	201b
8570	200
8604	203
8628	207
8726	218
8768	219
8819	209
8833	198
8867	222
8895	212
8921	223
8942	221
8978	224
10062	517
10098	168
12037	210
12355	109
16246	100
23454	228
30837b	442
31293	97
31294	102
31546	443
31692	486
31723	76
32360	5
32361	6
32362	8–9
32363	11
32364	12
32367	14
32369	15
32370	20
32881	364
33470	213
33784	220
VII 185	384
1204	439
1207	441
VIII 8–9	485
13	31
1026	58
7058	298
10119	419
20853	482

		MW
IX	22671c	484
	23165	308
	1132	353
	1153	147
	2564	354
	2827	445
	4194	276
	4684	378
	4688	373
	4776	278
	4955	115
	4965	323
	5420	462
	5533	311
	5534	173
X	7	192
	444	175
	1018	339
	1258	294
	1406	433
	1419	98
	1422	113
	1481	54
	1490	471
	1631	474
	3828	444
	3853	271
	5382	156
	6225	274
	6640	167
	6659	267
	6812–13	413
	7227	410
	7852	455
	8024	337
	8038	460
XI	390	356
	1196	386
	1430	312
	1834	290
	2999	414
	3004	295
	3098	260
	3612	205
	4639	154
	5028	338
	5210	299
	5211	300
	5271	50
	5382	333
	5745	343
	7417	78
	7492	260
XII	113	446
	2602	361
	3166	289
	3637	519
	6038	128
XIII	4624	131

		MW
	6277	391
	7253	155
	7579	392
	7584	394
	8071	387
	8236	171
	9082	416
XIV	2096	153
	2173	259
	2304	227
	2830	285
	2925	321
	3485	432
	3530	165
	3608	261
	3612	322
XV	7819	227
XVI	7	396
	10	397
	13	398
	20	399
	21	400
	24	401
	28	402
	36	403

Corp. Inscr. Rel. Mithr.

	MW
no. 23	182
362	229

CR

XXIX (1915)	
pp. 1–3	169
XLIX (1935)	
216–17	493

CRAI

		MW
1940	pp. 131–7	277
1951	366–73	447

A. D'Ors, *Epigrafía Jurídica de la España Romana*

	MW
pp. 281–309	453
311–41	454

C. Dunant and J. Pouilloux, *Recherches sur l'histoire et les cultes de Thasos*

		MW
II	no. 186	457

Eph. Ep.

		MW
VIII	no. 73	116

Epigraphica

		MW
I (1939)	p. 152	65
XVI (1954)		
	118–20	369

COMPARATIVE TABLE

		MW
H. G. Evelyn-White and J. H.		
Oliver, *The Temple of Hibis*		
in El-Khārgeh Oasis		
II	pp. 23–45	328
FIR		
I	no. 15	1
	22	128
	23	453
	24	454
	59	455
	72	460
	74	461
	75	462
	76	404
	77	458
III	42	175
	75	442
	78c	339
Forschungen in Ephesos		
II	p. 166 no. 48	139
III	99–101 no. 8	142
V, i	62–6 no. 3	316
Fouilles de Delphes		
III, i	no. 538	318
III, iv	34	487
	120	463
Gallia		
XIII (1955)	p. 9	447
M. Gómez-Moreno, *Catálogo*		
monumental de España (León)		
	p. 88	417
Gordon		
	no. 125	2
	126	76
	127	3
	129	4
	131	5
	135	51
	136	430
	138	179
	140	292
	141	8
	142	357
	144	11
	145	170
	146	13
	147	180
	148	14
	149	15
	150	16
	151	17

		MW
	153	64
	155	213
	156	223
Hesperia		
X (1941)	pp. 72–7	129
XI (1942)	80	129
I. Bulg.		
I	no. 58	138
IG		
II²	no. 1996	121
	3283b	488
	3449	243
	3548a	313
V, 2	457	436
VII	3418	94
XII, 1	58	490
	995	491
XIV	729	54
	746	473
	758	471
	760	472
	2012	64
IGLS		
I	no. 66	93
V	1998	466
IGRR		
I	no. 350–2	64
	420	184
	435	54
	445	473
	451	471
	453	472
	704	181
	781	164
	862	310
	863	280
	881	234
	903	233
	1098	508
	1120	188
	1138	362
	1151	189
	1174	74
	1183	459
	1198	523
	1244	187
	1263	328
	1287	178
	1332	186
III	37	89
	125	281
	133	237
	223	88
	444	148

		MW
	445	149
	486	258
	507	437
	522	287
	551	314
	573	111
	609	95
	690	505
	755	123
	840	438
	944	177
	1015	330
	1144	242
	1164	507
	1244	241
IV	211	136
	384	320
	524	272
	644	270
	661	500
	715	107
	845	504
	847	230
	931	465
	1129	490
	1152	491
	1194a	422
	1297	215
	1393	169
	1732	158
ILA		
I	no. 3885	419
II	644	298
ILS		
	no. 218	408
	237	73
	238	30
	240	76
	241	2
	242	81
	244	1
	245	412
	246	84
	249	430
	250	433
	251	444
	252	151
	253	421
	254	87
	256	479
	257	98
	258	102
	259	103
	261	104
	263	105
	264	53
	265	108
	267	115

ILS (cont.)	MW		MW		MW
268	423	1992	399	5832	416
269	122	1993	400	5867	418
271	113	1995	402	5927	443
274	66	1998	403	5942	339
980	279	2034	375	5947	455
982	23	2035	381	5951	451
983	40	2036	382	5957	446
984	97	2092	376	5982	445
985	274	2118	361	6045	468
986	261	2127	58	6049	513
987	267	2279	387	6050	514
989	266	2284	386	6051	515
990	299	2285	388	6052	516
991	300	2460	378	6088	453
992	271	2497	391	6089	454
995	285	2507	392	6092	461
997	50	2544	393	6105	486
999	260	2566	394	6322	474
1000	290	2641	357	6438d	476
1001	298	2647	358	6487	147
1002	295	2711	342	6644	343
1003	292	2729	340	6692	146
1005	307	2926	156	6905	341
1006	60	2995	163	6964	128
1007	304	3001	154	7357	150
1008	306	3191	171	7733a	218
1009	312	3338	167	8306	100
1010	155	3434	170	8586	524
1011	311	3453	131	8587	525
1012	173	3512	165	8628	526
1015	309	3532	176	8680	227
1024	321	3534	174	8704a	283
1025	322	3546	175	8710	439
1026	323	3596	278	8759b	522
1374	336	3617	145	8759d	523
1378	291	3663	179	8795	237
1447	338	3673	180	8796	505
1448	347	3813	432	8797	496
1489	201	4075	181	8798	123
1490	201	4914	442	8816	258
1517	200	5025	152	8818	314
1518	202	5027	8	8903	93
1519	203	5029	14	8904	86
1523	204	5033	11	8905	463
1567	205	5034	14	8906	112
1656	209	5036	17	8958	239
1679	207	5037	14	8969	276
1804	223	5043	11	8970	263
1834	224	5044	16	8971	316
1839	221	5045	14	9033	213
1842	212	5049	11	9034	220
1910	346	5161i	529	9059	404
1943	206	5161k	530	9089	363
1944	208	5172	168	9140	395
1979	520	5177	64	9193	371
1981	481	5350	477	9198	49
1982	480	5753	410	9199	355
1985	364	5819	413	9200	372
1988	396	5831	415	9245	166

ILS (cont.)		MW
	9368	469
	9475	380
	9485	315
	9499	305
Inscr. Cret.		
IV	no. 292	268
Inscr. Ital.		
X, 1	no. 705	415
X, 4	30	266
XIII, 1	pp. 62–3	61
	192–3	56
	194–5	65
IosPE		
I²	no. 421	280
II	52	234
	355	233
IV	93	310
IRT		
	no. 300	484
	342 a	485
	346	303
	347	157
	537	31
	854	450
JHS		
LXVI (1946)		
	pp. 40–2	297
J. Oest. Arch.		
XVIII (1915), Beiblatt,		
cols. 55–7		317
XXVI (1930), Beiblatt,		
59–60		199
XXVIII (1935), Beiblatt,		
43		497
JRS		
II (1912)	p. 102	132
III (1913)	260	315
III (1913)	301–9	286
XIV (1924)	179–84	464
XV (1925)	255–8	464
XVI (1926)	95–101	401
XVI (1926)	114–18	464
XXXIII (1943)	85–6	237
XXXVIII (1948)		
	103–4	377
XLVI (1956)	146–7	434
Latomus		
X (1951)	p. 473	332
Libyca		
I (1953) pp.	190–7	389
III (1955)	289–92	448

		MW
Lindos		
II	no. 454	143
MAMA		
VI	no. 177	133
	262	270
Mélanges de l'Univ. St. Jos. Beyrouth		
XXV (1942–3) p. 32		244
Mélanges Ernout		
1940 pp. 201–10		41
Mélanges G. Smets		
p. 573		35
Memorie dell'Accademia di Archeologia, Lettere e Belle Arti di Napoli		
n.s. III (1955)		
pp. 88–9		470
NdS		
1914	p. 363	191
1933	241	51
1951	1–6	374
Newton		
	no. 163	296
	195	495
	211	116
	215	136
	230	101
	234	109
	258	264
	328	528
OGIS		
I	no. 379	237
	419	241
	425	242
	428	243
II	476	272
	482	270
	486	320
	558	258
	586	330
	594	184
	669	328
	671	188
	672	508
	674	459
	675	178
PBSR		
XV (1939)	p. 24	205
PdP		
VIII (1953) p. 459		518

		MW
Philologus		
XCI (1936–7)		
pp. 238–45		267–8
Proc. Soc. Antiq. Lond.		
XXXI (1918–19)		
p. 37		440
Raccolta di scritti in onore di Antonio Giussani		
pp. 147–55		370
REG		
LXII (1949) p. 148		183–4
Rev. Arch.		
1895 (2)	p. 382	420
Rev. Ét. Anc.		
LVII (1955) p. 291		365
Revue de Philologie (III⁰ Sér.)		
XXV (1951)		
pp. 195–201		153
L. Robert, La collection Froehner		
I	no. 75	332
L. Robert, Hellenica		
X	pp. 75–6	380
Röm.-Germ. Korr.		
IV (1911) pp. 25–6		390
Röm. Mitt.		
XXVII (1912)		
pp. 309–10		225
LVII (1942)	23	216
SB		
	no. 4961	185
	8802	362
	8905	178
	8958	332
Sb. Akad. Berlin		
1931	p. 831	269
1935	967–72	458
SEG		
II	no. 850	345
VI	597	380
	672	144
IX	166	435
XIII	542	500
	547	144

COMPARATIVE TABLE

SEG (cont.)

		MW
XIV	605	473
	611	55
	731	492
	853	332
XV	803	500
	836	238
	873	328
XVI	592	55
XVII	755	466

J. Serra Vilaró, *Excavaciones en Tarragona* (1932)

	MW
pp. 110–11	256

*SIG*³

	MW
no. 817	487
818	496

		MW
	820	193
	821	463
	822	318

Syria
V (1924)

	MW
pp. 324–30	359
XIII (1932) 276–7	424

TAM

		MW
II	no. 131	287
	275	95
	506	111
	563	314
	651	437
	1186	123
	1188	96

		MW
III, i	83	149
	84	148

TAPA
LV (1924)

	MW
pp. 5–20	464

Vestnik Drevnei Istorii
1950, no. 1

	MW
pp. 177–8	369
1955, no. 3 207–8	235

R. P. Wright, *Catalogue of Roman inscribed and sculptured stones in the Grosvenor Museum, Chester*

	MW
no. 29	385
199	283

B. PAPYRI

Pap. Fouad I

8	41

Pap. Geneva

1	405

Pap. Hibeh

215	329

C. COINS

BMC
Imp.I

p. 287	no. 5	24
292	12	25
293	†	26
297	no. 31	27
306	65	38
308 (note d)	—	39
318	63	28
344	201	75
345	205	29
364	1	32
369	10	82
372	27	80
375	47	37
388	99	36

Imp.II

p. 7	‖	85
17	no. 90	426
75	*	92
81	no. 397	45
86	423	532
87	425	42
94	449	130
113	§	254
118	no. 549	46
120	559	43
129	596	91
129	597	47
131	604	44

133	614	425
139	629	48
169	‡, note	52
180	748 B	83
189	no. 780	190
194	¶	90
241	no. 106	135
242	107	106
246	138	99
247	141	110
262	190	427
301	12	118
311	62	114
335	175	63
351	251	428
358	284	119
361	293	120
362	294	57
380	*	59
393	no. 424	62

Aeolis

p. 114	no. 99	273

Alexandria

p. 27	no. 218	79

Bithynia

p. 104	no. 4	284
145	44	262

Bosporus

p. 54	no. 1	236

Cappadocia

p. 47	18	282

Caria

p. 168	no. 69	499

Cilicia

p. 78	no. 1	506

Corinth

p. 72	no. 580	489

Ionia

p. 110	no. 405	498
250	133	301

Lydia

p. 51	no. 69	502
176	31	494
231	28	503

Parthia

p. 195	no. 14	247
203	1	246
210	5	245

COMPARATIVE TABLE

MC (cont.)			195	2	293	*Troas*		
Phoenicia			307	185	141	p. 63	no. 44	253
p. 209	no. 42	33	*Syria*					
Phrygia			p. 110	no. 1	240	L. and J. Robert, *La Carie*		
p. 95	no. 150	501	177	214	77	II, 119*a*		499

D. LITERARY SOURCES

A. Stein, *Röm. Inschr. in d. ant. Lit.*		*Digest*	
		14, 6, 1	456
p. 54	34		
54	531